在士大夫与世俗之间：
清末上海广学会文化传播研究

刘洋　著

辽宁人民出版社

图书在版编目（CIP）数据

在士大大与世俗之间：清末上海广学会义化传播研究 / 刘洋著. -- 沈阳：辽宁人民出版社，2025. 1.
ISBN 978-7-205-11334-6

Ⅰ. G239.295.2

中国国家版本馆CIP数据核字第2024TQ4538号

出版发行：辽宁人民出版社
　　　　　　地址：沈阳市和平区十一纬路25号　邮编：110003
　　　　　　电话：024-23284325（邮　购）　024-23284300（发行部）
　　　　　　http://www.lnpph.com.cn
印　　刷：辽宁新华印务有限公司
幅面尺寸：150mm×228mm
印　　张：16
字　　数：200千字
出版时间：2025年1月第1版
印刷时间：2025年1月第1次印刷
责任编辑：刘再升
装帧设计：董与思
责任校对：吴艳杰
书　　号：ISBN 978-7-205-11334-6

定　　价：68.00元

序

　　翻开中国近代百年新闻史，可谓报业繁盛、报人多姿，新闻这一关乎社会思想意识走向的独特行业始终与国家的前途命运紧密地捆绑于一处，特别是在晚清那个特殊历史时期，社会情势波谲云诡，面对西方列强在政治、经济、军事、文化等多领域的侵略，国人进行了激烈的抗争，而报刊、报人、报馆也必然裹挟于历史的滚滚洪流之中。回望这一历史，仁人志士一次次掀起办报、办刊高潮，以求开民智、反侵略、图自强。与此同时，来华西人也早已将书刊视作左右中国人思想和中国政治社会发展的利器，借此开展的文化传播与思想渗透活动既避影敛迹又狼突鸮张，而广学会正是其中不容小觑的重要力量。广学会作为一个由西方来华传教士发起的新闻出版机构，正是借助书报这一大众传播媒介与以光绪帝、李鸿章、张之洞、翁同龢、孙家鼐、康有为、梁启超等为代表的清末中国统治阶层和士人群体产生了千丝万缕的联系，于其思想层面有着十分广泛、深刻、持久的影响，干预了维新变法、清末新政。故此，广学会成为中国近代史、中国新闻史、中西方文化交流史等研究领域重要研究对象，相关著述都会为清末时期的广学会留有一席之地。

　　刘洋撰著的《在士大夫与世俗之间：清末上海广学会文化传播研究》一书，是在其博士学位论文基础上进一步修改增订而成，该选题虽然已有众多权威性研究成果，但刘洋勇于挑战，敢于把一个经典性的课题进一步推进到深水区，既难能可贵，又意义非常。其通过"广学会成立的历史背景""广学会起源与人员构成""广学会文化传播策略的产生与起效""广学会文化传播活动的转向与落寞""清末广学会由盛转衰的内在理路"五大部分，抽丝剥茧、层层递进，极为全面、立体、翔实地呈现出清末广学会的文化传播策略及其行迹，揭示了清末来华西人打着文化传播旗号利用报刊开展思想渗透活动的本质，深刻阐释了其中蕴含的新闻传播学原理。

刘洋这一研究成果的最难得处首先体现在对以往大批研究成果的系统梳理，对其中的重要问题抓得准、看得深。例如，书稿中言道：以往研究，"虽普遍认识到广学会作为一个由西方传教士发起的出版会社，同化国人思想、传播西教是其根本任务，却恰恰忽视了其发行书刊皆为对华文化传播策略之产物，均经其编辑精心编纂，专供中国人阅读。因此，若单纯或主要以广学会中文出版物为依据反向推导该会的文化传播思想策略或可八九不离十，但亦难免欠缺一两分，不利于还原真实历史场景"。恰如其论断，以往研究中这样"八九不离十"式的成果或结论，确实是非常普遍的。本书要补齐其中"欠缺一两分"的精神，极为值得赞赏。其次，刘洋在国内外图书存藏机构进行了长期的、大范围的史料搜集整理工作，挖掘出一大批尚未被我国学界发现利用的英文档案、报告、信件、发言稿，并完成了翻译工作，其中清末时期广学会发布的英文年报还由其编纂为《清末广学会英文年报译编》，经吉林文史出版社先期出版发行，并纳入"清代新闻传播史料丛书"，这些耗时、费力的基础工作，不仅体现出刘洋十分严谨的治学态度，也为本书研究提供了极其扎实的论据支撑。正因如此，《在士大夫与世俗之间：清末上海广学会文化传播研究》一书才得以对当前广学会研究的空白之处拾遗补缺，取得新突破。

刘洋作为我的学生，曾长期工作在新闻宣传一线，相关的行业经历不仅为他积累了丰富的实践经验，也极大地拓宽了他的思维边界，使他在新闻史学研究中能够拥有更为开阔的视野，对学术研究有着独到的理解与认知，这一点在他开展的相关史料搜集整理工作，以及本书的字里行间中都有充分的体现。实属不易的是，刘洋能够始终全身心投入到学术研究之中，谦谨好学，坐得住冷板凳，锚定目标、久久为功、善作善行，对此我甚为欣慰。未来，唯望刘洋能够继续保持良好的科研状态，在新闻史学研究的道路上行稳致远。再盼佳作。

程丽红

2023 年 10 月于辽宁大学

目　录

绪　论

一　研究背景与意义

正如《辞海》中对"文化传播"的界定，即"一种文化中的文化特质或文化丛随同社会交往而广泛地传播开来，为其他社会所采借与吸收"[①]。文化传播对于世界不同国家、民族和地区间的交流、学习与融合，以及社会进步都具有积极促进作用。但不容否认的是，文化传播主体具有其特定的阶级属性和价值取向，作为传播客体的文化也包含着特有的社会意识形态，必然与传播主体所持有的立场、观点、主张保持一致，并且有意识的文化传播本身还具有十分明确的目的性，其动机有时隐藏于现象背后，让人难以觉察。当文化传播活动伴随着政治、经济和军事压力时，又往往衍变为外来文化对本土文化的侵蚀。因此，鉴于文化传播之于传播受体的巨大影响，剥离文化传播活动之层层表象，精准把握其思想源头与核心策略则显得十分必要。回溯中外文明交往史，西方世界以文化传播为名、行思想渗透之实的事例可谓不胜枚举，尤其在清末，来华西人打着"启蒙"中国的旗号，面

[①] 辞海编辑委员会. 辞海：缩印本 [M]. 7版. 上海：上海辞书出版社，2022：2356.

向中国社会各阶层展开的大规模文化传播活动，时间跨度之长、覆盖范围之广、参与人员之多为中国近现代史所罕见。

纵观19世纪，世界局势波谲云诡，英国率先完成工业革命，一跃成为世界头号强国，欧洲大陆与北美各国亦不甘人后，陆续走上资本主义发展道路，纷纷崛起跟进，一时间西方诸强窥伺全球，对外侵略扩张、抢夺资源、倾销商品各不相让，彼此之间蛮争触斗，殖民主义活动愈演愈烈。处于清廷治下的古老中国虽遥居世界东方，但土地广大、人口众多，成为西方世界垂涎之猎物而无法安于一隅。反观清政府却依旧坚持闭关锁国、自成一统，直到1840年第一次鸦片战争爆发击碎了清朝统治者"天朝上国"的迷梦，晚清中国在兵连祸结中逐渐沦落为一个半封建半殖民地国家。在这一进程中，西方商人、外交官员、基督新教传教士接连乘船东渡、踏足中国。由于新教传教士具有以传播宗教为使命的天然属性，甫一来华便成为三方势力中最为关注异邦文化与思想的群体。在基督新教在华传布的过程中，东西方两种截然不同的文化激烈碰撞，其传播活动始终遭到中国广大民众广泛且持久的抵抗，部分新教传教士则敏锐关注到一批持有"经世致用"哲学思想的中国士大夫面对内忧外患开展的"中体西用"实践活动，便将宗教内容掺杂于西方现代自然科学与社会科学之中，投其所好地以"西学"之名一并引入中国，继明末耶稣会士来华后掀起了第二次西学传播热潮。尤为引人瞩目的是，新教传教士格外重视现代报刊与书籍在信息传播过程中具有的不可替代的作用和价值，将其视为传播西方宗教与文化的重要载体。新教传教士也在并非完全自觉的情况下扮演了西方文化传播者的角色，客观上促进了西学东渐，加快了晚清中国近代化进程，这与孟高维诺（Giovanni da Montecorvino）、利玛窦（Matteo Ricci）、汤若望（Johann Adam Schall von Bell）、南怀仁（Ferdinand Verbiest）等天主教传教士，以及东正教北京传教团相比有过之而无不及。

毋庸置疑，新教传教士绝非来华之后突然改弦更张，开始对面向世俗领域"传道、授业、解惑"产生兴趣，一切不过是迂回策略，他们在华开展的文化传播活动仅为传教事业之铺垫与辅助，以此解构中国人之文化自信，进而重塑中华文明之基础，以使中国人思想归化西方，实现中国彻底演变为一个基督教国家的终极目标，其本质无疑为思想渗透，对此学界早有定论。而广学会（The Christian Literature Society for China，C.L.S.）这一具有浓烈宗教色彩的出版机构正是新教在华文化传播活动中的先锋。该会社于 1887 年在上海创立，始称同文书会（The Society for the Diffusion of Christian and General Knowledge in the Chinese，S.D.K.），直至 1957 年与青年协会书局、浸会书局、中国主日学合会合并组成"中国基督教联合书局"而告终①，存续长达 70 年，历经清末、民国与新中国三个时代。当中，尤以清末时期的广学会最为活跃、影响力最盛，该会自我标榜"以西国之学广中国之学，以西国之新学广中国之旧学"，坚持以书刊为媒介、以中国文人学士为对象，积极介入维新变法、新政等晚清政治改革运动，力图"自上而下"地影响整个中国。这一时期的广学会不仅出版物数量众多，而且热销书刊频出、受众群体庞大，名噪一时的《万国公报》《泰西新史揽要》《中东战纪本末》《三十一国志要》《大同报》《万国通史》等相继问世，上自帝王将相、下至普通士子，都有其忠实拥趸，光绪帝、李鸿章、张之洞、孙家鼐、翁同龢、康有为、梁启超、刘坤一、袁世凯等声名显赫的政治人物更是一度将该会之著述奉为圭臬，李提摩太（Timothy Rich-ard）、林乐知（Young J. Allen）、花之安（Ernst Faber）等广学会核心人物也成为清廷大员争相谈论与结识的"西儒"。广学会

---

① 江文汉. 广学会是怎样一个机构［J］. 文史资料选辑，1980（43）：42.

正是凭借于此对清末中国政治和社会发展走向产生了极为深刻的影响。因此，广学会实为研究中国近代史、近代西方对华文化传播史无法回避的重要对象之一。

本书的研究意义不仅在于对广学会深度参与清末政治活动历史细节的再挖掘，以及对该会人员组成、出版物构成等现有研究成果增订，更为重要的是将广学会在晚清24年（1887—1911年）中的文化传播活动全部置于审视范围，系统分析该会内部关于如何有效开展对华文化传播活动的深层思考，展现其独树一帜的"自上而下"思想渗透策略的形成、发展与调整全貌，及其由盛转衰的内在理路。纵然广学会仅是新教来华传教团体中之一支，但该组织属性极为独特，自创建之日便集聚了西方在华政、商、新教界大批会众，人员参与范围极其广泛，该会对华文化传播活动也早已超越新教群体之界限，体现出此三类群体的集体思想，成为整个西方在华势力的共同追求。因此，深入探查清末广学会对华文化传播活动的来踪去迹便突破了个案研究范畴，实为对清末西方世界对华思想渗透的整体性把握。

正如美国著名作家马克·吐温（Mark Twain）所言："历史不会重演，但总会惊人的相似。"百余年后的今日，文化传播依旧是西方势力开展思想渗透活动的惯用伎俩，他们凭借在政治、经济、军事、文化等多领域占据的总体优势地位，综合利用互联网、电视、广播、电影、书籍、报刊等多种信息传播媒介，不遗余力地对外输出西方政治制度和价值观，期望通过改造大众意识来建立新的文化霸权。以清末广学会作为研究对象，拨开百余年前的层层历史迷雾，探讨其文化传播策略及本质，对于当前以及今后一个时期，我们面对纷繁复杂的世界形势，以及形色各异的文化传播活动，澄沙汰砾、明辨是非，仍然具有一定的现实意义。

二 研究综述

(一) 新教在华文化传播活动研究现状

鉴于新教传教士在晚清中西方文化交流过程中发挥的独特作用以及对中国社会各领域产生的广泛影响，这一群体早已成为学界研究的重要对象，相关著述颇为丰富，并且由于新教在华传教事业与清末"西学东渐"进程紧密交织、无法割裂，现有研究成果呈现出新教在华传教史与近代中西方文化传播史交叉互动的特点。

1. 总论性及各分支领域研究现状

总论性研究成果主要有谭树林的《传教士与中西文化交流》①、何兆武的《中西文化交流史论》②、费正清和刘广京的《剑桥中国晚清史》③、沈福伟的《中西文化交流史》④、赖德烈的《基督教在华传教史》⑤、聂资鲁的《百余年来美国的基督教在华传教史研究》⑥、苏珊娜·巴尼特（Suzanne Barnett）的《实践福音派：新教传教事业及其向中国介绍西方文化的活动

---

① 谭树林. 传教士与中西文化交流 [M]. 北京：生活·读书·新知三联书店，2013.

② 何兆武. 中西文化交流史论 [M]. 武汉：湖北人民出版社，2007.

③〔美〕费正清，刘广京. 剑桥中国晚清史 [M]. 北京：中国社会科学出版社，2018.

④ 沈福伟. 中西文化交流史 [M]. 上海：上海人民出版社，2017.

⑤ 赖德烈. 基督教在华传教史 [M]. 香港：道风书社，2004.

⑥ 聂资鲁. 百余年来美国的基督教在华传教史研究 [J]. 近代史研究，2000（3）：255-296.

（1820—1850）》①、赵广军的《西教知识的传播与晚清士流》②、张涌与梅晓娟的《晚清传教士的中西文化比较与会通》③、王立新的《美国传教士对中国文化态度的演变（1830—1932）》④等多部经典著作和文章，它们都以宏大的历史视角展现了新教传教士群体参与近代中国与西方世界间双向文化传播的真实样貌。其中赖德烈的《基督教在华传教史》一书最负盛名，内容也最为全面，该书作者作为新教来华传教士一分子，利用丰富的历史资料，从亲历者的角度对1807—1926年新教在华传教、传播西学的历程进行了全面梳理分析，具有极强的参考价值，但其中也蕴含着西方基督教对于异国文化的征服论调。

与此同时，不同学科对新教传教士文化传播活动的专项研究成果也不断涌现，以多元化的视角深入剖析了新教传教士在清末不同历史阶段对中国社会各领域发展产生的整体性影响。其中，教育、医学、语言文学和新闻专业的研究成果为最多。

开展教育传教活动是来华新教传教士的一项重要工作，很多学者对此进行了深入研究。胡卫清的《近代来华传教士与中国教育改革》⑤、吴雪玲的《新教传教士与中国教育的早期近代

———————————

① Suzanne W. Barnett. *Practical Evangelism*：*Protestant Missions and the Introduction of Western Civilization into China*，*1820-1850*，Ph.D.diss., Harvard University，1973.

② 赵广军. 西教知识的传播与晚清士流 [D]. 武汉：华中师范大学，2007.

③ 张涌，梅晓娟. 晚清传教士的中西文化比较与会通 [J]. 学术交流，2016（05）：213-218.

④ 王立新. 美国传教士对中国文化态度的演变（1830—1932）[J]. 历史研究，2012（02）：68-82，191.

⑤ 胡卫清. 近代来华传教士与中国教育改革 [J]. 江苏社会科学，2000（04）：168-173.

化》①、肖朗的《从传教士看西方高等教育的导入》②、贺小华的
《传教士在晚清英语教育中的历史贡献问题探析》③、王李金与段
彪瑞的《试论西方传教士在中国近代大学创立中的作用》④、黄
河清的《从冲突到交融——重评近代传教士办学在中西文化交流
中的作用》⑤、孙邦华的《论清末来华传教士的学制改革思
想》⑥、杨齐福的《西方来华传教士与近代中国科举制度改
革》⑦、陈振江的《传教士与晚清教育改革刍议》⑧等论著颇具代
表性，均对新教传教士参与清末中国教育改革，引入西方先进教
育理念和体系等问题进行了深入探讨，大体在承认传教士们力图
影响乃至控制中国教育，希望通过清政府的力量来最大限度地传
播基督教文明的前提下，肯定传教士对于中国近代教育事业有一
定的贡献，陈振江还认为不应把传教士在晚清教育改革中的活动
简单地视为"文化侵略"。此外，陆德阳的《传教士与近代中国
残疾人教育事业》⑨、郭大松与曹立前的《传教士与近代中国启

---

① 吴雪玲. 新教传教士与中国教育的早期近代化 [J]. 东岳论丛, 2013
(08): 90-93.

② 肖朗. 从传教士看西方高等教育的导入 [J]. 高等教育研究, 2000
(05): 87-91.

③ 贺小华. 传教士在晚清英语教育中的历史贡献问题探析 [J]. 兰台世
界, 2014 (25): 114-115.

④ 王李金, 段彪瑞. 试论西方传教士在中国近代大学创立中的作用
[J]. 高等教育研究, 2011 (12): 97-103.

⑤ 黄河清. 从冲突到交融: 重评近代传教士办学在中西文化交流中的
作用 [J]. 教育发展研究, 2005 (18): 80-85.

⑥ 孙邦华. 论清末来华传教士的学制改革思想 [J]. 天津师范大学学报
(社会科学版), 2010 (05): 25-30, 62.

⑦ 杨齐福. 西方来华传教士与近代中国科举制度改革 [J]. 史学集刊,
2006 (02): 37-43.

⑧ 陈振江. 传教士与晚清教育改革刍议 [J]. 南开学报, 1999 (05):
118-122.

⑨ 陆德阳. 传教士与近代中国残疾人教育事业 [J]. 世界宗教研究,
2013 (05): 114-125.

暗教育》①等还关注到新教传教士在我国特殊教育事业中的功绩。

新教传教士将西方现代医学技术引入中国，其开展的医疗传教活动也得到了学界的广泛关注。李传斌的《基督教在华医疗事业与近代中国社会（1835—1937）》②、胡成的《何以心系中国——基督教医疗传教士与地方社会（1835—1911）》③、何小莲与张晔的《藉医传教与文化适应——兼论医学传教士之文化地位》④、李传斌的《医学传教士与近代中国禁烟》⑤、孙希磊的《基督教与中国近代医学教育》⑥、甄橙的《美国传教士与中国早期的西医护理学（1880—1930年）》⑦等一批长时段、系统性的研究成果相继出现，它们在挖掘大量历史资料的基础上，考察了教会医疗事业的发展与变迁，总结出新教医疗传教事业本土化、合作化、世俗化的特点，充分肯定其对中国近代医学事业发展的推动作用。

清末新教传教士在华译著书籍规模庞大，不仅促进了西学传播，而且对中国近代语言与文学发展也产生了不容忽视的影响，这成为学界研究的又一焦点。具有代表性的研究成果有何绍斌的

---

① 郭大松，曹立前．传教士与近代中国启喑教育 [J]．近代史研究，1994（06）：36-48．

② 李传斌．基督教在华医疗事业与近代中国社会（1835—1937）[D]．苏州：苏州大学，2001．

③ 胡成．何以心系中国：基督教医疗传教士与地方社会（1835—1911）[J]．近代史研究，2010（04）：16-33，2．

④ 何小莲，张晔．藉医传教与文化适应：兼论医学传教士之文化地位 [J]．西北大学学报（哲学社会科学版），2008（05）：92-95．

⑤ 李传斌．医学传教士与近代中国禁烟 [J]．中国社会经济史研究，2010（02）：60-68．

⑥ 孙希磊．基督教与中国近代医学教育 [J]．首都师范大学学报（社会科学版），2008（S2）：133-137．

⑦ 甄橙．美国传教士与中国早期的西医护理学（1880—1930年）[J]．自然科学史研究，2006（04）：355-364．

《越界与想象——晚清新教传教士译介活动研究》^①、邓联健的《委曲求传：早期来华新教传教士汉英翻译史论（1807—1850）》^②等论著，系统分析了传教士在翻译动机、文本选择、操作方式、策略选择以及传播途径等方面具有的主要特征，并列举个案对传教士翻译行为进行具体入微的研究，揭示了传教士利用翻译实现传教目标的史实以及文化影响。冯天瑜的《晚清入华新教传教士译业述评》^③、凤媛的《19世纪最后20年新教传教士关于汉译〈圣经〉"浅文理"体的讨论与实践再探》^④、狄霞晨的《作为"新文学"试水者的近代来华新教传教士》^⑤、曹坚的《新教传教士与19世纪汉语圣经诠释的开端》^⑥、郭磊的《新教传教士柯大卫英译〈四书〉之研究》^⑦、白鸽的《西方来华传教士对中国语言文字变革运动影响研究》^⑧等等，不仅关注到了新教传教士西学中译工作中发生的"原语主义"与"译语主义"的论争，也展现出西学译著对中国本土作家的创作与现代文学形态形成产生的影响，明确了他们在中国文学近代转型中的历史地位。

---

① 何绍斌. 越界与想象：晚清新教传教士译介活动研究［D］. 上海：复旦大学，2006.

② 邓联健. 委曲求传：早期来华新教传教士汉英翻译史论（1807—1850）［M］. 北京：清华大学出版社，2015.

③ 冯天瑜. 晚清入华新教传教士译业述评［J］. 史学月刊，2004（08）：30-35.

④ 凤媛. 19世纪最后20年新教传教士关于汉译《圣经》"浅文理"体的讨论与实践再探［J］. 史林，2020（04）：115-126，220.

⑤ 狄霞晨. 作为"新文学"试水者的近代来华新教传教士［J］. 国际汉学，2019（03）：83-92，205.

⑥ 曹坚. 新教传教士与19世纪汉语圣经诠释的开端［J］. 中山大学学报（社会科学版），2017（02）：129-137.

⑦ 郭磊. 新教传教士柯大卫英译《四书》之研究［D］. 北京：北京外国语大学，2014.

⑧ 白鸽. 西方来华传教士对中国语言文字变革运动影响研究［D］. 西安：陕西师范大学，2013.

作为现代报刊的引进者，大量来华新教传教士兼具报人角色，在新闻领域中对传教士报刊和报人的研究不断取得突破和进展，建树颇多。方汉奇的《中国新闻事业通史》①对新教传教士在华创办的报刊进行了系统梳理与研究，从总体上论述了新教在华新闻事业发展的历史线索、不同阶段的发展以及给中国社会和文化带来的影响与冲击，堪称经典。赵晓兰与吴潮合著的《传教士中文报刊史》②一书主旨更为明确，对1807—1949年新教传教士编辑的《察世俗每月统记传》《遐迩贯珍》《中外新报》《六合丛谈》等30余种报刊予以考释，内容全面且深入。蒋建国的《甲午之前传教士中文报刊的传播、阅读及其影响》③、胡国祥的《近代传教士出版研究（1807—1911）》④、周德波的《晚清传教士报刊"科技辅教"现象的文化价值重估》⑤、王海与王筱桐的《基督教在华传教士报刊的世俗化之争》⑥、赵晓阳的《基督教新教传教士文字事业在中国的最后命运》⑦等文章则以传教士在不同历史时期的新闻出版实践为切入点，对传教士在华办报、办刊活动和影响进行深入分析，总体展现了晚清时期新教传教士利用报刊影响中国近代社会发展的真实景象。邹朝春的《〈中国丛

---

① 方汉奇. 中国新闻事业通史 ［M］. 北京：中国人民大学出版社，1999.

② 赵晓兰，吴潮. 传教士中文报刊史 ［M］. 上海：复旦大学出版社，2011.

③ 蒋建国. 甲午之前传教士中文报刊的传播、阅读及其影响 ［J］. 新闻与传播研究，2019（08）：108-125，128.

④ 胡国祥. 近代传教士出版研究（1807—1911）［D］. 武汉：华中师范大学，2008.

⑤ 周德波. 晚清传教士报刊"科技辅教"现象的文化价值重估 ［J］. 国际新闻界，2019（02）：153-176.

⑥ 王海，王筱桐. 基督教在华传教士报刊的世俗化之争 ［J］. 国际新闻界，2012（04）：102-106.

⑦ 赵晓阳. 基督教新教传教士文字事业在中国的最后命运 ［J］. 宗教学研究，2009（03）：129-133.

报〉的创刊及其动机初探》①、杜恺健与王润泽的《进入"旧世界"的通道：近代宗教报纸〈中国教会新报〉发行网络研究》②等传教士报刊个案研究成果则使清末传教士报刊出版发行活动的历史景象更加立体生动。

此外，还有郭登杰的《共有历史：马六甲英华书院的音乐教育》③、郭伟杰的《谱写一首和谐的乐章——外国传教士和"中国风格"的建筑，1911—1949年》④、许俊琳的《当传教士成为被告：清末乌石山教案的法律史分析》⑤、李尹蒂的《传教士与近代中国农学的兴起》⑥、李丹与刘明玉的《晚清西方经济学说在华的早期传播——以外国来华传教士著述活动为中心》⑦、万发达与李卫国的《传教士与清末民初西方体育文化传播》⑧、林立强的《西方传教士与十九世纪福州的茶叶贸易》⑨、李玉宝的

---

① 邹朝春. 《中国丛报》的创刊及其动机初探 [J]. 宗教学研究，2014 (04)：234-238.

② 杜恺健，王润泽. 进入"旧世界"的通道：近代宗教报纸《中国教会新报》发行网络研究 [J]. 国际新闻界，2020 (10)：121-143.

③ 郭登杰. 共有历史：马六甲英华书院的音乐教育 [J]. 音乐艺术（上海音乐学院学报），2019 (04)：55-68，4.

④ 郭伟杰. 谱写一首和谐的乐章：外国传教士和"中国风格"的建筑，1911—1949年 [J]. 中国学术，2003 (1)：68-118.

⑤ 许俊琳. 当传教士成为被告：清末乌石山教案的法律史分析 [J]. 福建师范大学学报（哲学社会科学版），2019 (02)：100-110，171.

⑥ 李尹蒂. 传教士与近代中国农学的兴起 [J]. 华南农业大学学报（社会科学版），2018 (01)：134-140.

⑦ 李丹，刘明玉. 晚清西方经济学说在华的早期传播：以外国来华传教士著述活动为中心 [J]. 天津师范大学学报（社会科学版），2016 (02)：69-75.

⑧ 万发达，李卫国. 传教士与清末民初西方体育文化传播 [J]. 体育学刊，2009 (06)：43-46.

⑨ 林立强. 西方传教士与十九世纪福州的茶叶贸易 [J]. 世界宗教研究，2005 (04)：84-94，158.

《论传教士对我国近代图书馆制度体系构建的影响》①、孙长来的《基督教传教士与近代中国妇女的自觉》②等大量论著分别阐述了新教传教士对中国近代音乐、建筑、法律、农业、经济、体育、商业、图书馆、妇女解放等方面的影响。

2. 新教来华传教士人物研究现状

除总论性和各领域专门性研究外，以新教传教士个体为对象的著述成果同样丰富。其中，最具规模的是周振鹤主编的"来华基督教传教士传记丛书"，以回忆录和自传形式展现了丁韪良（William Alexander Parsons Martin）、卫三畏（Samuel Wells Williams）、马礼逊（Robert Morrison）、裨治文（E. C. Bridgeman）、狄考文（Calvin Wilson Mateer）、理雅各（James Legge）、李提摩太、林乐知8位知名新教传教士的在华活动历程，由倪文君译、伟烈亚力（Alexander Wylie）著《1867年以前来华基督教传教士列传及著作目录》③记述了早期新教来华传教士的活动轨迹，内容全面且详尽，为后人研究新教传教士宗教传播和文化传播活动提供了第一手资料。胡凯与张翰轶的《试析郭士立在华传教活动中的身份建构与身份冲突》④、汪晓勤的《艾约瑟：致力于中西科技交流的传教士和学者》⑤、石建国的《卜舫济研究》⑥、胡卫

① 李玉宝. 论传教士对我国近代图书馆制度体系构建的影响 [J]. 图书馆工作与研究，2012（06）：68-72.

② 孙长来. 基督教传教士与近代中国妇女的自觉 [J]. 广西社会科学，2008（11）：114-118.

③ 伟烈亚力. 1867年以前来华基督教传教士列传及著作目录 [M]. 倪文君，译. 桂林：广西师范大学出版社，2011.

④ 胡凯，张翰轶. 试析郭士立在华传教活动中的身份建构与身份冲突 [J]. 德国研究，2017（02）：97-109，127-128.

⑤ 汪晓勤. 艾约瑟：致力于中西科技交流的传教士和学者 [J]. 自然辩证法通讯，2001（05）：74-83，96.

⑥ 石建国. 卜舫济研究 [D]. 上海：上海师范大学，2008.

清的《传教士教育家潘慎文的思想与活动》①、韩琦的《传教士伟烈亚力在华的科学活动》②、张建华的《传教士谢卫楼的教育活动》③、王红霞的《傅兰雅的西书中译事业》④、胡素萍的《李佳白与清末民初的中国社会》⑤、刘立壹的《麦都思的翻译、学术与宣教研究》⑥等大量论述，利用扎实的历史资料，展现了清末美、英、德等国来华新教传教士在各自专长领域开展的长期性活动，共同构建起新教来华传教士的群像。

3. 新教在华传教团体研究现状

新教传教差会在华活动情况也是学界较为关注的课题，陆续出现一些各具特色的专著和论述：黄光域的《基督教传行中国纪年（1807—1949）》⑦堪称鸿篇巨制，该书以编年记事的形式在关注成千上万名传教士个人活动的同时，兼顾各来华传教差会的业务发展，但碍于研究对象过于庞大，所载内容仅限于对差会名称、国别、宗派、开教、立会设堂等基本信息的罗列。赖德烈的《基督教在华传教史》对英、美、德、加等国新教传教差会在华活动情况记载得更为详细，成为了解清末时期新教组织活动的佳作⑧。金多士的《在华传教士出版简史》对美华书馆、美国公理

① 胡卫清. 传教士教育家潘慎文的思想与活动 [J]. 近代史研究，1996（02）：244-262.

② 韩琦. 传教士伟烈亚力在华的科学活动 [J]. 自然辩证法通讯，1998（02）：57-70.

③ 张建华. 传教士谢卫楼的教育活动 [J]. 近代史研究，1993（04）：83-102.

④ 王红霞. 傅兰雅的西书中译事业 [D]. 上海：复旦大学，2006.

⑤ 胡素萍. 李佳白与清末民初的中国社会 [D]. 广州：中山大学，2006.

⑥ 刘立壹. 麦都思的翻译、学术与宣教研究 [D]. 济南：山东大学，2013.

⑦ 黄光域. 基督教传行中国纪年（1807—1949）[M]. 桂林：广西师范大学出版社，2017.

⑧ 〔美〕赖德烈. 基督教在华传教史 [M]. 香港：道风书社，2004.

会海外传道部书局、伦敦布道会书局、苏格兰圣经会书局等17家新教在华出版机构的组织沿革和业务开展情况予以梳理，为研究在华新教传教士开展的西学译介和印刷出版活动提供了宝贵参考资料①。除宏观性研究成果外，艾伦·普莱斯（Allen Price）的《1830—1900年美国教会与美国对华外交》②、珍妮特·亨宁格（Janet Heininger）的《美部会在中国：传教士的经历与态度（1911—1952）》③、张德明的《福音东传：英国浸礼会在华布道事业论略》④、力维韬的《美以美会在华百年史》⑤、马光霞的《监理会在华事业研究（1848—1939）》⑥、田力的《美国长老会宁波差会在浙东地区早期活动研究（1844—1868）》⑦、颜小华的《美北长老会在华南的活动研究（1837—1899）》⑧、张志伟的《基督教化与世俗化的挣扎：上海基督教青年会研究（1900—1922）》⑨等著述则针对各传教差会进行了专题研究，历述各传

---

① 〔美〕金多士.在华传教士出版简史［M］.王海，译.北京：中央编译出版社，2017.

② Allen T. Price. "*America Missions and American Diplomacy in China, 1830-1900,*" Ph.D.diss., Harvard University, 1932.

③ Janet E. Heininger, *The American Board in China：The Missionaries Experiences and Attitudes, 1911-1952*, Ph.D.diss., University of Wisconsin, 1981.

④ 张德明.福音东传：英国浸礼会在华布道事业论略［J］.宗教学研究，2013（01）：182-187.

⑤ W. N. Lacy. *A Hundred Years of China Methodism*［M］. New York：Abingdon-Cokesbury Press, 1948.

⑥ 马光霞.监理会在华事业研究（1848—1939）［D］.济南：山东大学，2012.

⑦ 田力.美国长老会宁波差会在浙东地区早期活动研究（1844—1868）［D］.杭州：浙江大学，2012.

⑧ 颜小华.美北长老会在华南的活动研究（1837—1899）［D］.广州：暨南大学，2006.

⑨ 张志伟.基督教化与世俗化的挣扎：上海基督教青年会研究：1900—1922［M］.台北：台大出版中心，2010.

教组织组建、发展，以及传教活动对于中国社会的影响，有助于进一步了解清末在华新教组织历史。相较于传教差会研究的成果，对于新教传教士在中国本土组建的各类社团的研究虽稍显冷寂，但也不乏佳作。其中代表性论著有：刘广京的《中国的早期基督教书院》对基督教在华创办的高等院校进行全面评述，阐明了教会学校的独特社会价值①。饶玲一的《尚贤堂研究（1894—1927）》以美国新教传教士李佳白（Gilbert Reid）创办的文化机构尚贤堂为研究对象，对机构宗旨、章程、组织架构以及会员群体活动情况进行论述，追索个人、群体与社会、文化、政治之间的多层网络，解读中西文化在大面积接触后的情态，考察中外士人如何探寻出一条和谐共处的路径②。刘远明的《从博医会到中华医学会：西医社团本土化探微》通过剖析中华医学会创建路径及崛起原因，探讨近代西医社团在中国的本土化进程③。

（二）清末广学会研究现状

清末广学会对于近代中国政治与社会发展的影响较大，在新教传布中国的100余年间同业内可谓无人出其右者，其历史地位与意义早已为学界公认。因此，自20世纪50年代以来，大凡近代史、新闻史、出版史等多领域的研究都会谈及。目前，关于广学会的研究成果可大致分为四类。

其一，将广学会作为研究主体，描述该会主要出版活动、文字编辑策略及其出版物之于彼时中国社会发展的影响。我国最早触及广学会的论著为方汉奇所撰《广学会与万国公报》，此文于

① Guangjing Liu, *Early Christian College in China* ［J］. *Journal of Asia Studies*，1960（11）.

② 饶玲一. 尚贤堂研究（1894—1927）［D］. 上海：复旦大学，2013.

③ 刘远明. 从博医会到中华医学会：西医社团本土化探微［J］. 中国科技史杂志，2013（03）：360-371.

开篇处对广学会的创建及主要出版方向予以简要介绍，并以该会机关报《万国公报》如何服务西方列强侵华活动为研究主线，将广学会定性为"帝国主义对中国进行文化侵略的大本营"[①]，尽管涉及该会本身的内容篇幅十分有限，但对于初步了解广学会具有发蒙之意。曾担任广学会总干事的江文汉撰写的《广学会是怎样一个机构》，根据一二十位广学会资深华工的共同回忆以及存留的该会部分英文年报整理而成，以内部知情者的角度回顾了广学会70年活动历程，对该会大事件、主要出版物和关键人物予以重点介绍，并用大量笔墨对李提摩太、林乐知、季理斐（Donald MacGillivray）、谢颂羔、薄玉珍等该会不同时期的核心人物予以批判，初步描绘出广学会总体历史发展轨迹[②]，就内容而言也更为全面、可信。在此后相当一个时期内，对于广学会的研究陷入沉寂，直到顾长声专著《传教士与近代中国》[③]问世，该书可谓我国传教士专题研究之滥觞，其中"广西国之学于中国"一章谈到了广学会的成立和它所宣传的西学，戊戌变法时期李提摩太对维新运动的干涉，以及该会"孔子加耶稣"的出版策略。以上专著与论文都带有鲜明时代特征，均将广学会及其成员定性为热衷于政治活动的帝国主义文化侵略机构和披着宗教外衣的帝国主义分子，并予以强烈抨击。李明山发表的《广学会传教士的报刊编辑观》[④]，对韦廉臣（Alexander Williamson）、李提摩太、林乐知、花之安、艾约瑟（Joseph Edkins）5位广学会传教士的个体书报编辑思想进行逐一梳理总结，这是首篇对李提摩太与林乐知

---

① 方汉奇. 广学会与万国公报 [J]. 新闻业务，1957（09）：61-62.

② 江文汉. 广学会是怎样一个机构 [J]. 文史资料选辑，1981（43）：1-42.

③ 顾长声. 传教士与近代中国 [M]. 上海：上海人民出版社，1981.

④ 李明山. 广学会传教士的报刊编辑观 [J]. 河南大学学报（社会科学版），1991（04）：113-119.

以外的广学会参与者的思想理念给予关注的文章。李明山随后发表的《广学会编辑策略略论》，则将广学会众人之编辑思想合而论之，探讨该会迎合中国官僚士人的阅读心理而编刊印书的具体活动①，虽大体未能突破前人已有研究成果，但该文谈及广学会维护书籍版权的内容，可谓开辟了新的研究方向。多年后由李联社所撰的《广学会的版权活动述略》②可视为对这一主题的深化。由陈建明、王再兴翻译出版的美国学者何凯立著作《基督教在华出版事业（1912—1949）》③中的"新教出版机构的历史和组织"一章，用一小节的篇幅介绍了广学会，对该会的诞生、组织沿革、人员构成进行描述，但对广学会清末时期相关活动涉及较少，更偏重于1911年后之情况。特别值得关注的是方富萌、徐荻洲在《出版史料》上连续发表的广学会英文年报中译稿，为广学会研究提供了极为重要的原始素材，但该连载至《广学会年报（第14次）》（1901年年报）便戛然而止，留下了巨大缺憾，并且文稿中存在些许译误，内容与原文不符。由陈建明主持的国家社会科学基金课题"广学会文字布道与西学传播之双重角色研究"成为迄今少有的以广学会为对象的专题研究项目，形成了多个阶段性研究成果，其中《关于同文书会研究的几个问题辨析》与《清末基督新教在华出版机构同文书会研究》两篇论文涉及清末广学会：《关于同文书会研究的几个问题辨析》④就上海同文书会与格拉斯哥中国书刊协会的关系、同文书会改称广学会的时

---

① 李明山. 广学会编辑策略略论 [J]. 南都学坛, 1992 (04)：111-117.

② 李联社. 广学会的版权活动述略 [J]. 韶关学院学报, 2012 (07)：184-187.

③〔美〕何凯立. 基督教在华出版事业（1912—1949）[M]. 陈建明, 王再兴, 译. 成都：四川大学出版社, 2004.

④ 陈建明, 苏德华. 关于同文书会研究的几个问题辨析 [J], 出版科学, 2018 (02)：112-117.

间、同文书会的墨海书局与伦敦会的墨海书馆二者关系、同文书会是否出版《经世文续编》四个在前人著述中长期存在的误解予以纠正，对反映广学会历史作用颇具意义；《清末基督新教在华出版机构同文书会研究》①之着眼点更为具体，关注于1887年至1891年广学会初创时期，对该会宗旨、组织机构、出版发行活动进行研究，较前人所发表的同类内容更为深入、详细。但颇为遗憾的是，该课题至今未见完整性研究成果出版。1965年学者王树槐出版了专著《外人与戊戌变法》②，在该书第一章"鼓吹变法"中对广学会在维新运动中的一系列活动予以介绍，但其中存在若干错误之处。故而，王树槐在多年后又发表了《清季的广学会》③一文，对该书中涉及广学会的内容予以订正补充。此文分为广学会缘起与组织、经费、政策与工作、刊物、影响五个方面，并辅以图表对该会各年会员人数、工作人员构成、年度收入与支出、不同类别出版物数量逐一统计，初步勾勒出广学会在晚清时期的风貌，也是目前中国学界论及广学会晚清24年整体概况的独一论著，广为参考引用。与当前中国广学会的相关研究相比，英国学者道格拉斯·布伦特·怀特菲尔德（Douglas Brent Whitefield）在2011年发表的《广学会在晚清维新运动中的出版物、人物和神学作用》（*The Christian Literature Society for China：The Role of Its Publications，Personalities and Theology in Late-Qing Reform Movements*）④，将广学会活动作为全文主

---

① 陈建明. 清末基督新教在华出版机构同文书会研究 [J]. 宗教学研究，2015（03）：206-215.

② 王树槐. 外人与戊戌变法 [M]. 上海：上海书店出版社，1998.

③ 王树槐. 清季的广学会 [J]. 中央研究院近代史研究所集刊，1973（04）：193-227.

④ Douglas Brent Whitefield. *The Christian Literature Society for China：The Role of Its Publications，Personalities and Theology in Late-Qing Reform Movements*，Ph.D.diss.，University of Cambridge，2011.

线，以该会在清末政治改革运动中的活动轨迹为研究重点，但主要侧重于宗教内容，特别是比较李提摩太、林乐知、季理斐等人所持有的宗教思想之差异，在出版物方面也仅关注《泰西新史揽要》《中东战纪本末》《救世教益》《自西徂东》《万国公报》5种书刊体现的神学观点，没有触及该会对华文化传播活动的指导思想和策略，并且作者基于西方价值立场将广学会成员定义为中国的"救国者"，实难让人苟同。

其二，关注广学会核心成员在华活动史，对他们服务该会期间的主要言论与作为予以一定观照。其中关于广学会第二任总干事李提摩太的著述最多、最具代表性：由顾长声编著的《从马礼逊到司徒雷登》①中"林乐知"与"李提摩太"两章提及广学会，但此书主要以传教士个体在华经历为主要研究视角，涉及该会的内容较为有限，且与《传教士与近代中国》所载信息多有重合，基调完全一致。李宪堂、侯林莉翻译出版的李提摩太自传《亲历晚清四十五年——李提摩太在华回忆录》②中"在上海广学会的工作"一章，讲述了1891年至1894年李提摩太初任广学会总干事期间的工作情况。D. 里夫（R. Reeve）撰写的《中国传教士、改革家李提摩太》（*Timothy Richard, D. D. China Missionary Statesman and Reformer*）一书中第五章"基督教文学会"（The Christian Literature Society）对广学会进行了专门记述③，主要突出了维新时期该会在李氏领导下所取得的成就。E. W. 普赖斯·艾文斯（E. W. Price Evans）的专著《李提摩太：中国基督教事业与治理叙事》（*Timothy Richard: A Narrative of Christian Enter-*

---

① 顾长声. 从马礼逊到司徒雷登 [M]. 上海：上海人民出版社，1985.

② 〔英〕李提摩太. 亲历晚清四十五年：李提摩太在华回忆录 [M]. 李宪堂，侯林莉，译 天津：天津人民出版社，2005.

③ B. Reeve. *Timothy Richard, D. D. China Missionary Statesman and Reformer* [M]. London：S. W. Partridge & CO. LTD., 1911.

prise and Statesmanship in China）①同样以李提摩太为研究对象，谈及广学会之内容与里夫著作大体相近。尤尼斯·V. 约翰逊（Eunice V. Johnson）的《李提摩太视角下的中国教育与改革（1880—1910）》（*Timothy Richard's Vision*：*Education and Reform in China*，1880—1910）②中关于广学会的内容主要集中在"塑造中国的改革时刻（1891—1900）"（Shaping China's Reform Moments，1891—1900）一章，并于"基督教文学学会平台"（The Christian Literature Society Platform）一节对该会之前世今生予以梳理，还着重讲解了其与中华教育会在清末教育改革中的关联与合作，内容多梳理历史，较少评论，该篇章虽研究时间跨度上较前两部著作更为广泛，但也主要着墨于1898年以前，而对1900年义和团运动后广学会广泛参与新政改革活动的情况则一笔带过。

其三，以广学会出版物为研究对象，部分内容涉及该会本身。赵晓兰与吴潮合著的《传教士中文报刊史》③一书中"《万国公报》"一章提及广学会与《万国公报》复刊，并对该会的成立及其性质、宗旨进行附带介绍。赵少峰撰写的《广学会与晚清西史东渐》④以清末广学会编纂的西方历史译著为线索，深入探析其对晚清中国社会之影响，并对相关历史书目进行了统计、梳理，但不足之处在于未能将该会出版物与其代销书籍区别开来。

① E. W. Price Evans. *Timothy Richard*：*A Narrative of Christian Enterprise and Statesmanship in China* [M]. London：Garey Press，1945.

② Eunice V. Johnson. *Timothy Richard's Vision*：*Education and Reform in China*，*1880—1910* [M]. Toronto：Pickwick Publications，2014.

③ 赵晓兰，吴潮. 传教士中文报刊史 [M]. 上海：复旦大学出版社，2011.

④ 赵少峰. 广学会与晚清西史东渐 [J]. 史学史研究，2014（02）：44-54.

胡燕的《近代广学会译传出版及其诉求（1887—1919年）》^①以广学会出版的人物传记译著为研究对象，并对该会出版活动的内部思考予以剖析，但值得商榷的是广学会在1903年至1911年颓势尽显，此文却将这一时段定性为广学会兴盛期，与史实出入较大。此外，还有马福华的《西学东渐：书刊编译技巧与策略演进——以广学会为中心的考察》^②、王炳庆和陈名实的《广学会的出版事业及对近代文化教育的影响》^③、胡国祥的《近代传教士出版研究（1807—1911）》^④、杨华波的《清末广学会译印的自然科学著作》^⑤等多篇论文，均将广学会出版物作为研究对象，并分别从教育学、宗教学、传播学等不同视角切入，为后人研究奠定了一定基础。

其四，以维新变法和中国近代化为研究主题，介绍广学会参与晚清中国政治改革活动的情况。陈庆升的《广学会的性质及其与维新运动的关系》对该会在戊戌变法时期的关键人物、组织发展、主要出版物等多个方面予以展现，并着重论述了李提摩太担任广学会总干事后的所作所为，特别是他与维新派核心人物之间千丝万缕的联系^⑥。何兆武发表的《广学会的西学与维新派》，虽同样关注于变法维新时期的广学会出版活动，但研究更为深入，

---

① 胡燕. 近代广学会译传出版及其诉求：1887—1919年［J］. 现代传记研究，2017（02）：181-193.

② 马福华. 西学东渐：书刊编译技巧与策略演进：以广学会为中心的考察［J］. 出版发行研究，2014（07）：99-101.

③ 王炳庆，陈名实. 广学会的出版事业及对近代文化教育的影响［J］. 教育评论，2007（06）：123-125.

④ 胡国祥. 近代传教士出版研究（1807—1911）［D］. 华中师范大学，2008.

⑤ 杨华波. 清末广学会译印的自然科学著作［J］. 中国科技翻译，2019（01）：56-58，55.

⑥ 陈庆升. 广学会的性质及其与维新运动的关系［J］. 史学月刊，1958（10）.

该文通过比照维新派西学特点与广学会西学实质，推导二者在思想上的本质性差异①。熊月之的《西学东渐与晚清社会》②，其中"广学会：广西方之学"一章聚焦于该会译书、编书、赠书、售书一系列出版发行活动，详细介绍了该会在清末历次科举考试中向学子赠送书刊的情况，以及各次有奖征文活动的主题，内容颇为细致，并附有"广学会出版西书要目（1900年以前）"，书目虽不完全，但为研究该会出版物提供了基础资源。王立新所著《美国传教士与晚清中国现代化》（修订本）③，在"美国传教士与戊戌变法"一章介绍了广学会与西学传播和维新运动的兴起，以编年的形式列出1888—1902年该会出版物名录，但亦不全面。同时，此书还举例介绍了其中影响较大的书籍，以及《万国公报》与维新思想传播之间的联系。此类著述对广学会的研究视野更为开阔，关注到该会在推动西学传播、促进晚清各项改革中的积极一面。

（三）研究评述

综上所述，现有关于清末新教在华文化传播活动研究的专著与论述，虽视角多元，学科交叉，但局限之处也较为明显。

首先，多强调传教士个体因素，忽视其组织属性。新教来华传教士群体中，除极少数独立传教士外，其余均受所属传教团体领导，绝非各自为政的散兵游勇，传教士在华开展的传教活动，尽管不可避免地掺入个人思想与情感因素，但更多的是传教差会或社团集体意志的体现与实践。而现有研究成果中，无论是从宏

---

① 何兆武. 广学会的西学与维新派 [J]. 历史研究，1961（04）：21-44.

② 熊月之. 西学东渐与晚清社会 [M]. 上海：上海人民出版社，1994.

③ 王立新. 美国传教士与晚清中国现代化：修订本 [M]. 天津：天津人民出版社，2008.

观把握或是微观切入，除部分以新教传教团体为研究对象的著述外，大多强调传教士的个人意识与活动，却普遍疏忽其组织特质。

其次，较为关注传教士群体在华具体活动及影响，对其特定历史情境下的内部决策和指导思想发展脉络的研究稍显薄弱。如此一来，传教士在华活动以策略制定为起点，经长期实践，至影响产生的完整逻辑链条便处于离散形态。紧盯传教士活动与影响，所得成果不免仅知其然，却不知其所以然，不利于客观、全面、深入地审视新教群体对华文化传播活动的本质。

对于清末广学会的研究，与该会重大历史价值形成极大反差的是，现有成果尚处于一种零散破碎的浅层探索状态。不足之处主要表现为以下三点。

第一，清末广学会文化传播史实有待完善。由于广学会在1896—1898年维新变法时期的影响突出，故《广学会与万国公报》《广学会编辑策略略论》《传教士与近代中国》等已有研究几乎均关注此，而对其在长达11年的新政中的相关活动却甚少涉及，实有以此3年代表该会晚清活动史之感，对于历史研究而言既不全面，也极易造成认知偏差。即便是《广学会是怎样一个机构》《清季的广学会》《广学会在晚清维新运动中的出版物、人物和神学作用》这样将广学会清末活动完整纳入研究范畴的著述也都以这一时段为重点，其余内容或一掠而过，或忽略不谈。同时，对清末广学会文化传播策略的探索基本局限在1887—1891年该会初创时期，顾长声称之为《同文书会发起书》（此文献英文名称为 *Constitution List of Office-Bearers, Prospectus, and Treasurer's Report of the Society for the Diffusion of Christian and General Knowledge among the Chinese*，准确译名应为《同文书会章程、干事名单、招股说明书及财务报告》）中所提及的目标群体、信息传播方向、出版物种类，以及《亲历晚清四十五年——

李提摩太在华回忆录》中记载的1891年李提摩太继任总干事后制订的"战略规划方案"等少量信息被一再引用。但清末广学会文化传播策略绝非一成不变，而是处于不断发展与调整之中，体现出该会对于变幻莫测的晚清时局的认知、适应与回响。《清季的广学会》中"政策与工作"一节可视为对广学会文化传播策略的回顾，但内容集中于晚清前中期，多以点带面，难称完整与连贯。此外，《广学会编辑策略略论》《西学东渐：书刊编译技巧与策略演进——以广学会为中心的考察》等著述通过分析广学会知名出版物所载内容，得出该会"孔子加耶稣"或"孔子和耶稣"的文字编辑策略，但这显然无法等同于清末广学会基于中国社会实际所制定实施的文化传播策略。

第二，清末广学会研究之曳白尚待填补，舛误犹等纠正。最紧要处有四点：其一，起源史实不清。《清季的广学会》《清末基督新教在华出版机构同文书会研究》等著述依据广学会英文年报所载信息，认为广学会之起源可追溯至1877年新教在华传教士大会组建学校与教科书委员会，但此次大会报告却对组建广学会，以及学校与教科书委员会和广学会的关系只字未提。广学会英文年报必然无错，原因在于现有研究将该会之起源史与组织沿革史等同论之，未能回答何人、何时、因何提议创立广学会这一系列关键问题。其二，会员构成不详。众所周知，广学会是一个西方在华政、商、新教界人士联合组成的出版会社，唯见《清季的广学会》对历年会员人数列表统计，但也仅知其会众总数，而各会员的准确身份却依旧成谜，三方势力在会内所占比例更是无从知晓，实难判定各方力量在清末对华文化传播活动中的参与度。其三，编辑群体人员组成不明。编辑是广学会的核心力量，现有研究却往往将撰稿人与之混为一谈，《清季的广学会》将编辑笼统称为工作人员，其中混入李提摩太夫人和季师母二人，却遗漏部分编辑。《广学会传教士的报刊编辑观》则认定传教士艾约瑟为编辑，其虽曾是广学会董事会董事、会员，却并非编辑，仅为撰稿人。故而，在对广学会编辑群体构成调查不清的情况下，分析该会文字编辑思想也定然失实。其四，出版物名录不确。清末广学会出版书刊众多，《西学东渐与晚清社会》《广学会与晚清西史东渐》《清末广学会译印的自然科学著作》等前人著述虽曾统计，但仅为冰山一角，难称完备，更多论著则直接引用《清季的广学会》中"总数约四百种"的结论一言以蔽之。以出版机构为研究对象，却始终无法掌握其较为齐整的出版物名录，实乃一大憾事。

第三，参考文献单一，以二手史料为主。目前清末广学会研究著述的相关史料来源主要有二：其一，以《万国公报》《泰西新史揽要》《自西徂东》《中东战纪本末》等广学会出版物所刊言论为论据。其二，以《传教士与近代中国》、《清季的广学会》、《亲历晚清四十五年——李提摩太在华回忆录》和《出版史料》登载的14份广学会年报等中文资料为依托。对英文一手史料的挖掘与利用虽有一定进展，但仍处于"弱水三千，只取一瓢"的状态。故此，现有著述无论从何种视角切入，就其内容而言都有似曾相识之感。最关键问题则是，虽普遍认识到广学会作为一个由西方传教士发起的出版会社，同化中国人思想、传播西教是其根本任务，却恰恰忽视了其发行书刊皆为对华文化传播策略之产物，均已经为其有意编纂，专供中国人阅读。因此，若单纯或主要以广学会中文出版物为依据反向推导该会的文化传播思想策略或可八九不离十，但亦难免欠缺一两分，不利于还原真实历史场景。

三　研究思路与框架

本书以清末广学会（1887—1911年）对华文化传播活动为研

究对象，将其置于清末中国政治社会与基督教在华传教活动的双
重背景下，立足于该会成员中西方传教士、外交官、商人之视
角，在系统梳理其各年出版活动以及对晚清中国各阶段局势的集
体认知基础上，对该会"自上而下"的文化传播策略进行深入研
究，揭示其形成、发展与调整的历史轨迹，展现该会对华思想渗
透与宗教传播的完整图景，力图做到整体性宏观把握与微观研究
相结合。本书拟从以下几个方面渐次展开。

第一，分析广学会创建背景。1887年广学会在上海创建之
际，基督新教已在华活动80年整，其间各传教差会利用不平等条
约赋予的特权，纷纷来华开展传教活动，并采用福音传教、医疗
传教、教育传教三种方式，面向中国中下层民众传播新教教义，
努力扩大教众规模。而为满足传教活动的实际需要，隶属不同传
教差会的出版机构也相继诞生，出版大量中文书刊。通过探明清
政府治下的中国舆论环境，以及广学会创立前基督新教在华出版
事业发展状况，为进一步研究该会起源及其文化传播策略的形成
奠定基础。

第二，探明广学会起源史实及组织架构、人员构成。广学会
之创建绝非孤立个案，而是基于新教对亚洲地区开展传教活动的
现实需求，查明广学会起源史实对于准确把握该会指导思想、活
动策略具有重要意义。同时，广学会组织架构完备，英国本土存
有与之相连的众多后援机构，该会内部还有一支精干高效、精通
中西方文化的传教士编辑队伍，特别是由政、商、新教界人士组
成的会员群体规模庞大，均属各领域的头面人物，并为该会的持
续发展提供了人力、物力、财力的保障。查清广学会组织发展、
机构设置、人员构成等详细信息，进一步说明该会本质。

第三，揭示清末广学会"自上而下"文化传播策略指导下的
出版活动全貌。清末广学会以中国统治阶级和文人阶层为对象，
以书刊为媒介，有组织、有计划地开展长期性、系统化的思想渗

透活动。在变法维新、义和团运动、新政改革等不同历史时期，该会目标人群、文化传播活动重点、出版物主题等都有相应调整。第四章、第五章两章将重点描绘清末广学会对华文化传播活动的整体脉络，而绝非关注一时一刻。

第四，分析清末广学会由盛至衰的内在理路。清末广学会作为西方在华政治、商业、宗教利益的代言人、发声筒，与中国统治阶级与文人群体互动频繁，对清末政治社会影响广泛，但广学会在戊戌变法与新政两场性质相近的政治改革运动中，却分别获得了崛起与衰落两种截然不同的结果。客观分析广学会文化传播活动由盛转衰背后蕴含的理路，以及中国知识分子如何打破其苦心构建的知识垄断体系是本书至为重要的一环。

四　研究的创新与难点

本书创新点有二。

首先，将广学会在晚清24年的整体活动一并纳入研究范畴，打破现有论著在时间跨度上存在的局限。在清晰、充分回答广学会起源史、人员组成、出版物构成等一系列含糊不清的问题基础上，分别对韦廉臣、李提摩太、花之安、林乐知、安保罗（Paul Kranz）、卫理（E. T. Williams）、卫罗氏（Rose S. Williams）、季理斐、高葆真（W. A. Cornaby）、华立熙（W. G. Walshe）、莫安仁（W. G. Walshe）、玛丽埃塔·梅尔文（Marietta Melvin）、希尔达·鲍泽（Hilda C. Bowser）13位清末广学会编辑的思想发展予以线性、整体性梳理分析，展现该会对华文化传播策略的产生、发展与调整的全过程，及其指导下的出版活动完整图景，阐明清末广学会由兴盛到衰落的内在理路。

其次，在史料的搜集与整理上有所突破。本书力求对当前广学会研究的空白之处拾遗补缺，呈现该会在清末时期的文化传播策略与活动立体而完整的真实场景。故此，对史料的钩沉稽古、发微抉隐既不可避免，又极端重要。本书以外文原始资料作为研究依据，向历史要答案，对涉及清末广学会的报告、发言稿、回忆录、档案等相关资料进行广泛搜集整理，从根源上避免对历史的断章取义和基于个人经验与价值取向的臆断，努力做到客观、全面、深入。第一，集齐1888—1912年清末广学会英文年报［*Annual Report of the Society for the Diffusion of Christian & General Knowledge among the Chinese*（1888—1904），*Annual Report of the Christian Literature Society for China*（1905—1912）］，并完成英译汉工作，全部文稿共计70余万字，为清末广学会研究奠定了坚实的史料基础。第二，首次发现、获取传教士韦廉臣于1885年发表的论著《中国文人以及如何应对》（*The Literati of China and How to Meet Them*），对于展现清末广学会"自上而下"的思想渗透策略起源具有重大意义。第三，对1877年、1890年、1907年3次在华新教传教士大会报告中关于文字出版的内容进行深度挖掘，探明清末30年间新教在华出版事业的发展轨迹。第四，完成李提摩太个人论著合集《万民归宗》（*Conversion by the Million in China*）的翻译工作，进一步明晰以李提摩太为代表的新教自由派传教士开展对华思想渗透活动的思想脉络。第五，挖掘出1876年大清海关编著的《中华帝国海关藏品目录》（*The Catalogue of the Chinese Imperial Maritime Customs Collection*）与1882年英国传教士约翰·默多克（John Murdoch）发布的《中国基督教文学目录》（*Catalogue of Chinese Christian Literature*）等一批尚未进入学界视野的珍惜史料，对1807—1882年广学会成立前夕新教在华出版发行活动特点予以分析总结。第六，利用《中国、日本、韩国、印度支那、海峡殖民地、马来邦、暹罗、荷兰、印度、婆罗洲、菲律宾等地的目录和编年史》

（1890 年、1892 年、1895 年、1897 年、1904 年、1910 年）［*The Directory & Chronicle for China, Japan, Corea, Indo-China, Straits Settlements, Malay States, Siam, Netherlands India, Borneo, the Philippines, &c.（1890, 1892, 1895, 1897, 1904, 1910）*］等资料，对清末广学会会员身份逐一认定。第七，通过整理 1888—1911 年广学会年报和《万国公报》《中西教会报》《大同报》《未克列夫记略》《文学兴国策》《李傅相历聘欧美记》《美国名君言行录》《德国最进步史》等书刊所附的广学会书目信息，整合形成《清末广学会中文出版物名录》，内含世俗、宗教书刊共计 401 种。通过对大量史料的综合运用，努力使本书做到在关注传教士个体思想发展的同时，兼顾传教团体的组织计划与行动，实现对清末广学会的集体决策、具体行动、社会影响进行通盘分析。

本书难点在于目前尚无系统梳理清末广学会对华文化传播活动的先例可循，现有成果又大多聚焦于该会某一时期、部分人物或个别出版物，并且诸多与史实不符的内容掺杂其中。因此，只有在对一手史料充分挖掘与利用的基础上，从头来过方可取得一定突破。本人在史料搜集整理过程中发现，部分外文资料也难保完全准确。因此，唯有在海量资源中索迹爬梳、多方比对，方可辨明真伪、探清真相。此外，本书所引用的外文资料全部零散存于哈佛大学、耶鲁大学、哥伦比亚大学、康奈尔大学、格拉斯哥大学、大英图书馆等海外机构，部分珍惜文本还属特藏，极难一见。作者耗时两年有余完成了相关史料的搜罗与翻译工作，其过程异常艰难。对于清末广学会对华文化传播活动的研究，本书仅为一家之言，其中难免存有疏漏，只为抛砖引玉，恳请各方指正。

第一章　广学会建立的历史背景

　　广学会是由英国基督新教传教士韦廉臣（Alexander William-son）于1887年在上海创办的具有鲜明宗教色彩的出版机构，始称同文书会。基督新教（Protestantism）产生于16世纪由马丁·路德（Martin Luther）、胡尔德莱斯·茨温利（Ulrich Zwingli）、约翰·加尔文（John Calvin）等人领导的宗教改革，与天主教（Catholicism）、东正教（the Orthodox Eastern Church）共同构成了基督教三大流派，并逐渐发展、内分出路德宗（Lutheranism）、加尔文宗（Calvinists）、卫斯理宗（Wesleyans）、浸礼宗（Baptists）、公理宗（Congregationalists）等众多派别。起初，新教主要分布于英国、德国、荷兰、挪威、瑞典等欧洲新兴资本主义国家，后随着17世纪欧洲移民热潮传至北美大陆。正如马克斯·韦伯（Max Weber）在《新教伦理与资本主义精神》中所论，新教教义、教理对欧美现代资本主义发展起到了内生动力的作用，而随着资本主义发展对原材料以及新兴市场巨大且持续的需求，西方殖民主义者的侵略脚步遍及全球，这又为新教传教活动开辟了新的场域，二者可谓互成掎角。与此同时，欧美社会分别受到敬虔主义运动（Pietism）和社会福音运动（Social Gospel Move-ment）影响，隶属于不同教会的传教差会相继组建，向外邦传福音、征服异教徒被其视为首要任务，而中国这一地处遥远东方的神秘国度则成为传教士与殖民者的共同制胜对象。新教与天主教、东正教相比，虽入华时间最晚，但却后来居上，成为在华传教士最多、辐射地域最广、对清末中国社会影响最深的外来宗教势力。广学会之创办与新教在华传教事业密切相关，是西方对华文化传播活动中最具代表性的产物。

一　1807—1887年新教团体入华历程与主要传教方式

以1807年英国伦敦会（London Missionary Society）传教士马礼逊抵达广州传教为标志，持续140余年的新教在华传教事业缓缓拉开序幕①，而伦敦会也独自承担起先期在华传播基督福音的重任。1827年之前抵华的马礼逊、米怜（William Milne）、麦都思（Walter Henry Medhurst）等14名新教传教士全部来自该会②。新教传教士初抵中国不仅面临着语言不通、文化相异、水土不服等诸多难题，而且受限于清政府自康熙六十年（1721年）"礼仪之争"以来施行的严厉禁教政策，生怕暴露传教士身份，终日四处躲藏、不敢声张，极少能与华人产生交集。因此，广州作为彼时中国唯一的对外贸易口岸虽为最理想传教地，但新教传教士却难以获得立锥之处，不得已退而求其次地蜗居于葡萄牙控制的澳门。但作为当时葡萄牙的国教，天主教会必然将澳门视作其独享领地。故而，对于新教传教士的到来天主教会保持着强烈的警惕与敌意，对新教传教活动横加阻挠、暗中破坏便时有发生。与此同时，持有中英贸易垄断特权的英国东印度公司唯恐因协助传教士传教而与清政府产生纷争，损害其在华商业利益，故而也极少

---

① C. L. S.. *A Century of Protestant Missions in China*（1807—1907）〔R〕. Shanghai: American Presbyterian Mission Press, 1907: 1.

② C. L. S.. *A Century of Protestant Missions in China*（1807 1907），Appendix Ⅱ〔R〕. Shanghai: American Presbyterian Mission Press, 1907: 2.

为其英国同乡提供便利，直到1813年东印度公司修改宪章时，英国议会方才增加"传教士可自由进入东印度公司所管制的地区"的条款①。这一转变虽使英国传教士所处境况有了一丝改善，但总体而言其依旧举步维艰、备受束缚，除极少数曾长期或短暂坚守于澳门和广州外，其他均游离在邻近中国本土的新加坡、马六甲、巴达维亚、暹罗、槟榔屿等东南亚地区②，寄居于华人社群之中，体察华夏民俗、学习汉语，以期时机成熟后向中国渗透。

1827年荷兰传教会（Netherlands Missionary Society）的普鲁士传教士郭士立（Karl Friedrich August Gützlaff）抵达巴达维亚开展传教活动③，打破了长期以来伦敦会独行中国的局面。同时，美国新教团体深受第二次大觉醒运动（Second Great Awakening）影响，产生了向东方传福音的强烈愿望，公理会（American Board of Commissioners for Foreign Missions）、圣公会（The American Church Mission）、美北浸礼会（Baptist Missionary Union North）、美北长老会（Presbyterian Church in the U. S. A. North）、大美国归正教（The Reformed Church in America）5个教会先后派遣俾治文、洛克伍德（H. Lockwood）、叔末士（J. Lewis Shuck）、钟斯（J. T. Jones）、文惠廉（William Jones Boone）等美国新教传教先驱前往中国传教④。至1840年第一次鸦片战争爆发前，尽管除伦敦会外英国再无教会加入对华传教行列，但基本形成了英、美两国传教差会平分秋色的格局，新教来

① 〔美〕胡斯托·L. 冈萨雷斯. 基督教史：下卷［M］. 上海：上海三联书店，2019：384.
② C. L. S.. *A Century of Protestant Missions in China*（1807—1907），Appendix Ⅱ［R］. Shanghai：American Presbyterian Mission Press，1907：3.
③ C. L. S.. *A Century of Protestant Missions in China*（1807—1907），Appendix Ⅱ［R］. Shanghai：American Presbyterian Mission Press，1907：2.
④ *Records of the General Conference of the Protestant Missionaries of China*［R］. Shanghai：American Presbyterian Mission Press，1890：732.

华传教士人数也累计达到62名[①]。但新教传教士所面临的现实环境却并未因人数的增加而得到根本性改善，依旧处于暂居外邦、觊觎中华、蓄势以待的状态。虽然工作条件与生活环境如此严苛，但先期来华传教士绝非碌碌无为。例如，马礼逊将毕生精力用于将《圣经》译成中文、编纂《华英字典》，米怜于1815年在马六甲创办了首份新教中文刊物《察世俗每月统记传》，1833年郭士立于广州编印了第一份在中国发行的新教报纸《东西洋考每月统记传》，等等，他们在尽其所能地宣扬新教教义的同时，努力为后续传教士来华传教、了解中国风土人情和学习汉语提供基础保障。

如此情况直至1842年第一次鸦片战争结束，中英双方签订《南京条约》及其附属条约后才有所改变，特别是凭借1844年清政府与美国政府签订的《望厦条约》中第十七款所赋予的"合众国民人在五港口贸易，或久居，或暂住，均准其租赁民房，或租地自行建楼，并设立医馆、礼拜堂及殡葬之处"[②]的特权，教会团体在来华37年后终于可以堂而皇之地将活动地域拓展至香港以及广州、福州、厦门、宁波、上海5个通商口岸。面对如此形势，西方教会均跃跃欲试，期望在中国加大传教力度，大英圣经会（British and Foreign Bible Society）、大英教会（Church Missionary Society for Africa and the East）、英格兰长老会（Presbyterian Church of England）、浸礼会（Baptist Missionary Society）、循道会（The Wesleyan Methodist Missionary Society）5个英国教会，美以美会（The Methodist Episcopal Church）、传耶稣教安息

---

① C. L. S.. *A Century of Protestant Missions in China*（1807—1907），Appendix Ⅱ［R］. Shanghai：American Presbyterian Mission Press，1907：2-3.

② 王铁崖. 中外旧约章汇编：第1册［M］. 北京：读书·生活·新知三联书店，1957：54.

日浸礼会（Seventh Day Baptist Missionary Society）、美南浸礼会（Southern Baptist Convention）、监理会（The Methodist Episcopal Church South）4个美国教会，以及巴色会（The Basel German Evangelical Missionary Society）、礼贤会（Rhenish Missionary Society）、信义堂（Berlin Missionary Society）3个德国教会便在此背景下密集来华传教①。各传教差会的先期目标极为明确且一致，均期望能够迅速占领所有通商口岸，尽快开展传教活动。但受限于来华传教士的人力匮乏与资金短缺，极少有传教差会能实现这一看似简单的目标。纵然此刻的传教活动依然受到清政府传教禁令的限制，但这仍然是令传教士们兴奋不已的"重大突破"，并且部分传教士常常违背条约规定，越过口岸边界前往邻近内陆地区窜访，这也成为新教传教士与中国民众间爆发持久冲突的历史起点，1847年美北长老会传教士娄理华（Walter M. Lowrie）成为首位在华非自然死亡的新教传教士。

1858年第二次鸦片战争后，清政府与英、美、俄、法分别签订《天津条约》，其中"耶稣教、天主教教士得自由传教"条款使传教士彻底摆脱清政府禁教政策捆绑。并且本着"一体均沾"原则，英、美新教传教士还获得了中法《天津条约》中"法国人可在内地游历，可在通商口岸任意租地盖房，设立教堂、医院、学校、坟地、仓库等，中国地方官对破坏法人的中国人应予严惩"一款给予天主教的特权，能够走出通商口岸，横行中国无所禁忌。以此为开端，新教在华传教活动开启了"后条约"时代，来华传教差会数量迅速增加，在广学会创办前的29年中，女公会（Woman's Union Missionary Society of America）、东方女性教育促进会（The Society for Promoting Female Education in the

---

① *Records of the General Conference of the Protestant Missionaries of China* [R]. Shanghai：American Presbyterian Mission Press，1890：732.

East）、美南长老会〔American Presbyterians（South）〕、大美国圣经会（American Bible Society）、基督教会（The Foreign Christian Missionary Society）5 个美国传教差会，圣道堂（Methodist New Connexion）、爱尔兰长老会（Irish Presbyterian Mission in Manchuria）、偕我公会（English Methodist Free Church Mission）、苏格兰长老会（United Presbyterian Scotch）、苏格兰圣经会（National Bible Society of Scotland）、福音传播会（Society for the Propagation of the Gospel）、苏格兰福音会（Church of Scotland Mission in China）、圣经基督教卫理公会（Bible Christian Methodist Mission）、公谊会（English Friends' Foreign Missionary Association）9 个英国传教差会，以及加拿大长老会（The Presbyterian Church in Canada）、德国同善会（General Evangelical Protestant Missionary Society）和内地会（China Inland Mission）纷纷入华传教①。至此，新教在华传教差会总数达到 34 个，分属于长老宗（Presbyterian）、循道宗（Methodist）、公理宗（Congregational）、浸礼宗（Baptist）、安立甘宗（Episcopal）和无教派（Unclassified）。除超国别、跨宗派的内地会外，15 个为英国传教差会，14 个为美国传教差会，4 个为德国传教差会，1 个为加拿大传教差会②。来华新教传教士总数发展至 1280 余人，英、美传教士人数分庭抗礼，合计占比 95%③，两国传教力量独大的局面依然延续。

与此同时，各传教差会为实现在中国各地开展长期性传教活

---

① Records of the General Conference of the Protestant Missionaries of China [R]. Shanghai: American Presbyterian Mission Press, 1890: 732.

② Records of the General Conference of the Protestant Missionaries of China [R]. Shanghai: American Presbyterian Mission Press, 1890: 733.

③ Records of the General Conference of the Protestant Missionaries of China [R]. Shanghai: American Presbyterian Mission Press, 1890: 733.

动，分别结合自身实际制订传教计划，划定传教地域范围，大量购买土地、房产用于兴建传教站、教堂、学校和医院作为传教据点，并逐渐遍及北至东北三省，南到海南岛，西达四川、云南，东抵浙江、台湾的广大地区，传教活动活跃。但由于新教与罗马天主教不同，既不存在唯一的宗教领袖，也没有统一的组织体系，欧美各教会间实为宗派竞争关系。因此，在华传教差会也自然延续这一传统，在传教活动中通常各自为政、极少合作，甚至来自同一国家且同宗同派的传教差会在相同地域从事雷同工作的情况也为常态。仅以1887年广学会建立之时的上海一地为例，便集聚了英国伦敦会、大英教会、美国圣公会、美以美会等11个传教差会①，由此带来了教区重叠、重复工作等诸多弊端。诚然，清末来华传教差会众多，所开展的传教活动也林林总总、不一而足，但如将传教士的具体工作内容等同于传教方式是极其错误的。除极少数独立传教士（Independent Workers）外，新教传教差会的传教方式大体与其所属教会的传统和传教方针保持一致，主流方式为福音传教（The Gospel Preaching）、医疗传教（Medical Mission）和教育传教（Education Mission）。

福音传教是以传播基督福音为根本目的，各来华传教差会普遍采用的传教手段，又可细化为驻堂传道与巡回布道两种形式。在此种传教方式中，传教站（Mission Station）发挥着不可替代的重要作用。传教站通常由讲道堂、教堂、一个或多个学校、诊所或医院、传教士及华人同事的宿舍组成，不仅是传教差会开展传教活动的根据地，也是传教士生活、休整的场所②。传教站又分为传教士居住的位于各省首府的主传教站（Stations where Mis-

---

① C. L. S.. *A Century of Protestant Missions in China*（1807—1907）[R]. Shanghai: American Presbyterian Mission Press，1907：1-574.

② Kenneth Scott Latourette. *A History of Christian Missions in China* [M]. New York: The Macmillan Company，1929：418.

sionaries reside）和分散于四周县乡由华人助手（Native Helpers）负责管理的分支传教站（out-stations）①。驻堂传道是传教士的重要工作，他们依托教堂和街头小礼拜堂（Street Chapel）向驻地华人传播基督福音，并"在每晚和每个周日都举办宗教仪式"②。在巡回传教中，传教士以主传教站为中心，定期游走于城镇乡村，以口头演讲形式向来往路人传播教义、教理，并辅以分发基督教小册子、单张等印刷品，供本土居民闲暇时间自我阅读学习。当巡回传教产生效果，使某一地域的信众形成规模后，传教差会便在此地建立传教分站。仅至1877年，各传教差会在华便已建立主传教站91个、分传教站511个③。

至于福音传教的效果，由于传教士在本国期间几乎从未接触过中文，来中国后方才开始学习，而清末中国之口语除官宦文人掌握的通行全国的官话（Mandarin）外，还有各地民众普遍使用、发音各异的方言，这又为汉语水平本就极其有限的传教士制造了交流障碍。因此，新教传教士在早期大多只能在华人助手的帮助下开展传道活动。此外，内陆民众几乎从未见过与华人样貌迥异的西洋人，导致无论是驻堂传道还是巡回布道往往吸引一大批猎奇者，就传教效果而言不甚理想。在文化方面，传教士面对中国社会中普遍存在的尊孔祭祖等具有偶像崇拜意味且与基督教排他性相冲突的传统习俗时，又常常居高临下地予以毫不避讳的尖刻抨击，在福音传教过程中散发的印刷品中也包含大量此类言论，这便造成中国民众在尚未接纳传教士的情况下，二者之间便已产

---

① *Records of the General Conference of the Protestant Missionaries of China* [R]. Shanghai：Presbyterian Mission Press，1877：480.

② Kenneth Scott Latourette. *A History of Christian Missions in China* [M]. New York：The Macmillan Company，1929：419.

③ *Records of the General Conference of the Protestant Missionaries of China* [R]. Shanghai：Presbyterian Mission Press，1877：486.

生深刻矛盾，有效传教更是无从谈起。特别是随着西方列强侵华活动不断加剧，部分新教传教士也愈加骄横跋扈，导致各地教案频发，而且中国民众也不能区分天主教与新教，同处一地的天主教传教士惹下祸端而使新教传教士受到牵连的事例并不罕见，传教站往往成为中外冲突的风暴眼。因此，清末时期的福音传教时常受到冲击。

医疗传教是指具有医学专业知识的医疗传教士（Medical missionary）以医院（Hospital）和诊疗所（Dispensary）为平台，在利用西医手段为华人治疗疾病的同时，消除他们对基督教存在的种种偏见，实现传播福音、吸纳信徒的传教形式。由于医疗传教具有较强专业性，医疗传教士在来华前大多都已接受了系统医疗培训，甚至取得了医学学位。例如，新教在华医疗传教先行者美国公理会传教士伯驾（Peter Parker），他曾在耶鲁大学神学院与医学院接受教育，并在1834年获得医学博士学位后前来中国传教[1]。伯驾于1835年在广州创办新教在华首家医院——新豆栏医局，也被视为医疗传教的开端[2]。1838年2月21日，伯驾与英国东印度公司医生郭雷枢（T. R. Colledge）、美部会传教士俾治文在广州发起了中华医学传教会（Medical Missionary Society in China），这是来华传教士打破教派隔阂建立的首个专业医疗传教会社[3]，而新豆栏医局作为该机构的主体也得以延续发展，并于

---

① Stevens. George Barker, W. Fisher Markwick. *The Life，Letters and Journals of the Rev. and Hon. Peter Parker，M. D. Missionary，Physician，and Diplomatist：The Father of Medical Missions and Founder of the Ophthalmic Hospital in Canton*［M］. Boston：Congregational Sunday-School and Pub. Society，1896：78.

② C. L. S.. *A Century of Protestant Missions in China*（1807—1907）［R］. Shanghai：American Presbyterian Mission Press，1907：653.

③ C. L. S.. *A Century of Protestant Missions in China*（1807—1907）［R］. Shanghai：American Presbyterian Mission Press，1907：653.

1855年交由同为美部会医疗传教士的嘉约翰（J. G. Kerr）管理40余年[①]。中华医学传教会在1870年创办了中国近代第一个西医培训班，陆续培养超过150名华人医生，累计治愈病人超百万[②]。但需指出的是，尽管伯驾与中华医学传教会在新教在华医疗传教史中具有奠基性意义，但医疗传教绝非其专利，在中国全域向新教开放后，还有内地会、英国伦敦会、英格兰长老会等21个传教差会采用了此种传教方式[③]。1886年隶属于各新教教会的全体来华医疗传教士还在上海共同组建了中华博医会（China Medical Missionary Association），真正实现了医疗传教士大联合。虽然医疗传教对我国近代引进西医技术具有进步意义，并在医治麻风病人、收容吸食鸦片者等方面作出了突出贡献[④]，但医疗传教士在清末时期的活动并非一帆风顺，时常招来非议、引起祸端，中国民众普遍认为其提供的西药中含有一种能使服用者跟随洋人，听从他们教导的魔药[⑤]，在《经世文》中也有"基督徒的眼睛在死后被牧师挖出来。随后，当眼睛被铅熔化时，百分之八的铅就变成了银。给基督徒一颗药丸就能迷惑他们"[⑥]的记述。至1890年，来华传教差会共建立医院64座，诊疗所44个[⑦]。

① C. L. S.. *A Century of Protestant Missions in China*（1807—1907）[R]. Shanghai：American Presbyterian Mission Press，1907：653.

② C. L. S.. *A Century of Protestant Missions in China*（1807—1907）[R]. Shanghai：American Presbyterian Mission Press，1907：654.

③ *Records of the General Conference of the Protestant Missionaries of China* [R]. Shanghai：American Presbyterian Mission Press，1890：732.

④ Kenneth Scott Latourette. *A History of Christian Missions in China* [M]. New York：The Macmillan Company，1929：457.

⑤ Kenneth Scott Latourette. *A History of Christian Missions in China* [M]. New York：The Macmillan Company，1929：455.

⑥ S. D. K.. *Eleventh Annual Report of S. D. K.* [R]. Shanghai：The "North-China Herald" Office，1898：36.

⑦ *Records of the General Conference of the Protestant Missionaries of China* [R]. Shanghai：American Presbyterian Mission Press，1890：732.

教育传教始于1818年，以英国伦敦会传教士米怜受马礼逊委派在马六甲建立英华书院（Anglo-Chinese College）为发轫①。1835年1月新教传教士在广州先后创建的中华实用知识传播会（Society for the Diffusion of Useful Knowledge in China）和马礼逊教育会（Morrison Education Society）对各传教差会开展教育传教、建立西学书院具有极大的促进和示范作用②。关于教育传教之目的，美北长老会资深教育传教士狄考文曾总结道：为教会提供本地事工，为教会学校提供教师，通过学生向中国介绍西方的优质教育，培养学生带头向中国介绍西方文明中的科学和艺术，教育是进入中国上层社会的最佳途径③。教育传教早期的主要对象是华人幼童，彼时中国读书之人皆以参加科举、谋取禄位为最终目标，在官学、私塾研习孔孟经典才是明堂正道。而教会学校所设课程虽也或多或少包含儒学内容，但教授的数学、地理、英语等西学科目过于超前，且灌输新教教义、教理，吸纳学生信教入会才是教学之首要任务，就总体教学内容而言与科举要求南辕北辙，中国读书人眼中的教会学校实乃"旁门妖道"。因此，由教育传教士（Educational missionary）提供的基础教育自然无法吸引官宦、商贾子弟，处于社会下层且无力支付学费的贫困家庭儿童才是其主要争取对象，尽管教会学校主动承担中国幼童入学后的一切费用，以增强吸引力，但中国各阶层民众普遍对教育传教士的动机深感疑虑，其传教效果甚微。然而，随着清末中西方贸易的快速发展，洋行对具备英语技能的华人买办产生了巨大需

---

① C. L. S.. *A Century of Protestant Missions in China* (1807—1907) [R]. Shanghai: American Presbyterian Mission Press, 1907: 11.

② C. L. S.. *A Century of Protestant Missions in China* (1807—1907) [R]. Shanghai: American Presbyterian Mission Press, 1907: 646、656.

③ Kenneth Scott Latourette. *A History of Christian Missions in China* [M]. New York: The Macmillan Company, 1929: 441.

求，而穷苦学生对这一职业所带来的丰厚报酬自然无比艳羡，作为彼时中国唯一免费教授英语的教育机构，教会学校因此出乎意料地变得炙手可热起来。但中国学生的入学动机往往与教会学校办学的目的背道而驰，其结果往往是学生毕业后大多从事商业活动，而服务传教差会者寥寥无几，教会学校在花费大量人力、财力后并未实现预期目标。因此，教育传教士逐渐转变策略，专注于在中产阶级中传播基督教，有偿招收未来将从事对外贸易的商界子弟，以实现自给自足。纵使教育传教士大体都服务于教会学校，但也不乏另辟蹊径者，美国传教士丁韪良、英国传教士傅兰雅（John Fryer）等人便直接加入清政府开办的京师同文馆，担任西学教习，以更为直接的方式影响清政府统治阶级。教育传教活动与医疗传教事业的发展轨迹相似，教育传教士也在来华多年后实现了普遍联合，1877年第一次新教在华传教士大会成立了学校和教科书委员会（School and Text-book Committee，即益智书会，后又改称中华教育会），为全体教会学校编写统一教材，实现有限资源的整合与共享①。在整个19世纪，来华传教差会建立的教会学校共分为男童日校（Boys' day-schools）、女童日校（Girls' day-schools）、女童寄宿学校（Girls' boarding schools）、神学院（Theological schools）、主日学校（Sunday schools）五类②，虽然很多教会学校英文名称中都带有"College"（学院、大学）一词，但与西方高等教育绝无可比之处，大体处于初级、中级教育范畴。至1905年西方传教差会累计在华建立各类学校

---

① *Records of the General Conference of the Protestant Missionaries of China* [R]. Shanghai: Presbyterian Mission Press，1877: 20.

② *Records of the General Conference of the Protestant Missionaries of China* [R]. Shanghai: Presbyterian Mission Press，1877: 486.

2858所，培养学生57683人①。

显然，此三种主流传教方式也分别存在着难以克服的缺陷：福音传教需要大量传教士深入清末中国十八省的广袤地区，确保与尽可能多的中国民众进行个体接触，这在新教群体缺兵少粮的情况下无法实现；医疗传教只能接触到患有疾病的中国人，健康人士绝不会向医疗传教士寻求帮助，更不会耐心倾听其传教言论；教育传教要花费大量时间对本地牧师、福音传道者和教师进行培训，一些学生要接受10—14年的基督教教育，短时间内难见成效。从早期新教团体入华历程及其采用的三种传教方式也可看出，传教差会主要致力于在中国下层民众之中开展传教活动，尽管也有诸如雅裨理（David Abeel）、伯驾、丁韪良等部分传教士以个人身份与清廷高官发生过密切往来，但不具有普遍意义，也未能在传教效果上表现出显著的促进作用。这种图谋"自下而上"地使整个中华民族归顺基督教的策略劳而少功，截至19世纪80年代，入教者也仅有37237人②，且其中欲以基督徒身份寻求各种好处的"吃教"者不在少数，对比中国近4万万之庞大人口基数，其比例可谓惨淡至极。

二　早期新教在华出版活动

清末中国，尽管无论是统治阶级还是文人群体，对17—18世纪此起彼伏的欧洲资产阶级革命定然是闻所未闻，至于其间封建统治阶级与革命派发生的激烈论战以及大众媒介在宣传、鼓动、

---

① C. L. S.. *A Century of Protestant Missions in China*（1807—1907）[R]. Shanghai：American Presbyterian Mission Press，1929：674.

② *Records of the General Conference of the Protestant Missionaries of China* [R]. Shanghai：American Presbyterian Mission Press，1890：732.

引导大众舆论，推动政治改革等方面所发挥的巨大作用更是茫无所知，并且在1906年清政府颁布《大清印刷物专律》以前未施行过有关书刊出版的专门律法，但这并不意味着清政府对大众媒介予以漠视，恰恰相反，清王朝历代帝王对文人士子刊书、办报甚至上书朝廷的行为都管控得极为严厉。《大清律例》中明确写道："各省抄房，在京探听事件，捏造言语，录报各处者，系官革职，军民杖一百，流三千里。"这便从根源上灭绝了现代报刊在中国诞生的希望，而"凡造谶纬妖书妖言，及传用惑众者，皆斩。若私有妖书，隐藏不送官者，杖一百、徒三年""生员不许纠党，多人立盟结社，把持官府，武断乡曲。所作文字，不许妄行刊刻，违者，听提调官治罪"等条款又使编印、持有、阅读书籍变得危险重重，因此而产生的文字狱接连不断，张晋彦案、南山案、曾静案、安徽贡生案不胜枚举，甚至直到清末新政两年后的1903年还发生了举世哗然的沈荩案。由此产生的恶果便是仅有"四书五经"等儒家经典可藏、可阅、可学、可用，文人学子只得考据故纸堆、死守八股文，期望在科举考试中化腐朽为神奇，一朝成名天下知，这对于社会发展、思想进步而言实乃巨大迟滞。

从欧洲史可见，大众媒介对于封建王朝而言犹如古希腊神话中的双面神雅努斯。一方面报刊、书籍为反对派与革命党所用，视为传播革命思想理念的强大武器，不断扩张各自团体的话语权与影响力，对封建专制政体产生了猛烈冲击，成了统治者与被统治者间相互角力的主战场；另一方面，正如恺撒创设《每日纪闻》，大众媒介也可服务于统治阶级，用以争取舆论支持、凝聚国民意志、巩固政权统治。但对于清政府而言，大众媒介的意义偏重于前者，故而，对外隔绝一切交往，对内压制民众言论，以此确保政治稳定与舆论安全。在此环境下，清王朝若能继续排除外部世界一切影响，维持闭关锁国的状态，其统治地位或许能得以长期稳固，但历史没有假设，1840年第一次鸦片战争的爆发便打破了这一看似牢固却异常脆弱的壁垒，传教士携西方宗教而来，紧随其后的便是在中国本土陆续出现的《中外新闻七日录》《广州新报》《教会新报》《字林西报》等一大批分属宗教与世俗的现代报刊和大量书籍，不仅对中国民众之思想产生了巨大冲击，而且极力营造有利于西方侵华活动的舆论氛围。尽管容闳、邝其照、朱逢甲等晚清进步人士早已感到拥有一份为中国发声、为民族呐喊的报刊意义重大，并先后创办《汇报》《益报》《甬报》等进步报刊，但在《大清律例》严控之下，无不短寿促命，虽也有诸如发行于受英国殖民统治的香港的《循环日报》《维新日报》这般幸运儿，但置于19世纪中国历史场景中，凭其独力实难深入中国腹地，影响清廷控制下的社会思想整体。而清政府面对国门洞开的新形势也未能因时制略，仅凭一份落后于时代，且充满空间局限性的《京报》刊载一些经过反复审核、删减的东鳞西爪的消息来传递朝廷动态，不仅对维护国家统治不值一哂，反而使流言传于市井。这便使晚清政府在社会舆论场中长期处于缺位的状态。19世纪60年代后洋务运动渐兴，西学之风日盛，江南机器制造局翻译馆、京师同文馆、上海广方言馆等官办机构纷纷创建，陆续翻译出版大量西学书籍，虽对拓宽中国人眼界具有进步意义，但其内容几乎均属西方"器物之学"，国内外之思想动态则排除在外。然而，办报国人不可为，编书也谨小慎微，不敢越雷池一步，来华西人或者说传教士却可凭借在一系列不平等条约中获取的特权任意为之，清政府便轻易地将舆论阵地拱手相让，这就为西方在华出版机构开展文化传播活动创造了机遇。

尽管马礼逊、米怜等新教在华传教事业的先锋人物，曾长期将主要精力用于文字工作，但显然是迫于形势而作出的妥协。因此，当1843年后的客观条件允许传教差会综合利用福音传教、教育传教和医疗传教开疆扩土时，为满足传教活动对不同种类书刊的需求，新教文字事业便充当起一个至关重要的辅助角色，并得以持续发展，且必然地催生、促进了相应出版机构的创建与繁荣，伦敦布道会书局、美国公理会海外传道部书局、美华书馆（前身为花华圣经书房）、上海伦敦布道会印刷所（即墨海书馆）、卫理公会书局、英国圣公会差会书局、英国长老会书局、大英圣公会、美国圣公会、中国宗教圣经书会、中部宗教圣经书会等，一大批隶属于不同新教教会的出版、印刷机构相继建立①，为新教文字事业的大发展提供了强有力的物质保障，出版物日积月累异常丰富。然而，当时在华新教出版机构众多，出版物极其浩繁，全面梳理其出版书刊绝非易事。但1876年清海关为参加美国费城万国博览会而编著的《中华帝国海关藏品目录》附有《中国新教传教士出版物目录》②以及1882年约翰·默多克（John Murdoch）撰《中国基督教文学报告》所载《中国基督教文学目录》③，这两份尚未进入学界视野的珍贵史料可以为此提供可靠的基础信息。

据《中国新教传教士出版物目录》所载，以1811年亚美尼亚人拉沙（Lassar）在塞兰坡翻译出版中文基督教书籍《马可传福音书》为肇始，开启了新教在华文字事业④。其出版物之构成可分为两大类：其一是以传播基督教教义为根本目的，以圣经经典、基督教经文评论及笔记、神学及相关论述、基督教人物传

---

① 〔美〕金多士. 在华传教士出版简史 [M]. 王海，译. 北京：中央编译出版社，2017：13-109.

② The Catalogue of the Chinese Imperial Maritime Customs Collection [R]. *Statistical Department of the Inspectorate General of Customs*, 1876.

③ John Murdoch. *Report on Christian Literature in China* [R]. Shanghai: "HOI-LEE" Press, 1882.

④ The Catalogue of the Chinese Imperial Maritime Customs Collection, Appendix [R]. Statistical Department of the Inspectorate General of Customs, 1876：1.

记、教义问答、祷告书、赞美诗、教会章程、期刊、传教单张为主题的基督教文学作品（Christian Literature）。其二便是以向中国人普及非宗教知识为目的的世俗文学作品（Secular Literature）（见图1-1）。后者以1819年英国伦敦传教会传教士麦都思编辑出版的中文地理著作《地理便童略传》①为开端，逐渐在华兴起，其内容具有非宗教性与多元性，涵盖识字、历史、地理、政治与经济、自然与哲学、数学、天文、机械、地质、导航与射击、植物、乐理、化学、医学、年鉴、典礼规章、地图等多个主题。截至1876年，在华新教传教士共编著中文书1048种、期刊16种，主要以官话、文理（即文言文，又细分为深文理与浅文理）书写，辅以上海、宁波、福州、厦门、汕头、广东、杭州、苏州等地方言和满语、蒙古语、客家语。需特别指出的是，客家语出版物的出版中心并不在中国，而在瑞士巴赛尔市。在此几十年间，新教在华出版事业逐渐形成了基督教文学与世俗文学二者并行发展的格局，并展现出诸多特点。第一，出版活动中心由境外移至境内。1840年第一次鸦片战争前，新教中文出版物共有57种，除在广州与澳门发行的6种书刊外，其余均在马六甲、新加坡、塞兰坡、巴达维亚四地出版，而在新加坡一处便刊印29种之多，该地也成为新教出版活动的要塞。1842年后上海则凭借坐拥长江口、辐射中原内陆的地理优势受到新教出版机构之青睐。自1843年起各年，在上海出版的新教书刊数量均远超他地、独占鳌头，至1876年累计出版书刊464种之多，成为新教在华出版事业名副其实的中心。第二，出版物以基督教文学为主，世俗文学为辅。基督教文学类书刊多达868种，占比83%。其中，神学及相关论

---

① The Catalogue of the Chinese Imperial Maritime Customs Collection, Appendix［R］. Statistical Department of the Inspectorate General of Customs，1876：21.

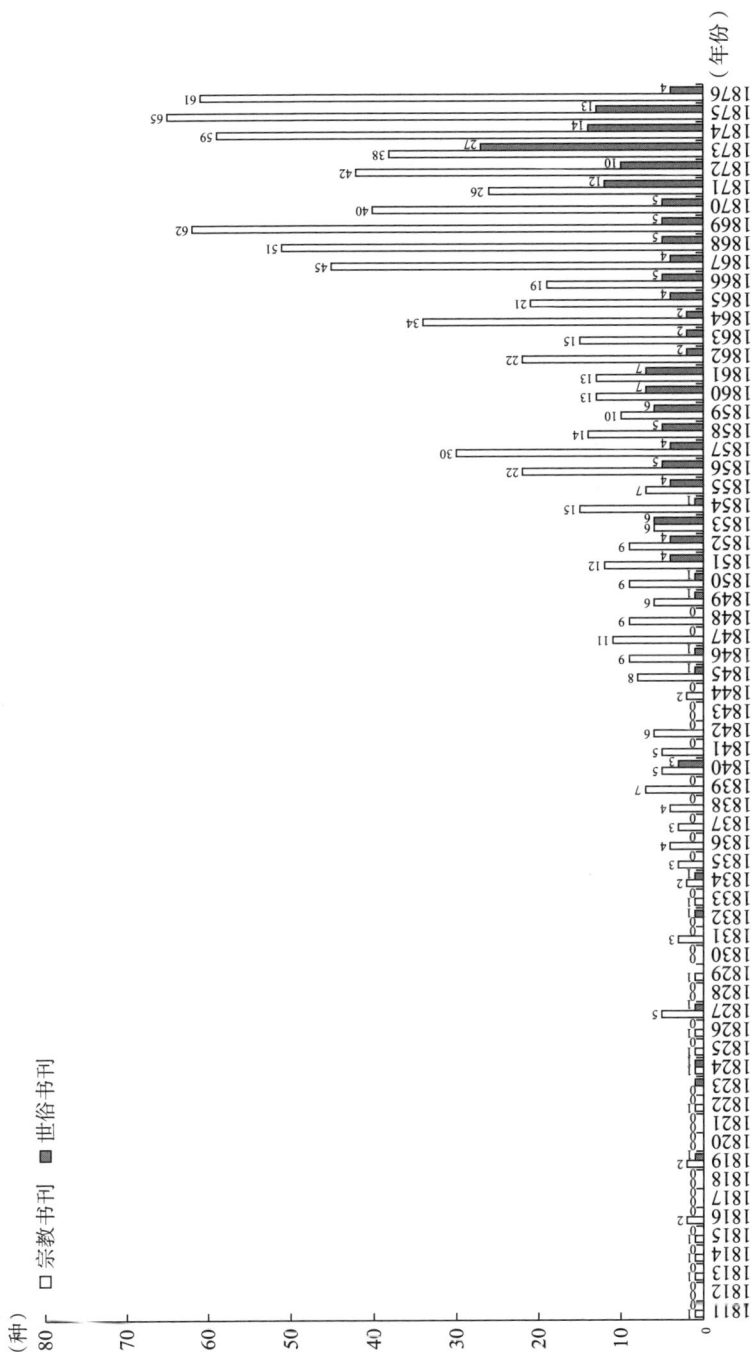

图 1-1　1811—1876 年新教传教士编写宗教类与世俗类中文书刊数量对比统计图

述类书籍最多，为439种；基督教人物传记类出版物最少，仅有8种。相较基督教文学出版物的繁荣，世俗文学类出版物则处于绝对的从属地位，仅有180种，占比17%。其中，识字读音类书籍最多，达26种，主要服务于传教士的汉语学习；政治与经济、自然与哲学类出版物最少，均为3种①。第三，基督教经典书籍一再重复出版，中国官方机构则支持世俗刊物编纂。在868种基督教文学书籍中，重复出版的现象较为普遍，其中米怜著作《张远二友相论》的版本多达13种，若忽略相同书籍不同版本之数量，新教在华传教士共编著基督教文学书籍"不超过300种"②。颇有意味的是以上海的江南制造局翻译馆为首的中国官方机构特别支持传教士撰写世俗书籍，1860年洋务运动兴起后，傅兰雅（John Fryer）、金凯理（Carl T. Kreyer）、马高温（D. J. Macgowan）、丁韪良（W. A. P Martin）等传教士在江南制造局翻译馆、京师同文馆支持下共翻译出版化学、机械、导航、射击等应用科学类书籍35种，发行数量位列各出版机构之前茅③。第四，妇女及儿童读物极其匮乏。在众多出版物中，几乎没有专门针对妇女编著的书刊，儿童读物也仅有嘉约翰与范约翰（John Marshall Willoughby Farnham）编辑的两份同名为《小孩月报》（*The Child's Monthly Messenger*，*The Child's Paper*）的期刊，以及《小子初读易识之书课》《幼学浅解问答》《课幼百问》等7种书籍，对比中国广大的儿童群体可谓杯水车薪。第五，基督教文学事业仅为传教之辅助力量，专注文学创作者人数寥寥。1807—

---

① 依据 The Catalogue of the Chinese Imperial Maritime Customs' Collection 所载书目计算得出。

② John Murdoch. *Report on Christian Literature in China* [R]. Shanghai: "HOI-LEE" Press, 1882: 9.

③ 依据 *The Catalogue of the Chinese Imperial Maritime Customs' Collection* 所载书目计算得出。

1877年新教来华传教士共计550余人①，参与基督教文学事业者有171人，占比仅31%②，且多视其为"副业"，以辅助福音传教、医疗传教、教育传教之"主业"，"兼职"者众，"专职"者寡。诸如理雅各、林乐知、傅兰雅此等专注于文学事业者实乃凤毛麟角，混迹并湮没于近4万万中华民众之中，人力之紧缺可想而知。

对于基督教文学事业应如何发展，传教士内部看法不一，问题焦点在于传教士是否应当参与世俗文学工作。这在1877年新教传教士大会上引起激辩。赞成派坚持认为"世俗文学是传教士应该承担的工作，这样的文学在中国的进步史上是必然存在的。如果传教士不愿与它有任何关系，别人就会掌握它，而且很可能会给它带来一种有害的，或者就基督教的内容而言至少是一种消极的性格"③。韦廉臣指出："中国是一个受过教育的国家，而不是一个野蛮的国家，它要求我们的计划要适应目前的情况，并通过新闻界的强大力量帮助驱散这片土地上的黑暗、残酷和社会退化，因为如果我们作为传教士忽视使用这个引擎，不信仰基督教的人肯定会使用它。"④对于传教士是否应当传播科学，美国传教士狄考文直言："对于基督教，科学是一把双刃剑，有利有弊。它的切割方式完全取决于谁握着剑柄。我害怕看到不虔诚的异教徒第一个在中国挥舞这把剑。我们若愿意，可以为真理和公义，亲自运用这权柄。我们为什么要让这样一种武器落入他人之

---

① C. L. S.. *A Century of Protestant Missions in China*（1807—1907），Appendix Ⅱ ［R］. Shanghai：American Presbyterian Mission Press，1907：7-52.

② 依据 *The Catalogue of the Chinese Imperial Maritime Customs' Collection* 所载书目计算得出。

③ *Records of the General Conference of the Protestant Missionaries of China* ［R］. Shanghai：Presbyterian Mission Press，1877：239.

④ *Records of the General Conference of the Protestant Missionaries of China* ［R］. Shanghai：Presbyterian Mission Press，1877：235.

手?"①而以中华内地会灵魂人物戴德生（J. Hudson Taylor）为代表的反对派，则坚称"传教士忽视世俗文学，宗教就会衰落，黑暗时代就会重演是没有充分根据的"②，"传教士来到中国，不是要宣传世俗学问，乃是要传扬耶稣的真理"③。显而易见，前者所针对的群体是官宦文人、追求西学的少数精英，后者则主要面向社会中下层的多数大众，这实为西方传教士"自上而下"与"自下而上"两种传教策略的冲突在基督教文学工作上的体现。从世俗文学出版物的数量不难看出，走上层传教路线一派明显处于弱势。

这种状况在6年后仍未有所转变，基督教出版事业大体延续老路缓慢发展。据默多克统计，截至1882年，在华共有新教出版机构约30家④，共出版基督教文学书刊478种，且多为译著⑤。然而，其效果明显不著，上述书籍似未能引起中国统治阶层和士绅群体的广泛关注。因此，新教群体认为中国对西方的一切仍然处于抵抗状态，而这恰恰是广学会所着力改变的。

---

① *Records of the General Conference of the Protestant Missionaries of China* [R]. Shanghai: Presbyterian Mission Press, 1877: 240.

② *Records of the General Conference of the Protestant Missionaries of China* [R]. Shanghai: Presbyterian Mission Press, 1877: 240.

③ *Records of the General Conference of the Protestant Missionaries of China* [R]. Shanghai: Presbyterian Mission Press, 1877: 236.

④ John Murdoch. *Report on Christian Literature in China* [R]. Shanghai: "HOI-LEE" Press, 1882: 9.

⑤ John Murdoch. *Catalogue of Chinese Christian Literature* [R]. Shanghai: "HOI-LEE" Press, 1882.

第二章 广学会起源与人员构成

正如前文所述，1887年广学会组建之际，基督新教传教差会早已在华深耕80年整，其间新教在华出版机构与中文出版物数量实现了双增长，而韦廉臣却突发奇想开创了一个不隶属于任何宗教派别，由西方政、商、新教界人士组成的出版联合体，其目的何在？这一性质独特的出版机构在日后得以异军突起，影响力上达光绪皇帝，下至普通士人学子，同领域中竟无能望其项背者，其经营活动背后的理念颇耐人寻味。因此，回溯并厘清广学会之起因及其人员组成便显得尤为重要。

一 广学会之发起

现有论著对广学会的起源大多语焉不详，仅存的有关其机构沿革的记载，又不免失实或信息遗漏，之所以如此，恐怕是因为相关中文史料缺少完整、准确的介绍。事实上广学会机构发展历程，在其不同时期的官方文献中早有明确记载，只不过这些文献多为英文，且存藏于海外，不易获取利用。1877年5月，上海第一次在华新教传教士大会决定成立学校和教科书委员会，由韦廉臣担任秘书。1884年，韦廉臣回国后在苏格兰成立了一个与学校和教科书委员会相关联的格拉斯哥中国书刊学会（The Chinese

Book and Tract Society of Glasgow）①，该学会筹集了大量资金，在上海建立了名为中国书刊学会（Chinese Book and Tract Society）的出版机构，且与学校和教科书委员会属同一组织②，由传教士金多士（G. McIntosh）与韦廉臣共同管理，大大拓展了基督教文学发行工作③。该出版机构正是韦廉臣1887年创办的同文书会之前身，恰如《同文书会章程》所载："同文书会即前中国书刊学会（Late Chinese Book & Tract Society）。"④同文书会与格拉斯哥中国书刊学会系分会与母会（home society）的关系⑤。1892年，格拉斯哥中国书刊学会宣布解散，新成立的中国基督教文学学会（The Christian Literature Society for China）继承其事业，成为同文书会的主要支持者之一⑥。中国基督教文学学会在伦敦、阿伯丁以及其他地区建立了辅助机构，为上海同文书会筹集了大部分资金⑦。同文书会于1894年正式更名为广学会⑧，并在1905年将其英文名称改为"The Christian Literature Society for

---

① S. D. K.. *Eleventh Annual Report of S. D. K.* [R]. Shanghai：The "North-China Herald" Office，1898：ii.

② S. D. K.. *Third Annual Report of S. D. K.* [R]. Shanghai：Shanghai Mercury, Limited，1890：11.

③ C. L. S.. *A Century of Protestant Missions in China*（1807—1907）[R]. Shanghai：American Presbyterian Mission Press，1907：629.

④ S. D. K.. Constitution, List of Office-bearers, Prospectus, and Treasurer's Report of S. D. K. [R]. Shanghai：墨海书局，1888：3.

⑤ S. D. K.. *First Annual Report of S. D. K.* [R]. Shanghai：Print at Society's Office，1888：5.

⑥ S. D. K.. *Eleventh Annual Report of S. D. K.* [R]. Shanghai：The "North-China Herald" Office，1898：ii.

⑦ C. L. S.. *A Century of Protestant Missions in China*（1807—1907）[R]. Shanghai：American Presbyterian Mission Press，1907：629.

⑧ S. D. K.. *Constitution, List of Office-Bearers, Prospectus, and Treasurer's Report of the Society for the Diffusion of Christian and General Knowledge among the Chinese* [R]. Shanghai：墨海书局，1888：3.

China"，与英国本土机构保持一致[1]。由此可见，上述各机构彼此联系、接替诞生、互为支撑，关系甚为紧密，无法割裂，韦廉臣则在中英两地各机构的创建与联络中发挥了不可或缺的桥梁纽带作用，为广学会的后续发展提供了可靠的组织保障，乃至于韦氏死后英国本土机构依然为广学会输送资金，以保证其存续。

然而，广学会之前身中国书刊学会是本着服务学校和教科书委员会，充实其出版发行力量而创建的，尽管广学会继承了中国书刊学会的资产，但二者宗旨和精神却大相径庭，在经营策略与出版物内容方面没有丝毫的相似性和连续性。可见，理顺广学会机构沿革也未能回答该会起因之根本。事实上，提出组建广学会之动议的另有其人，即被誉为"印度文学传道者"（The Literary Evangelist of India）的苏格兰联合长老会驻印度代理人、南印度基督教教科书协会（South India Christian School-Book Society）创始人约翰·默多克（John Murdoch）[2]。默多克于印度和锡兰（今斯里兰卡）从事基督教文学编辑出版工作60年[3]，在苏格兰宗教界拥有崇高威望。他一生共两次来华[4]，而冥冥之中每一次都与广学会的前途命运息息相关。1907年印度基督教文学学会（The Christian Literature Society for India）出版的《默多克传记》载："1882年默多克博士前往中国和日本，……3月5日抵达

① C. L. S.. *Eighteenth Annual Report of C. L. S.* ［R］. Shanghai： Shanghai Mercury，Limited，1905：46.

② Henry Morris. *The Life of John Murdoch*，*LL. D.*，*the Literary Evangelist of India* ［M］. India：The Christian Literature Society for India，1906： 86.

③ Henry Morris. *The Life of John Murdoch*，*LL. D.*，*the Literary Evangelist of India* ［M］. India：The Christian Literature Society for India，1906： 2.

④ Henry Morris. *The Life of John Murdoch*，*LL. D.*，*the Literary Evangelist of India* ［M］. India：The Christian Literature Society for India，1906： 161.

上海，结识了伦敦会的慕维廉博士，并结下了一生的友谊。……默多克访华最重要成果是与韦廉臣博士会面，在默多克诚挚请求下，韦廉臣同意从事一项工作，应比中国现有几个书刊学会的工作范围更广一些。韦廉臣据此成立了广学会。"①因此，拓宽基督教在华出版事业范围，解决其发展不充分的现实问题才是创建广学会的根本动因，并且创立该会之构想产生于1882年，而非1877年或1884年。

此外，特别值得关注的是，默多克于1858年受邀担任印度本土基督教教育协会（Christian Vernacular Education Society）代理人，并于1891年将该会更名为"The Christian Literature Society for India"（印度基督教文学学会）②，这一名称与广学会英国本土机构之名（The Christian Literature Society for China）的前缀完全一致，并且广学会也于1904年将其西名改为"The Christian Literature Society for China"。这种名称上看似巧合的一致却并非偶然，在广学会年报中曾对中、印两国这两个基督教文学学会的性质予以明确说明："多年来一个姊妹学会——印度基督教文学学会，它传播的文学在范围和广度上与广学会相同。"③"马德拉斯的约翰·默多克先生，为印度从事着与我们相同的工作。"④这十分清晰地表明，广学会之建立绝非孤立个案，而是新教在亚洲

---

① Henry Morris. *The Life of John Murdoch*, *LL. D.*, *the Literary Evangelist of India* [M]. India: The Christian Literature Society for India, 1906: 173-174.

② Henry Morris. *The Life of John Murdoch*, *LL. D.*, *the Literary Evangelist of India* [M]. India: The Christian Literature Society for India, 1906: 65.

③ C. L. S.. *Eighteen Annual Report of C. L. S.* [R]. Shanghai: Shanghai mercury, limited, 1905: 46.

④ S. D. K.. *Fifteen Annual Report of C. L. S.* [R]. Shanghai: Shanghai mercury, limited, 1902: 49.

地区开展传教活动、传播基督教文学的一种模式化产物，广学会则是其中的重要组成部分。

　　而广学会工作范围的"广"之所在，通过比照1807—1882年基督教出版物之构成与广学会所从事业务便可一目了然，对于这一关系该会安身立命之本的关键性问题在该会创建之初韦廉臣就已在顶层设计中予以明确阐述，正如1887年广学会发布的 *Constitution，List of Office-bearers，Prospectus，and Treasurer's Report of the Society for the Diffusion of Christian and General Knowledge among the Chinese*（《同文书会章程、干事名单、招股说明书及财务报告》）所声言"中国对西方观点、计划和各种商业、政治、宗教努力的反对几乎完全是由于无知"①，"最重要的是消除这种无知，使知识传播到各阶层民众"②。因此，广学会的主要目标便是"在中国各地，它的藩属国，以及任何有中国人的地方继续出版和流通基于基督教原则的文学作品，特别是在书会资源允许的情况下，出版适合各阶层的期刊文学"③。该会最看重士大夫文人，认为"文人实际上是帝国的灵魂"，"如欲影响整个中国，必须先从影响文人开始"④，"今天之学生将在未来几年再次填补帝国的所有官职"，"他们将担任条约谈判和处理外国事务的国家高级官员，在海外代表中国的利益，不仅影响到中国三亿六千万人民的幸福和繁荣，而且影响到外国商人和国家的

---

　　① S. D. K.. *Constitution，List of Office-bearers，Prospectus，and Treasurer's Report of S. D. K.*［R］. Shanghai：墨海书局，1888：7.
　　② S. D. K.. *Constitution，List of Office-bearers，Prospectus，and Treasurer's Report of S. D. K.*［R］. Shanghai：墨海书局，1888：7.
　　③ S. D. K.. Constitution，List of Office-bearers，Prospectus，and Treasurer's Report of S. D. K.［R］. Shanghai：墨海书局，1888：3.
　　④ S. D. K.. *Constitution，List of Office-bearers，Prospectus，and Treasurer's Report of S. D. K.*［R］. Shanghai：墨海书局，1888：7.

利益"①。同时，广学会还十分关注当时没有受教育权利的妇女，以及思想上尚为"一张白纸"的儿童。也正是基于上述认识，该会以"中国先哲、文人历来坚持的自上而下的发展观念"②为经营策略，格外重视对清王朝统治阶层施加影响，其出版物内容"一是为中国较有才智的阶级提供较高档的图书，二是为家庭提供彩色插图书籍"③。希望"通过判断正确的选题、周密的准备、醒目恰当的插图和明智的流通手段，可以彻底渗透帝国"④。可见，广学会明确以文人阶层和妇女儿童为关注对象，以书刊为载体，力求"自上而下"地转变中国人思想。但韦廉臣创办广学会的独特性绝不止于此，该会既有别于为教会学校出版教科书的学校和教科书委员会，也不同于以出版基督教书籍、服务传教差会为己任的美华书馆、墨海书馆等基督教出版机构，"这个书会的性质和对象都是文学的"⑤，不依附于福音传教、教育传教和医疗传教，而是专注于"文学"传教，工作于该会的传教士皆为"文学传教士"（Literary Missionary）⑥。正如广学会初期英文名称"Diffusion of Christian and General Knowledge"，该会是首个旗帜鲜明地将世俗"常识"（general knowledge）与"基督教"（Christian）置于同等地位的出版机构，"是唯一一个系统地将西

---

① S. D. K.. *Constitution，List of Office-bearers，Prospectus，and Trea-surer's Report of S. D. K.* ［R］. Shanghai：墨海书局，1888：8.

② S. D. K.. *Eleventh Annual Report of S. D. K.* ［R］. Shanghai：The "North-China Herald" Office，1898：ii.

③ S. D. K.. *Constitution，List of Office-bearers，Prospectus，and Trea-surer's Report of S. D. K.* ［R］. Shanghai：墨海书局，1888：3-4.

④ S. D. K.. *Constitution，List of Office-bearers，Prospectus，and Trea-surer's Report of S. D. K.* ［R］. Shanghai：墨海书局，1888：9.

⑤ S. D. K.. *Sixth Annual Report of S. D. K.* ［R］. Shanghai：The No-ronha & Sons，1893：16.

⑥ S. D. K.. *Sixteenth Annual Report of S. D. K.* ［R］. Shanghai：Shanghai Mercury，1903：22.

方文明的所有主导因素放在有影响力的中国人面前的组织"①,
这便是其所谓的"寻求遵循一项独特的工作方针,而这项工作迄
今为止没有在与其重要性相称的任何规模上进行过尝试"②,以
期利用包含各种"常识"的世俗文学作品破除中国存在的所谓种
种"无知",发动一场覆盖整个清末中国的"启蒙"运动,使基
督教文学裹着世俗知识这层"糖衣"在中国广泛传播,最终促使
中国人服下基督教这颗"糖丸"。因此,广学会绝不是以往书刊
会社的复制品,而是基督教出版事业的开拓者、文学传教的
先锋。

二 三方势力构成的董事会及会员群体

自1840年第一次鸦片战争以来,西方列强不断强化侵华活
动,企图获得更为广大的势力范围,伴随着通商口岸贯通中国沿
海一线,并向内陆渗透,西方商业与传教团体总是紧随而至,对
华倾销过剩商品与传播基督教的力度不断加大。使中国人在思想
上放弃抵抗,彻底打开中国大门成为三方势力的共同诉求。因
此,三者之间彼此勾结、相互扶持便成为常态,最终形成了一个
休戚与共的利益共同体。而广学会便是政、商、新教界大联合的
典型代表,这一特性集中表现在该会董事会及会员群体的人员构
成中,韦廉臣曾言道:"应对中国文人群体,不只关系到传教士。
它需要引起政治家、商人和每一个对中国感兴趣的阶层的

---

① S. D. K.. *Sixth Annual Report of S. D. K.* [R]. Shanghai: The No-
ronha & Sons, 1893: 16.

② S. D. K.. *Constitution*, *List of Office-bearers*, *Prospectus*, *and Trea-
surer's Report of S. D. K.* [R]. Shanghai: 墨海书局, 1888: 6.

注意。"①

广学会组建之初就搭建了完善的组织架构，在清末24年中保持了相当的稳定性，确保该会长期可持续发展。该会的领导机构为董事会，其中包括主席、副主席、财务主管和不少于6名在华居住的董事②。广学会作为一个由传教士发起建立的出版会社，董事会主席一职在整个清末时期却由政界人士垄断，鼎鼎有名的清海关总税务司英国人赫德（Robert Hart）曾担任董事会主席长达21年（1887—1896年，1900—1911年），英国驻上海总领事衙门总领事哲美森（George Jamieson）担任此职3年（1897—1899年）③。而董事会副主席一职则非政界人士专属，西方在华商人、传教士也曾出任。1887—1898年董事会副主席均只设一人，德国驻华领事J.H.福克（J. H. Focke）④、上海渣敦洋行经理约翰·麦格雷戈（John Macgregor）⑤、上海同珍洋行经理白敦（J. G. Purdon）⑥、英国驻上海总领事哲美森⑦、上海相宜洋行经理脱而

---

① Alexander Williamson. *The Literati of China and How to Meet Them* [Z]. Glasgow：Aind & Coghill，1885：13.

② S. D. K.. *Second Annual Report of S. D. K.* [R]. Shanghai：The Noronha & Sons，1889：Ⅲ.

③ 依据S. D. K.. *Annual Report of S. D. K.*（1887—1904），以及Annual Report of C. L. S.（1905—1911）所载董事会名录计算得出。

④ S. D. K.. Constitution，*List of Office-Bearers*，*Prospectus*，*and Treasurer's Report of the Society for the Diffusion of Christian and General Knowledge among the Chinese* [R]. Shanghai：墨海书局，1888：3.

⑤ S. D. K.. *Third Annual Report of S. D. K.* [R]. Shanghai：The Noronha & Sons，1890：5.

⑥ S. D. K.. *Fourth Annual Report of S. D. K.* [R]. Shanghai：The Noronha & Sons，1891：5.

⑦ S. D. K.. *Sixth Annual Report of S. D. K.* [R]. Shanghai：The Noronha & Sons，1893：5.

恒（Cornelius Thorne）①先后当选。1899—1911年副主席改设多名。其中，1900年人数最少，仅有4名②，1905年以及1908年有12人为最多③，其余年份几乎均在10人左右。

董事会主席与副主席之职位虽听之地位甚高、权力颇大，但实则更具象征意味。以赫德为例，他在位期间从未参与广学会任何出版发行活动，每年在上海举办的年会亦未曾出席。该会的真正核心与灵魂实为主理日常事务的总干事，并且其个人意志往往会转化为集体思想与实际行动。清末广学会共出现过4位总干事，均为传教士。首位总干事便是该会创始人英国传教士韦廉臣，其任职时间极为短暂，仅两年有余（1887—1890年）。韦廉臣去世后由于继任者迟迟无法选出，在此期间，英国传教士慕维廉（William Muirhead）暂为代理总干事一职④，直至1891年英国浸礼会传教士李提摩太正式接任⑤。李提摩太管理广学会长达25年，1916年方才卸任，成为该会历史上在位最久的总干事。1896年至1897年，正值维新运动时期，李提摩太频繁前往北京，活动于清政府高官之间，无暇兼顾上海广学会之事务，故在此两年间，德国同善会传教士安保罗（Paul Kranz）与其共同出任总干事⑥，出现了该会清末历史中绝无仅有的双总干事景象。

---

① S. D. K.. *Ninth Annual Report of S. D. K.* ［R］. Shanghai：Shanghai Mercury, 1896：Ⅰ.

② S. D. K.. *Thirteenth Annual Report of S. D. K.* ［R］. Shanghai：Shanghai Mercury, 1900：Ⅴ.

③ C. L. S.. *Twenty-First Annual Report of C. L. S.* ［R］. Shanghai：Shanghai Mercury, Limited., 1908：Ⅴ.

④ S. D. K.. *Fourth Annual Report of S. D. K.* ［R］. Shanghai：The Noronha & Sons, 1891：5.

⑤ S. D. K.. *Fifth Annual Report of S. D. K.* ［R］. Shanghai：The Noronha & Sons, 1892：5.

⑥ S. D. K.. *Tenth Annual Report of S. D. K.* ［R］. Shanghai：Shanghai Mercury, 1897：Ⅰ.

清末共有9人先后担任广学会财务主管，分别为上海渣打银行经理F. C. 毕晓普（F. C. Bishop）①、上海隆茂洋行总经理朴脱（W. H. Poate）②、上海摩根大通公司地产代理詹姆斯·布坎南（James Buchanan）③、上海公和洋行资深职员F. C. 黑弗尔（F. C. Heffer）④、上海良济药房执行经理J. D. 朗迈尔（J. D. Longmire）⑤、清海关税务司马士（H. B. Morse）⑥、清海关代理专员H. W. 布雷热（H. W. Brazier）⑦、上海邮政局局长李蔚良（W. G. Lay）⑧、上海茂隆洋行董事约翰·斯腾豪斯（J. Stenhouse）⑨，由于财务主管一职工作内容特殊且专业，此9人的本职工作便已清晰表明他们皆精通金融与计算，每年提交广学会年会审议的财务报告均出自以上诸位之手。

相较于上述各主要职位的人员数量，广学会董事会董事及会员的规模则更为庞大。但需要特别指出的是，尽管在1888年发布的《同文书会章程、干事名单、招股说明书及财务报告》中明确

---

① S. D. K.. *First Annual Report of S. D. K.* ［R］. Shanghai：The Noronha & Sons，1888：3.

② S. D. K.. *Fifth Annual Report of S. D. K.* ［R］. Shanghai：The Noronha & Sons，1892：5.

③ S. D. K.. *Eighth Annual Report of S. D. K.* ［R］. Shanghai：Shanghai Mercury，1895：1.

④ S. D. K.. *Fifteenth Annual Report of S. D. K.* ［R］. Shanghai：Shanghai Mercury，1902：Ⅳ.

⑤ S. D. K.. *Sixteenth Annual Report of S. D. K.* ［R］. Shanghai：Shanghai Mercury，1903：Ⅴ.

⑥ S. D. K.. *Seventeenth Annual Report of S. D. K.* ［R］. Shanghai：Shanghai Mercury，1904：Ⅴ.

⑦ C. L. S.. *Eighteenth Annual Report of C. L. S.* ［R］. Shanghai：Shanghai Mercury，Limited，1905：Ⅴ.

⑧ C. L. S.. *Twenty-First Annual Report of C. L. S.* ［R］. Shanghai：Shanghai Mercury，Limited，1908：Ⅴ.

⑨ C. L. S.. *Twenty-Third Annual Report of C. L. S.* ［R］. Shanghai：Shanghai Mercury，Limited，1910：Ⅴ.

写道，"所有人可在本会定期举行的一次或多次会议中经提议、附议、多数人赞成的情况下成为会员"①，但在1896年以前，该会仅在1888年年报中记录到"这一年度的捐助者被登记为本会会员"②，其余各年信息均未提及会员，仅见董事会成员。直至1896年，广学会才单独发布会员名录，而该年之会员均为上一年度董事③。可见，1896年之前广学会的董事身份兼具会员属性，并且此后诸年，该会董事几乎均为会员群体之一部。因此，将二者合并为会员群体予以考察剖析既可避免繁复赘述又更具全面性。清末广学会累计共有会员343名，就规模而言，首先以176名新教界人士为最，占比达51.3%，其中来华传教士164名、欧美新教事工12名；其次为西方在华商人，共79人，占比23.0%；再次为西方及日本、朝鲜政界人士，共有47人，占比为13.7%。新教、政、商界人士合占会员总数88%，可谓会员中之绝对主体。除此三类群体外，还有西方在华律师、工程师、记者、医生、教习等33人。同时，1896—1908年，广学会秉笔华士蔡尔康，清政府地方官员龚心铭、凤仪，山西大学堂督办沈敦和，天津启新洋灰有限公司协理孙多森，牧师任保罗等8名华人也陆续加入会员之列，他们虽在一定程度上代表了中国本土官僚、文人、商人、宗教阶层，但就其在会内的影响力而言可谓微乎其微（见图2-1）。

---

① S. D. K.. *Constitution*, *List of Office-Bearers*, *Prospectus*, *and Treasurer's Report of the Society for the Diffusion of Christian and General Knowledge among the Chinese* [R]. Shanghai：墨海书局，1888：4.

② S. D. K.. *Constitution*, *List of Office-Bearers*, *Prospectus*, *and Treasurer's Report of the Society for the Diffusion of Christian and General Knowledge among the Chinese* [R]. Shanghai：墨海书局，1888：16.

③ S. D. K.. *Ninth Annual Report of S. D. K.* [R]. Shanghai：Shanghai Mercury，1896：V.

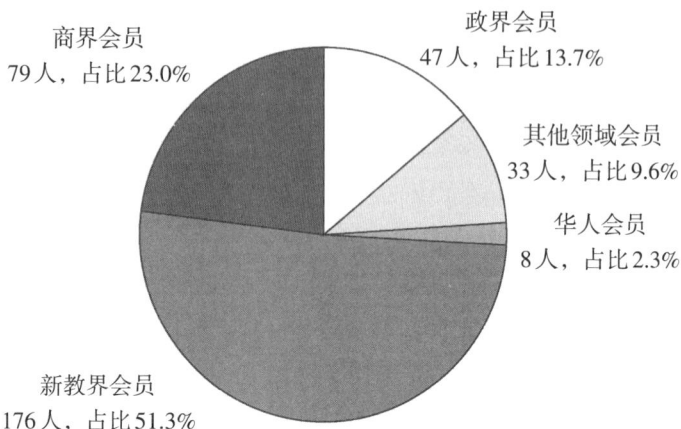

图2-1　清末24年广学会会员总体结构图

资料来源：依据 S. D. K.. *Annual Report of S. D. K.*（1887—1904），以及 *Annual Report of C. L. S.*（1905—1911）所载董事、会员名录计算得出。

　　总览清末广学会会员群体整体发展趋势，人员始终走进走出、流动不断，其人数的增减总是映照着该会之于中国政治社会影响力的强弱变化。广学会在1887—1891年初创时期籍籍无名，其会员人数仅由29人增长至37人，发展速度十分缓慢①。1891年李提摩太任总干事后不久，甲午中日战争爆发，变法维新兴起，该会凭借出版《万国公报》《泰西新史揽要》《中东战纪本末》等一大批书刊在中国士人阶层中名声大震，影响力、感召力迅速提升，其会员也迎来稳定发展期，至1899年戊戌变法后，人数增至82名②，较1891年之规模扩大一倍有余。1900年爆发的以"扶清

————————

　　① S. D. K.. *Fourth Annual Report of S. D. K.* [R]. Shanghai：The Noronha & Sons，1891：5.

　　② S. D. K.. *Twelfth Annual Report of S. D. K.* [R]. Shanghai：Shanghai Mercury，1899：Ⅱ.

灭洋"为口号的义和团运动使大量西方人士逃离中国，广学会部分会员便在其中，这使该会会员发展不可避免地受到猛烈冲击，增长势头不仅戛然而止，而且出现一定回落，该年会员人数急跌至66人[1]。然而，随着1901年9月清政府与西方列强签订屈辱的《辛丑条约》，双方"重修旧好"，大批西方传教士、商人再次来华，广学会会员数量也得以回升。1903年，广学会入会制度发生一定改变，规定"凡每年捐款10洋银或以上者，经董事会正式选举，即成为会员"[2]。这一举措将大量长期隐身的捐资助会者纳入其中，在一定程度上也吸引了新的捐助人。同时，广学会也凭借在新政中的积极作为，使会员数量急速增加，至1904年达到227人的清末历史峰值[3]，其中不仅有西方各类在华人员，且不乏身处欧美本土但十分关注广学会文化传播活动的多方人士，会员的参与范围更为广泛。但好景不长，面对清廷在国内外事务中的腐败无能表现，革命思潮在中华大地风起云涌，清政权愈加飘摇，而广学会针对清末官僚群体及文人学子制定的文化传播策略亦不再灵验，乐于资助广学会出版活动的西方人士大为减少，1905年会员人数呈现出衰减迹象，1909年更是突现断崖式暴跌，至1911年会员仅剩83人[4]（见图2-2）。

---

① S. D. K.. *Thirteenth Annual Report of S. D. K.* [R]. Shanghai：Shanghai Mercury，1900：Ⅵ.

② S. D. K.. *Fifteenth Annual Report of S. D. K.* [R]. Shanghai：Shanghai Mercury，1902：62.

③ S. D. K.. *Seventeenth Annual Report of S. D. K.* [R]. Shanghai：Shanghai Mercury，1904：Ⅶ.

④ C. L. S.. *Twenty-Fourth Annual Report of C. L. S.* [R]. Shanghai：Shanghai Mercury，Limited，1911：Ⅶ.

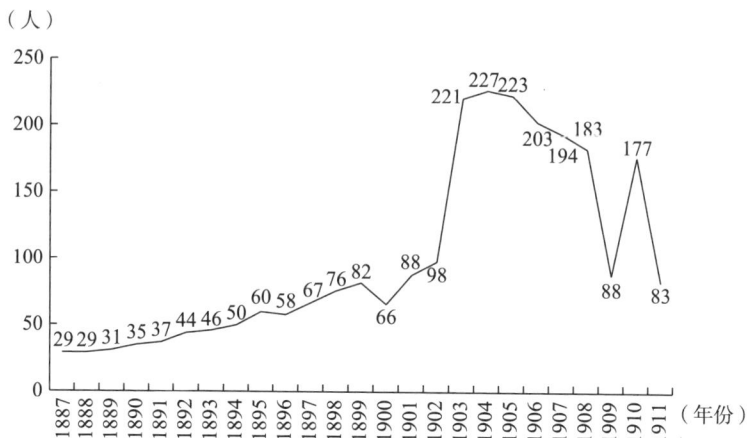

图2-2　清末广学会会员人数发展曲线

资料来源：依据S. D. K.. *Annual Report of S. D. K.*（1887—1904），以及*Annual Report of C. L. S.*（1905—1911）所载董事、会员名录计算得出。

　　清末广学会会员发展在呈现整体性升降趋势的同时，其政、商、新教界会员群体在不同历史时期的发展脉络又不尽相同，这也反映出他们各自对该会文化传播活动的差异化态度。

　　在清末广学会176名新教界会员中以英美传教士居多。其中，英国籍传教士74名，美国籍传教士68名，合计占比近81%，其余则分别为来自德国、加拿大、丹麦和爱尔兰的传教士，以及欧美本土新教牧师。尽管广学会由传教士创办，但在建立之初却鲜能得到教会与传教士的支持。从1887年至1891年，传教士会员数量始终停留在个位数，主要为美国传教士丁韪良（W. A. P. Martin）、加拿大传教士赫斐秋（V. C. Hart）、英国传教士慕维廉等著名自由派传教士，这显示出绝大部分西方来华传教士依然属于保守的基要派，对传教士开展世俗常识传播与报刊经营活动持有坚决抵制态度。然而，此时广学会传教士会员虽较为稀少，但保持了较为平稳的上升势头，至1899年达到35人①。1900年义和团运动爆发，并急速席卷中国广大地区，传教士相比立足于各通商口岸的西方商人和领事人员，其传教活动更加深入内陆城镇和乡村郊野。因此，义和团运动对于基督教的冲击最为猛烈，西方各传教差会在华经营多年的传教站几无存留。广学会的传教士会员大多前往日本躲避，内地会知名英国籍传教士秀耀春（F. Huberty James）则被义和团击毙于北京肃王府附近一桥上②。因此，广学会当年传教士会员仅剩24人③。随着义和团运动被清政府与西方侵略者联合绞杀，政局逐步趋稳，广学会传教士会员群体也随即再次扩大。在1903年广学会将资助10洋银及以上者纳入会员群体后，传教士会员数量激增至135人④，大量福音、教育和医疗传教士汇聚其中，甚至与该会"自上而下"传教理念相对立的中华内地传教士也纷纷加入，其中不乏"剑桥七杰"之一的司安仁（Stanley P. Smith）此等名人。此年，广学会135名传教士会员遍布中国各地，分别隶属于英国浸礼会、美国圣公会、德国同善会、加拿大英美会、爱尔兰长老会、丹麦信义会等44个传教差会⑤，这不仅证明了广学会文化传播活动在历经10余年实践、发展后，赢得西方来华传教士的认可，也反映出该会在一定程度上提早实现了新教界在20世纪初所倡导的在华各教派大联合。而

① S. D. K.. *Twelfth Annual Report of S. D. K.* ［R］. Shanghai：Shanghai Mercury，1899：Ⅱ.

② S. D. K.. *Thirteenth Annual Report of S. D. K.* ［R］. Shanghai：Shanghai Mercury，1900：53.

③ S. D. K.. *Thirteenth Annual Report of S. D. K.* ［R］. Shanghai：Shanghai Mercury，1900：Ⅵ.

④ S. D. K.. *Sixteenth Annual Report of S. D. K.* ［R］. Shanghai：Shanghai Mercury，1903：Ⅵ.

⑤ 依据"黄光域. 基督教传行中国纪年（1807—1949）［M］. 桂林：广西师范大学出版社，2017."查询得出此数据。

广学会在1908年出现的会员急剧减少，也主要由于传教士会员的流失，1911年这一群体已萎缩至66人之规模①，这表明随着清王朝大势已去，广学会也日渐式微、颓势难掩。

建立初期的广学会相对于在传教士群体中受到冷遇，却令人意外地得到了在华欧美商人的大力支持。商界人士的大量入会绝非偶然，西方商人所拥有的雄厚财力绝非新教界、政界人士所能比拟，广学会为实现募集资金最大化以支持其规模庞大的书刊出版发行活动，积极笼络商界人士参与便顺理成章。对此，广学会元老林乐知在1889年年会中曾论道："在这样一项事业中，商业因素和传教因素是最接近的……只要有少量资金来帮助本会，事情就能办到。商业和传教是实现启蒙中国的两大力量。"②1887年广学会商界会员人数为14人③，超越新教界、政界会员总和，位列三方之首，并且人数逐年递增，至1895年达25人，直到1896年才被传教士会员超越。不过，如此好景未能长久，在华商人很快便对广学会所从事的文化传播活动失去兴趣，1896—1902年7年间，只有少数商人继续对该会予以支持，商界会员人数始终在18人上下浮动，李提摩太不无抱怨地表示："启蒙运动的工作主要留给了教会团体。"④而随着1903年广学会入会制度的放宽，商界会员的数量也出现了大幅增加，1904年达到47人的顶峰规

---

① C. L. S.. *Twenty-Fourth Annual Report of C. L. S.* ［R］. Shanghai：Shanghai Mercury, Limited, 1911：Ⅶ.

② S. D. K.. *Second Annual Report of S. D. K.* ［R］. Shanghai：The Noronha & Sons, 1889：15.

③ S. D. K.. *First Annual Report of S. D. K.* ［R］. Shanghai：The Noronha & Sons, 1888：3.

④ S. D. K.. *Thirteenth Annual Report of S. D. K.* ［R］. Shanghai：Shanghai Mercury, 1900：20.

模①，但随后几年便一路下挫。面对此种境况，该会核心成员颇感无奈，频频"呼吁那些在华欧美商人通过捐赠来帮助广学会"②，却始终收效甚微。尽管在1910年出现了商界会员数量短暂回升的迹象，但转至1911年即跌落到5人这一历史最低值③。然而，不容否认的是，清末广学会的79名商界会员，虽人数无法与传教士群体比拟，但实为该会之最大"金主"。以英商汉壁礼（Thomas Hanbury）为例，1909年广学会位于上海四川北路143号的新办公大楼能够建成使用便得益于其两万两白银的巨额遗赠④。此外，商界会员大多来自怡和、汇丰、渣打、摩根大通、太古、茂隆等颇具影响力的知名洋行，且多人还担任上海租界工部局总董、副总董、董事，这又为广学会立足上海开展文化传播活动提供了巨大便利与支持。

与新教界、商界会员群体相比，清末广学会的47名政界会员，人数最为稀少，但其中位高权重之头面人物比比皆是⑤。就政界会员身份而言主要可分为三类：其一便是在华外交官、法官，其二为清政府外籍雇员，其三为海外政界人士。在华外交官、法官会员群体中，韦廉臣与李提摩太的英国同胞参与热情最为高涨，不仅英国驻上海连续四任总领事哈南（N. J. Hannen）、哲美森、白利南（Byron Brenan）、霍必澜（Pelham L. Warren）

① S. D. K.. *Seventh Annual Report of S. D. K.* ［R］. Shanghai：Shanghai Mercury，1904：Ⅶ.

② C. L. S.. *Eighteenth Annual Report of C. L. S.* ［R］. Shanghai：Shanghai Mercury，Limited，1905：38.

③ C. L. S.. *Twenty-Fourth Annual Report of C. L. S.* ［R］. Shanghai：Shanghai Mercury，Limited，1911：Ⅶ.

④ C. L. S.. *Twenty Annual Report of C. L. S.* ［R］. Shanghai：Shanghai Mercury，Limited，1907：16.

⑤ 依据S. D. K.. *Annual Report of S. D. K.* （1887—1904），以及*Annual Report of C. L. S.* （1905—1911）所载董事、会员名录计算得出。

均为该会会员，且柯尔（W. P. Ker）、詹姆斯·斯科特（James Scott）、白挨底（G. M. H. Playfair）等驻北京、广州、宁波的领事、领事助理，海勒姆·S.威尔肯逊（Hiram S. Wilkinson）、索马里兹（Havilland de Sausmarez）、班得瑞（F. S. A. Bourne）3位驻上海大英刑钱使司衙门法官也在其中。与之相比，美国驻华官员亦不遑多让，卢幼德（J. A. Leonard）、A. P. 怀尔德（A. P. Wilder）、古那（John Goodnow）等6名驻华领事，及美国驻华法院地方检察官 F. E. 欣克利（F. E. Hinckley）和美国前外交官、李鸿章私人秘书毕德格（W. N. Pethick）均有参与。除大量英美外交官、法官外，会员之中还有德国、荷兰、瑞典、挪威的驻华外交使节。特别值得关注的是，1904—1907年正值清末新政高潮，大批中国学子赴日留学，日本驻华总领事小田切（M. Odagiri）也加入会员行列①，并出席该会1904年年会，大谈日本开展对华教育活动的实践心得，并"获得与会人员的一致赞赏"②。会员中的清政府外籍雇员分为海关官员和邮政官员两个群体，海关官员中除总税务司赫德外，赫德之妻弟、副总税务司裴式楷（R. E. Bredon）也赫然在列③，在此二人的强力示范作用下，清海关税务司、助理等共15人先后入会④。服务于清政府邮政系统者有二，分别是山东邮政局邮政司多诺芬（J. P. Donovan）和上海邮政总局邮政司李蔚良。海外政界会员人士为3人，全部来自朝鲜，皆为赫赫有名之人物，其中两人为英人，分别是

---

① S. D. K.. *Seventh Annual Report of S. D. K.* [R]. Shanghai：Shanghai Mercury，1904：Ⅸ.

② S. D. K.. *Seventh Annual Report of S. D. K.* [R]. Shanghai：Shanghai Mercury，1904：51.

③ S. D. K.. *Third Annual Report of S. D. K.* [R]. Shanghai：The Noronha & Sons，1890：5.

④ 依据 S. D. K.. *Annual Report of S. D. K.*（1887—1904），以及 Annual Report of C. L. S.（1905—1911）所载董事、会员名录计算得出。

英国驻朝鲜总领事贾礼士（W. R. Carles）[1]、朝鲜海关总税务司柏卓安（J. Mcleavy Brown）[2]。柏卓安与赫德关系甚密，其担任朝鲜海关总税务司一职全凭赫德举荐。第三位则是朝鲜近代著名政治家、思想家尹致昊（T. H. Yun）[3]，其与林乐知渊源颇为深厚，1884年朝鲜"甲申政变"失败后，尹致昊流亡上海期间便在林乐知创办的中西书院学习。清末广学会政界会员群体之发展，从初创时期的5人[4]，逐步发展至1904年顶峰时期的25人[5]，再至1911年的8人（见图2-3）[6]，虽为较小之规模，却为清末广学会提供了贴近政治、参与政治最直接、最便捷的路径，诸官员也纷纷发挥各自鼓噪之能事，极力为该会营声造势。

正如广学会年报中所反复强调的："政府、商人和传教士的利益不是相互独立的，而是被捆绑在同一个文明中。对一个群体有利的事对所有群体都有益。"[7]细探清末广学会会员之构成，可见各色人等包罗其中、庞杂异常，新教界、商界、政界势力之间沆瀣一气、结而成网，既互通有无，又资源共享。由此可见，清末广学会极力串联一切可利用之力量，形成了一个独一无二的对华思想渗透集团，而该会针对中国士人阶层开展的文化传播活动

[1] S. D. K.. *Third Annual Report of S. D. K.* [R]. Shanghai: The Noronha & Sons, 1890: 5.

[2] S. D. K.. *Fourteenth Annual Report of S. D. K.* [R]. Shanghai: Shanghai Mercury, 1901: Ⅵ.

[3] S. D. K.. *Ninth Annual Report of S. D. K.* [R]. Shanghai: Shanghai Mercury, 1896: Ⅴ.

[4] S. D. K.. *First Annual Report of S. D. K.* [R]. Shanghai: The Noronha & Sons, 1888: 3.

[5] S. D. K.. *Seventh Annual Report of S. D. K.* [R]. Shanghai: Shanghai Mercury, 1904: Ⅶ.

[6] C. L. S.. *Twenty-Fourth Annual Report of C. L. S.* [R]. Shanghai: Shanghai Mercury, Limited, 1911: Ⅶ.

[7] C. L. S.. *Nineteenth Annual Report of C. L. S.* [R]. Shanghai: Shanghai Mercury, Limited, 1906: 9.

不仅为谋求在华传教效果之最大化，也必然充当西方在华政治与商业利益的代言人、发声筒。

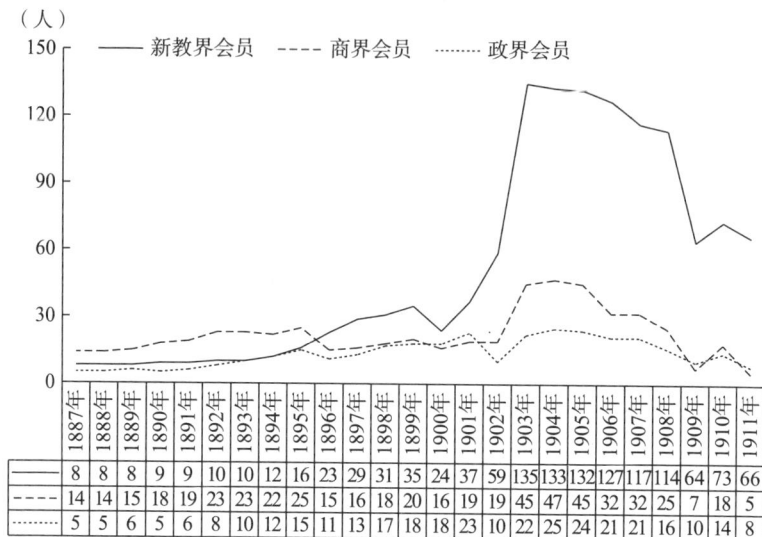

图2-3　清末广学会新教界、商界、政界会员人数发展对比

资料来源：依据S. D. K.. *Annual Report of S. D. K.*（1887—1904），以及*Annual Report of C. L. S.*（1905—1911）所载董事、会员名录计算得出。

三　会内职员

尽管广学会董事会及会员群体人多势众，但绝大多数成员从未参与书刊出版发行工作，该会的骨干力量则是其会内职员，即被称为文学传教士的编辑（Editorial Staff）。但现有研究著述不仅对部分编辑未予考查，而且往往将撰稿人混淆其中，笼统称之为"工作人员"。事实上在清末时期，广学会编辑群体仅有13人，均为西方传教士，并且总干事也是其中一员，其中6人来自英国、4人来自美国、2人来自德国、1人来自加拿大。但需要指出的是，广学会各位编辑入会年份不同、工作时长不一，人员组成总是处于不断变动之中，人力最为匮乏时仅有3人，最多也不过8人，纵然尚有蔡尔康、沈毓贵等秉笔华士的鼎力支持，但对比该会之庞大出版规模，其人力可谓捉襟见肘，并且直至清王朝结束都未能得到有效缓解。对此，广学会第二任总干事李提摩太就曾在1908年十分不满地表示："力量的划分似乎仍然有很大的不均衡。在华有200多名医疗传教士、200多名教育传教士和3000多名福音传教士，但只有大约10名文学传教士。如果其他的传教团能效法英国浸礼会，为了所有传教差会的利益，派两个人来协助文学工作，我们的学会就能得到更充分的照顾。"①可见，广学会人力短缺之困局主要是由西方传教差会在华传教策略所致，文学传教相较于医疗传教、教育传教、福音传教始终处于从属地位不受重视。面对此种不利局面，清末广学会的编辑群体承担着繁重的出版任务，可谓该会之砥柱中流。而颇耐思量的是这13名传教士为何要集聚在广学会这一出版会社，甘愿做一名绝非主流的文学传教士呢？欲探明此问题，深入剖析各编辑早期在华传教经历及思想发展进程，逐一道明他们在广学会具体开展的工作便显得十分必要。

广学会在1887—1890年韦廉臣担任总干事期间人力配置极为薄弱，除韦氏外仅有林乐知与花之安二人。在韦廉臣去世后，人员又进一步缩减。

作为广学会创始人的韦廉臣，1829年生于苏格兰福尔柯克，青年时期在格拉斯哥大学学习，1855年按立（基督教会按照程序任命教职人员的礼仪）为牧师，并受苏格兰长老会指派前往中国。抵达中国后的前两年，韦廉臣驻于上海和山东平度，1857年

---

① C. L. S.. *Twenty-First Annual Report of C. L. S.* [R]. Shanghai: Shanghai Mercury, Limited, 1908: 12.

因健康原因脱离传教会返回苏格兰。几年后，韦廉臣又作为苏格兰圣经协会代表回到中国，先期在山东芝罘（今烟台市芝罘区）传教，后定居上海，创立广学会。韦廉臣在华期间活动地域十分广泛，曾先后前往华北、东北、内蒙古等地，并于1879年出版了《中国北方游记》两卷，记述了他对西方世界未知地区的探索，其与李善兰合著的《植物学》尤为著名，是我国近代出现的第一部植物科学专著①。韦廉臣早年便格外注重利用书刊影响中国人思想，他认为在清末中国十八省，除通行的官话外，还存在着大量方言，这无形中为传教活动制造了巨大困难，但中国的书面语言只有一种，并且无论是学者或是商人都可读、易懂②。他于1877年在华新教传教士大会上言道："中国的文学博大精深，对人民的影响一如既往。我们必须面对并推翻他们许多根深蒂固的信念，或者更确切地说是砍掉古老的藤蔓，在旧枝条上移植新思想，并注入新生命。"③显见，韦廉臣早在1877年之前便关注到文学在中国文化与社会中的地位。韦廉臣还先后撰写出版了《辩性二论》《圣经略说》《格物探源》等一批以基督教思想为核心的著作，他也凭借丰硕的著述成果获得格拉斯哥大学授予的名誉博士学位。1887年韦廉臣创办广学会，至1890年在山东芝罘去世，其主理广学会两年有余，广学会再版、新印韦氏的《格物探源》《基督实录》《二约释义全书》《女儿经》《耶稣纪要》《古教汇参》《圣教功效论略》《治国要务》8部著作，几乎均为基督教主题书籍。

---

① C. L. S.. *A Century of Protestant Missions in China*（1807—1907）［R］. Shanghai：American Presbyterian Mission Press，1907：629.

② *Records of the General Conference of the Protestant Missionaries of China*［R］. Shanghai：Presbyterian Mission Press，1877：57.

③ *Records of the General Conference of the Protestant Missionaries of China*［R］. Shanghai：Presbyterian Mission Press，1877：57.

　　广学会在上海甫一建立，美国传教士林乐知便加入其中。林乐知于1836年出生在美国佐治亚州，毕业于美国名校埃默里大学，自21岁起便立志成为一名传教士前往中国传教，后加入美国监理会，并于1860年抵达中国上海开展传教活动①。林乐知来华后积极学习汉语，研读中国儒家经典著作，他对中国传统道德理念的理解也不断深入。林乐知在沪期间的传教经历可谓坎坷异常，来华不久便因美国内战而失去其国内的资金保障，他迫于生计开始从事多份职业：1863年起供职于上海广方言馆，担任英语教习。1868—1871年担任《上海新报》编辑，并激起他对出版中文刊物的兴趣②。随后又受雇于江南机器制造局翻译馆长达10年，译著成果共26部，其数量在所有西方工作人员中仅次于英国人傅兰雅，位列第二③。也正是如此种种经历为林乐知提供了广泛接触中国官员、文人群体的绝佳机遇，随着对中国社会认知的不断加深，他逐渐对街头布道等传统传教方式丧失信心④，并在1868年之前便开始关注清朝统治阶级，他意识到"中央政府在中国改革中的重要性"⑤，相信"一旦皇室的政策出现了变化，整个国家都会跟随"⑥，认为在华传教工作应聚焦于"妇女与知识分子

　　①〔美〕贝奈特. 传教士新闻工作者在中国：林乐知和他的杂志：(1860—1883)〔M〕. 金莹，译. 桂林：广西师范大学出版社，2014：13.
　　②〔美〕贝奈特. 传教士新闻工作者在中国：林乐知和他的杂志：(1860—1883)〔M〕. 金莹，译. 桂林：广西师范大学出版社，2014：55.
　　③〔美〕贝奈特. 传教士新闻工作者在中国：林乐知和他的杂志：(1860—1883)〔M〕. 金莹，译. 桂林：广西师范大学出版社，2014：70.
　　④〔美〕贝奈特. 传教士新闻工作者在中国：林乐知和他的杂志：(1860—1883)〔M〕. 金莹，译. 桂林：广西师范大学出版社，2014：27.
　　⑤〔美〕贝奈特. 传教士新闻工作者在中国：林乐知和他的杂志：(1860—1883)〔M〕. 金莹，译. 桂林：广西师范大学出版社，2014：51.
　　⑥〔美〕贝奈特. 传教士新闻工作者在中国：林乐知和他的杂志：(1860—1883)〔M〕. 金莹，译. 桂林：广西师范大学出版社，2014：72.

这两大群体"①。因此，林乐知在任职于不同机构的同时，不断探索尝试新的传教路径。他于1866年创办中西书院，以教育作为接近中国青年人的手段②。同时，林乐知极其看重向中国知识分子传播科学与宗教，坚持利用报刊与之交流，以期用文章"启蒙"中国人，并重塑其思想，1868年他自费在上海开办了一份主要登载新教教义、世俗新闻和西学知识的宗教性报纸《中国教会新报》，该报于1874年更名为《万国公报》，其性质也由宗教性转为世俗性，成为当时中国文人了解西方世界的重要窗口③。林乐知加入广学会后，停刊近6年的《万国公报》于1889年2月以该会机关报名义复刊，他则继续担任该报编辑一职④。1891年林乐知还兼顾编辑广学会另一份新创宗教刊物《中西教会报》，直到1893年⑤。至1907年林乐知于上海去世，他服务广学会长达20年，为该会文化传播活动作出了巨大贡献，该会出版其著作多达43部，名震一时的《中东战纪本末》《文学兴国策》《东征电报》《五大洲女俗通考》等名作均为林氏手笔，内容涵盖政治、经济、文化、宗教等多个领域⑥。

德国传教士花之安于1888年加入广学会编辑行列，是该会首屈一指的汉学家。1839年，花之安出生于德国科堡一个普通铁匠家庭，自幼便具有强烈求知欲，但迫于继承已故父亲事业，不得

---

① 〔美〕贝奈特. 传教士新闻工作者在中国：林乐知和他的杂志：（1860—1883）〔M〕. 金莹，译. 桂林：广西师范大学出版社，2014：86.

② 〔美〕贝奈特. 传教士新闻工作者在中国：林乐知和他的杂志：（1860—1883）〔M〕. 金莹，译. 桂林：广西师范大学出版社，2014：24.

③ 〔美〕贝奈特. 传教士新闻工作者在中国：林乐知和他的杂志：（1860—1883）〔M〕. 金莹，译. 桂林：广西师范大学出版社，2014：59.

④ S. D. K.. *Second Annual Report of S. D. K.* 〔R〕. Shanghai：The Noronha & Sons，1889：5.

⑤ S. D. K.. *Third Annual Report of S. D. K.* 〔R〕. Shanghai：The Noronha & Sons，1890：20.

⑥ 见附录2：清末广学会中文出版物名录。

已利用业余时间学习①。直至1855年，花之安在奥斯纳布吕克参加基督教青年会会议，他才意识到个人在精神层面的需求，以此为日后走上传教之路的开端②。花之安18岁时以优异成绩进入巴门神学院学习，1862年在完成相关神学课程后，先后前往巴塞尔大学、图宾根大学进修③。1864年，花之安受礼贤会委派到中国传教，在香港短暂停留后前往广东，并久居虎门④。此时，花之安以街头布道的传统方式宣教，终因过度劳累而患上伴随一生的喉疾。1876年6月花之安因病回国休假，1877年9月返回中国定居于广州，负责培训中国本地传教士⑤。1880年花之安因同事不能结合中国实际，固守路德宗教义培训中国助手而与之发生严重分歧，于1881年返回德国就此问题与礼贤会沟通，但最终会谈破裂，花之安正式退出该会并以独立传教士身份重返中国，随即放弃街头布道转而从事文学工作⑥。1884年花之安在香港自费出版了其鸿篇巨作《自西徂东》，此书分为"仁""义""礼""智""信"五章，以中国文人熟知且易于接受的儒家文化形式系统介绍西方基督教文明⑦。这一时期，花之安还著有《德国学校论略》

① Pastor P. Kranz. *The Works of Rev. Ernst Faber, Dr. Theol* [M]. Shanghai: American Presbyterian Mission Press, 1904: Ⅲ.

② Pastor P. Kranz. *The Works of Rev. Ernst Faber, Dr. Theol* [M]. Shanghai: American Presbyterian Mission Press, 1904: Ⅳ.

③ Pastor P. Kranz. *The Works of Rev. Ernst Faber, Dr. Theol* [M]. Shanghai: American Presbyterian Mission Press, 1904: Ⅳ.

④ Pastor P. Kranz. *The Works of Rev. Ernst Faber, Dr. Theol* [M]. Shanghai: American Presbyterian Mission Press, 1904: Ⅴ.

⑤ Pastor P. Kranz. *The Works of Rev. Ernst Faber, Dr. Theol* [M]. Shanghai: American Presbyterian Mission Press, 1904: Ⅵ.

⑥ Pastor P. Kranz. *The Works of Rev. Ernst Faber, Dr. Theol* [M]. Shanghai: American Presbyterian Mission Press, 1904: Ⅶ.

⑦ D. MacGIlliviay. *Descriptive and Classified Missionary Centenary Catalogue of Current Christian Literature* [R]. Shanghai: C. L. S., 1907: 41.

《西国学校》《马可讲义》《耶稣言行要录》等书。同时，他还用德文撰写大量介绍儒家文化的专著，对中西方文化交流作出了特殊贡献。1885年9月，花之安加入德国福音派新教教会同善会，依然坚持文学创作①。鉴于花之安在基督教文学领域的丰硕成果，1888年德国耶拿大学授予其神学博上学位②。花之安加入广学会后，陆续出版《自西徂东》《性海渊源》《经学不厌精》，直到1898年在青岛定居，他才放弃出版中文书籍。尽管花之安在广学会期间出版的专著屈指可数，但皆为经典。1899年，花之安病死于青岛，其好友在墓碑上用德文刻下了"他是基督教信仰和基督教文明的先驱，一个在异国他乡的德国学者"③的墓志。

1891年广学会完成首次总干事遴选，由英国传教士李提摩太主理会务。此后，该会编辑数量未有较大增加，至1898年戊戌变法时期也仅新增德国传教士安保罗和美国传教士卫理。

李提摩太于1845年出生在英国威尔士卡马森郡的法尔德普林，毕业于斯旺西师范学校和彭布鲁克郡哈福德韦斯特神学院④。1869年李提摩太受英国浸礼会委派前往中国传教，抵达山东烟台后便与韦廉臣结识。在随后两年中，李提摩太坚持在山东半岛巡回布道，向中国百姓推广基督福音，并前往中国东北和朝鲜，被称为"第一批从朝鲜活着回来的欧洲人之一"⑤。1875年，李提

---

① Pastor P. Kranz. *The Works of Rev. Ernst Faber*, *Dr. Theol* [M]. Shanghai：American Presbyterian Mission Press，1904：Ⅷ.

② Pastor P. Kranz. *The Works of Rev. Ernst Faber*, *Dr. Theol* [M]. Shanghai：American Presbyterian Mission Press，1904：Ⅷ.

③ Pastor P. Kranz. *The Works of Rev. Ernst Faber*, *Dr. Theol* [M]. Shanghai：American Presbyterian Mission Press，1904：Ⅸ.

④ C. L. S.. *A Century of Protestant Missions in China*（1807—1907）[R]. Shanghai：American Presbyterian Mission Press，1907：629.

⑤ C. L. S.. *A Century of Protestant Missions in China*（1807—1907）[R]. Shanghai：American Presbyterian Mission Press，1907：630.

摩太定居山东青州府后，得以更加全面、深入地了解中国社会与各阶层民众，以及中国本土宗教思想。1876—1877年，李提摩太奔走于山东、山西，为两省饥荒筹款施赈。得益于此经历，李提摩太接触到左宗棠、张之洞等晚清实权官员，使他对中国统治阶级有了更为直观、深入的认识。也正是在此期间，李提摩太产生了改革中国社会的思想萌芽，并频频提出其自创的改革方案。1885年李提摩太回国参加浸礼会年会，向大会递交了中国教育计划，希望在中国各省分别建立一所教会学校，以便影响中国文人阶层。同时，李提摩太还凭借其在华多年活动经验起草了改进传教方式的提案：第一，西方来华传教士在学习语言之余，还应深入研究中国本地宗教和传教手段；第二，应大量雇用中国人从事传教工作；第三，在各省首府建立一所大学，除神学外，还应教授西方大学的各门分支学科课程。但以上提议均遭教会否决，李提摩太备受打击①。1886年，当他重返中国后便立即返回山西，却因在英国提出传教方式改革问题与同事发生激烈争执，且无法得到母会支持，于是被迫离晋，辗转于京、津、鲁等地，可谓落魄至极。最终，李提摩太于1890年前往天津，经李鸿章介绍担任《时报》主笔一职，其间多热衷于撰写关于中国改革的文章②。1891年，李提摩太前往上海担任广学会总干事，在主理该会各项事务的同时，针对中国政治社会发展实际，陆续翻译、撰写出版了《泰西新史揽要》《救世教益》《百年一觉》《生利分利之别论》《欧洲八大帝王传》等50部著作，涉猎政治、经济、历史、宗教、地理、科学等多领域，实乃该会最高产编辑，美国埃默里大学、

---

① 〔英〕李提摩太. 亲历晚清四十五年：李提摩太在华回忆录［M］. 李宪堂，侯林莉，译. 南京：江苏人民出版社，2018：168.

② 〔英〕李提摩太. 亲历晚清四十五年：李提摩太在华回忆录［M］. 李宪堂，侯林莉，译. 南京：江苏人民出版社，2018：177.

布朗大学分别授予其名誉神学博士、文学博士学位①。

安保罗早年毕业于德国柏林大学，1892年受同善会委派抵达中国上海②，以协助同会传教士花之安的工作③。安保罗抵沪不久便与广学会产生交集。1893年，广学会计划再版花之安名著《自西徂东》，却受困于资金不足而无法实现，安保罗作为花之安助手，随即自费捐款1200块洋银，出版该书2000册，使广学会"得以向帝国所有伟大的官员各赠送一本"④。1894年，安保罗正式加入广学会编辑之列，且颇受重视。戊戌变法前夕，李提摩太频繁活动于北京，总干事一职则由安保罗代理。1896—1897年，安保罗更是与李提摩太共同担任广学会总干事⑤。1898年，德国侵占山东胶州，安保罗认为他"此刻有义务帮助同胞准备一系列汉德书籍，使德国人学习汉语，并在胶州以各种其他方式提供帮助"⑥。安保罗因长期不在上海，便辞去总干事一职，亦不再担任编辑，但鉴于其对于广学会的巨大贡献，该会成员仍选举其为董事会董事⑦。1900年，安保罗回国，两年后他以独立传教士身

① 见附录2：清末广学会中文出版物名录。

② 黄光域. 基督教传行中国纪年（1807—1849）[M]. 桂林：广西师范大学出版社，2017：143.

③ Presbyterian Board of Publication and Sabbath-School Work. *The Church at Home and Abroad*, *Philadelphia, Presbyterian Board of Publication and Sabbath-School Work* [R]. 1892：212.

④ S. D. K.. *Sixth Annual Report of S. D. K.* [R]. Shanghai：The Noronha & Sons，1893：7.

⑤ S. D. K.. *Tenth Annual Report of S. D. K.* [R]. Shanghai：Shanghai Mercury,1897：Ⅰ.

⑥ S. D. K.. *Twelfth Annual Report of S. D. K.* [R]. Shanghai：Shanghai Mercury，1899：12.

⑦ S. D. K.. *Eleventh Annual Report of S. D. K.* [R]. Shanghai：The "North-China Herald" Office，1898：59.

份重返中国，并再次担任广学会编辑①。1903年安保罗脱离该会编辑队伍，但依旧担任董事一职，直至1908年归国。安保罗在华时间虽相对较短，但他对儒家文化却颇有研究，对蕴含其中的"上帝观""人性观""伦理观""社会观"均有独到见解，他认为基督教与儒家思想具有相似性，孔子实为一位"先知"，并坚信传教士作为"基督教战士"应当在中国的"皈依"过程中"以儒学为盟友"②。安保罗十分看重文学创作，对前辈花之安更是推崇备至，其著作《经学不厌精遗篇》《四书本义官话》便是对后者思想的继承与补充③。此外，安保罗还撰有《孔子基督为友论》《黜虚崇正论》等书。安保罗担任广学会编辑期间出版了《救世教成全儒教》与《圣经要道》两部著作，还与传教士林乐知、李提摩太、李佳白（Gilbert Reid）、艾约瑟等人合辑《新学汇编》④。

卫理出生于美国俄亥俄州哥伦布市，青年时期在西弗吉尼亚威尔顿市的基督教高等教育机构贝瑟尼学院接受牧师培训，并较早地表现出自由主义的博学。1882—1887年，卫理担任美国基督会副会长⑤。1887年卫理受基督会委派前往中国，驻南京开展传教活动，直至1896年脱离教会，辞去牧师职务⑥。其间，卫理专

---

① S. D. K.. *Fifteenth Annual Report of S. D. K.* [R]. Shanghai：Shanghai Mercury，1902：Ⅳ.

② Wang Hui. *Translating Chinese Classics in a Colonial Context* [M]. Bern，Peter Lang AG，2008：75.

③ D. MacGillivray. *Descriptive and Classified Missionary Centenary Catalogue of Current Christian Literature* [R]. Shanghai：C. L. S.，1907：3.

④ 见附录2：清末广学会中文出版物名录。

⑤ Dimitri D. Lazo. *The Making of a Multicultural Man：The Missionary Experiences of E. T. Williams* [M]. Washington：American Historical Association，1982：360.

⑥ Dimitri D. Lazo. *The Making of a Multicultural Man：The Missionary Experiences of E. T. Williams* [M]. Washington：American Historical Association，1982：361.

心研习中文，并经历了对中国儒家文化及风俗由充满偏见到接受乃至尊敬的转变过程，最终形成了"既重视耶稣教诲，也重视孔子道德宣言"①的思想。而这种转变使卫理成为传教同行眼中一个离经叛道的人，而他也愈加不满身边同僚的对华僵化态度，这些因素最终促使他作出离开教会的决定。1895年广学会正式复刊《中西教会报》，卫理应邀前往上海全面负责此刊的编辑工作②，并陆续发表了《魏立森信道记》《论弥兵之兴构兵二者孰为善》《译福省西教士致华教友书》《新学纪盛》《幼而有识》等多篇文章。卫理自1897年起担任美国驻上海总领事衙门副总领事，而从政之路职责紧迫，为其带来了繁重的工作负担③。故此，卫理于1898年辞去《中西教会报》编辑一职，但仍担任广学会董事，并允诺继续为该会撰写文章。1900年，卫理彻底脱离广学会全心服务美国政府，并成为当时美国国务院内少有的中国通④。卫理在日后还出版了许多关于中国历史与文化的著作，特别是其撰写的 *China Yesterday and Today*（《中国的昨日与今朝》）一书历经八版，在整个20世纪二三十年代被美国高校作为教科书广泛采用⑤。

---

① Dimitri D. Lazo. *The Making of a Multicultural Man：The Missionary Experiences of E. T. Williams* ［M］. Washington：American Historical Association，1982：361.

② S. D. K.. *Seventh Annual Report of S. D. K.* ［R］. Shanghai：The Noronha & Sons，1894：12.

③ Dimitri D. Lazo. *The Making of a Multicultural Man：The Missionary Experiences of E. T. Williams* ［M］. Washington：American Historical Association，1982：358.

④ Dimitri D. Lazo. *The Making of a Multicultural Man：The Missionary Experiences of E. T. Williams* ［M］. Washington：American Historical Association，1982：373.

⑤ Dimitri D. Lazo. *The Making of a Multicultural Man：The Missionary Experiences of E. T. Williams* ［M］. Washington：American Historical Association，1982：358.

1898年戊戌变法后，广学会成员感到"从本会相对较少的出版物流通中，看到了令人震惊的奇妙成果"①，但同时也深感图书之发行数量掣肘于编辑力量的贫弱，期望如将"人数增加至原来的5倍，便能看到伟大的奇迹"②。故此，总干事李提摩太认为广学会"需要一个由20个人组成的团队，来准备基督教世界中关于人类生活所有问题的精选书籍"，并"向传教士协会呼唤其最好的文学人才"③。然而，西方传教差会对此呼吁应者寥寥，仅有卫罗氏接续其丈夫卫理出任编辑，以及加拿大长老会、英国卫斯理公会和大英教会于1899年分别派遣传教士季理斐、高葆真、华立熙加入该会，这与李提摩太之期望差之甚远。尽管如此，4位文学传教士的到来依然极大缓解了广学会出版活动的人力窘困。

卫罗氏作为无教派人士，曾协助其丈夫卫理在广学会期间的工作，并积极撰文立说，不仅参与《中西教会报》编辑工作④，还出版《列国地说》两卷、《动物浅说》两卷以及《蒙学浅说》共3部著作⑤。1898年卫理辞去广学会编辑后，卫罗氏于1899—1900年接任编辑一职，时间极其短暂。

季理斐于1862年出生在加拿大安大略省，并以优异成绩毕业于多伦多大学，1888年受加拿大长老会委派前往中国传教。季理斐抵达中国后加入驻河南的长老会福音传教团，该团主要从事福

---

① S. D. K.. *Twelfth Annual Report of S. D. K.* [R]. Shanghai：Shang-hai Mercury，1899：14.

② S. D. K.. *Twelfth Annual Report of S. D. K.* [R]. Shanghai：Shang-hai Mercury，1899：14.

③ S. D. K.. *Twelfth Annual Report of S. D. K.* [R]. Shanghai：Shang-hai Mercury，1899：14.

④ S. D. K.. *Eighth Annual Report of S. D. K.* [R]. Shanghai：Shang-hai Mercury，1895：10.

⑤ 见附录2：清末广学会中文出版物名录。

音传教与医疗传教，直至1896年方才开展教育传教活动①。季理斐在华初期便展现出极高的语言天赋，并热衷于文字工作，据其传记 *MacGillivray of Shanghai：The Life of Donald MacGillivray*（《上海的季理斐：唐纳德·麦吉里夫雷的生活》）所载，他在"一个月内可以记住《约翰福音》中的1230个汉字，入华10个月便可讲道"②。季理斐在学习汉语之余，还将主要精力倾注于修订英国人斯登特（Stent）编著的中英词典，对该工具书一再改进，其第一版于1898年出版，并于1911年定名为《英华成语合璧字集》③。1899年季理斐应广学会总干事李提摩太邀请，经长老会批准后加入广学会，担任编辑④。其间，季理斐与传教士华立熙等人一道花费大量时间设计地理和传记术语，希望它们能在中国得到普遍采用⑤。1903年、1905年季理斐先后两次回国休假，借此机会"向加拿大基督徒和非基督徒展示中国社会对于基督教文学日益增长的需求，更重要的是他成功地唤起了加拿大民众对广学会的兴趣"⑥。清末，广学会先后出版季理斐编纂的《四教考略》《真道喻言》《泰西十八周史揽要》《基督之圣神》《基督圣德论》《振新金鉴》等41部著作。季理斐的创作重点集中在纯粹

---

① R. G. Tiedemann. *Reference Guide to Christian Missionary Societies in China：From Sixteenth to Twentieth Century*［M］. New York：Routledge Taylor & Francis Group，2015：134.

② Margaret H. Brown. *MacGillivray of Shanghai：The Life of Donald MacGillivray*［M］. Canadian：Ryerson Press，1968：21-24.

③ S. D. K.. *Twelfth Annual Report of S. D. K.*［R］. Shanghai：Shanghai Mercury，1899：11.

④ S. D. K.. *Twelfth Annual Report of S. D. K.*［R］. Shanghai：Shanghai Mercury，1899：11.

⑤ S. D. K.. *Fifteenth Annual Report of S. D. K.*［R］. Shanghai：Shanghai Mercury，1902：15.

⑥ C. L. S.. *Eighteenth Annual Report of C. L. S.*［R］. Shanghai：Shanghai Mercury，Limited，1905：39.

教义教理之上，在41部著作中基督教文学书籍多达32部，位列
众编辑之首①。1907年，林乐知去世后，季理斐短时间担任《万
国公报》编辑，直至年底该报终刊②。同样在1907年，各新教传
教差会在上海举办了庆祝新教在华传教百年纪念会议，其中编著
新教在华传教史这一最为紧要、繁重的工作也落在季理斐肩上③。
1910年广学会开始从事一项涉及新教在华整体传教活动的工作，
即创办 The China Mission Year Book（《中国传教年鉴》），由季
理斐担任此丛书编辑④。季理斐在广学会工作期间展现出深厚的
写作功底，其著作数量与质量在会内首屈一指。鉴于季理斐对基
督教文学事业发展所作出的杰出贡献，加拿大多伦多诺克斯学院
授予其博士学位⑤。

　　高葆真隶属英国卫斯理公会，1885年受该会委派前往中国传
教，驻湖北汉口。在加入广学会前，高葆真便对中国传统文化表
现出浓厚兴趣，其撰写的英文著作 Rambles in Central China
（《华中漫游》）与 A String of Chinese Peach-Stones（《一串中
国桃核》）便是代表作，鉴于他在文学创作方面表现出的天赋，
一些与之相熟的传教士纷纷向广学会写信，力荐高葆真加入该会
以专心从事文学创作活动⑥。1899年高葆真经其所属教会批准后
加入广学会，接任《中西教会报》编辑一职。1900年，高葆真在

————————

　　① 见附录2：清末广学会中文出版物名录。

　　② C. L. S.. *Twenty Annual Report of C. L. S.*［R］. Shanghai：Shang-
hai Mercury，Limited，1907：9.

　　③ C. L. S.. *Nineteenth Annual Report of C. L. S.*［R］. Shanghai：
Shanghai Mercury，Limited，1906：15.

　　④ C. L. S.. *Twenty-Third Annual Report of C. L. S.*［R］. Shanghai：
Shanghai Mercury，Limited，1910：18.

　　⑤ S. D. K.. *Fifteenth Annual Report of S. D. K.*［R］. Shanghai：
Shanghai Mercury，1902：47.

　　⑥ S. D. K.. *Twelfth Annual Report of S. D. K.*［R］. Shanghai：Shang-
hai Mercury，1899：11.

义和团运动爆发后回国休假，其负责的《中西教会报》也随即停刊①。直至1904年1月初，高葆真经教会批准回到上海广学会工作，并独自承担起《中西教会报》以及广学会新办世俗刊物《大同报》之编辑重任②。任职于广学会期间，高葆真文学创作才华凸显，文法愈加纯熟，该会给予其"中英双语文笔俱佳"的高度评价③。高葆真除担任广学会编辑，还兼任湖北一教区负责人，他于1906年休假，潜心在教堂内做侍奉工作④。1908年高葆真又回归广学会编辑行列，再次担任《大同报》编辑⑤。1911年，高葆真精神崩溃，不得不放弃编辑职责，于当年春季回英休养⑥。服务广学会时期，高葆真著有《缺一不可》《新世考》《天国初入英国说》《康偲但带小传》《生计学》《种茶良法》等12部著作，其中世俗读物4部、基督教文学作品8部⑦。同时，高葆真还致力于向西方介绍中国社会文化，分别于1910年、1911年在伦敦出版了 The Call of Cathay（《中国之吸引力》）与 China Under the Search-light（《中国概观》）两部英文专著。

英国大英教会传教士华立熙于1890年抵达中国传教，驻浙江绍兴。华立熙抵华后主要开展教育传教工作，主管位于绍兴观音

---

① S. D. K.. *Thirteenth Annual Report of S. D. K.*［R］. Shanghai：Shanghai Mercury，1900：85.

② S. D. K.. *Seventh Annual Report of S. D. K.*［R］. Shanghai：Shanghai Mercury，1904：18.

③ C. L. S.. *Nineteenth Annual Report of C. L. S.*［R］. Shanghai：Shanghai Mercury，Limited，1906：23.

④ C. L. S.. *Nineteenth Annual Report of C. L. S.*［R］. Shanghai：Shanghai Mercury，Limited，1906：8.

⑤ C. L. S.. *Twenty-First Annual Report of C. L. S.*［R］. Shanghai：Shanghai Mercury，Limited，1908：9.

⑥ C. L. S.. *Twenty-Fourth Annual Report of C. L. S.*［R］. Shanghai：Shanghai Mercury，Limited，1911：4.

⑦ 见附录2：清末广学会中文出版物名录。

桥（Kwan-yin bridge）的教会学校，他在一名中国本地教师的帮助下，向17名平均年龄为10岁的中国幼童教授圣经、罗马字和中国古典文学①。在华传教期间，华立熙曾回国深造，并于1899年通过英国杜伦大学考试，获得文学学士学位②。完成学业后，华立熙便立即回到中国加入广学会，从事文学和翻译工作。1900年，义和团运动期间，总干事李提摩太因急于和英、美公使馆协商中国事务，以及担心中国局势安全问题而前往日本躲避③，但华立熙选择与林乐知共同留守上海，以维持广学会运转。1901年，因高葆真休假离华，华立熙接替其《中西教会报》编辑一职，至1902年④。广学会曾出版其《西方归道》《天地奇异志》《英皇肥拖唎阿盛德记》《圣经溯源》《古史文明》等12部著作⑤。1906年华立熙因亲属生病而返英，并再未回到中国，但他依旧积极参与广学会活动，1909年开始担任广学会母会——中国基督教文学学会的伦敦分支机构秘书⑥。在此期间，华立熙还获得了文学硕士学位。1910年，他作为广学会代表参加了在英国爱丁堡举办的世界传教士大会⑦。

　　在以上4位传教士加入广学会后，总干事李提摩太仍然深感

---

　　① John Fryer. *The Educational Directory for China* [M]. Shanghai: American Presbyterian Mission Press，1895：35.

　　② *The Church Missionary Intelligencer* [R]. London：Church Missionary Society，Salisbury Square，1899：719.

　　③ *The Missionary Herald of the Baptist Missionary Society* [R]. London：Alexander & Shepheard Limited，1900：471.

　　④ S. D. K.. *Fourteenth Annual Report of S. D. K.* [R]. Shanghai：Shanghai Mercury，1901：12.

　　⑤ 见附录2：清末广学会出版物名录。

　　⑥ C. L. S.. *Twenty-Second Annual Report of C. L. S.* [R]. Shanghai：Shanghai Mercury，Limited，1909：12.

　　⑦ C. L. S.. *Twenty-Third Annual Report of C. L. S.* [R]. Shanghai：Shanghai Mercury，Limited，1910：3.

人力短缺严重限制了广学会发挥应有作用，而面对的现实问题则是"具有教育和新闻能力的人才能胜任广学会这项特殊的工作，但并没有太多的人能满足这个需求"①。因此，李提摩太向西方世界的大学生发出了来华加入广学会，从事文化传播活动，肩负起所谓"白人负担"（white man's burden）的召唤②。但此倡议如同石沉大海，无一人回应。直到 1906 年英国传教士莫安仁（E. Morgan）从中国内陆山西省转投广学会，该会方才迎来新鲜血液。

莫安仁于 1860 年出生在威尔士。1884 年英国浸礼会为回应该会教育传教士仲均安（Alfred G. Jones）发出的进一步增加人力，以更大规模开展对华传教活动的呼吁，增派包括莫安仁在内的 5 名传教士前往中国传教③。莫安仁来华后驻于陕西三原府。莫安仁与同会传教士李提摩太早在 1886 年之前便已相识，特别是当李提摩太备受同僚排挤而被迫离开山西时，莫安仁是李氏上层传教路线的坚定支持者④。因此，有理由相信二人在此时便已结下深厚友谊。而在 1897 年，莫安仁已是广学会会员，在李提摩太大力推进在中国各地建立分销书库计划之际，他曾帮助该会在陕西兴安府建立书库，并亲任负责人，尽力销售该会各类书刊⑤。1900 年之前莫安仁便离开陕西前往山西太原府开展长期传教活

---

① S. D. K.. *Fifteenth Annual Report of S. D. K.* [R]. Shanghai: Shanghai Mercury，1902：46.

② S. D. K.. *Fifteenth Annual Report of S. D. K.* [R]. Shanghai: Shanghai Mercury，1902：44.

③ *BMS China-Japan Sub-Committee Minutes* [Z]. 14 June 1883, BMS，vol. 1：173.

④ *BMS China-Japan Sub-Committee Minutes* [Z]. 19 November 1888, vol. 2，bk. 2：7-12，BMSA.

⑤ S. D. K.. *Eleventh Annual Report of S. D. K.* [R]. Shanghai：The "North-China Herald" Office，1898：21.

动①。在1906年莫安仁得到浸礼会批准加入广学会时，他已在华活动22年之久，对中国风土人情早有深入了解，并与驻地清政府高官交往甚密，当得知其有意前往上海时，山西巡抚与按察使还曾对其进行挽留②。当莫安仁正式成为广学会编辑一员后，十分兴奋地表示他"一直是该会工作的崇拜者"③。1907—1908年莫安仁在高葆真休假期间接替其《中西教会报》与《大同报》的编辑职务④。1911年，他在高葆真返英期间再次担任《大同报》编辑⑤。此外，莫安仁还陆续编著出版《格致举隅》《英国宪政辑要》《最近美国学务大全》《世界教化进行论》《宇宙进化论》等12部书籍，世俗与宗教主题兼具。同时，莫安仁热衷于中文研究，1916年广学会出版了其名作《官话汇编》，一举奠定其汉语言学家地位，英国威尔士大学授予其名誉神学博士学位。

　　除以上11位主要编辑，清末广学会还有玛丽埃塔·梅尔文、希尔达·鲍泽两位女性编辑，但她们既不承担报刊编辑任务，也未出版过任何专著，而是为该会繁杂的出版发行工作提供辅助性服务。

　　玛丽埃塔·梅尔文，曾为美国女公会（American Women's Union Mission）教育传教士，于1893年抵达中国，驻上海传教。梅尔文在担任广学会编辑前，长期从事文字工作，担任远东地区

①　*The Missionary Herald of the Baptist Missionary Society* ［R］. London：Alexander & Shepheard Limited，1900：472.

②　C. L. S.. *Nineteenth Annual Report of C. L. S.* ［R］. Shanghai：Shanghai Mercury，Limited，1906：22.

③　C. L. S.. *Nineteenth Annual Report of C. L. S.* ［R］. Shanghai：Shanghai Mercury，Limited，1906：42.

④　C. L. S.. *Twenty Annual Report of C. L. S.* ［R］. Shanghai：Shanghai Mercury，Limited，1907. 8.

⑤　C. L. S.. *Twenty-Fourth Annual Report of C. L. S.* ［R］. Shanghai：Shanghai Mercury，Limited，1911：9.

英文杂志 *Woman's Work*（《妇女工作》）编辑多年①。1900 年秋，梅尔文以无教派独立工作者身份加入广学会，为该会提供了"很多关于书籍插图的帮助"，并"对翻译成中文的作品进行删节，为书籍和插图编目"②。1902 年，梅尔文曾离开上海，遍访中国多地传教团体，在继续为广学会书籍寻找插图的同时，努力推进新教教育事业发展③。1905 年梅尔文因病逝世，她将人生最后 5 年时光奉献给了广学会。

希尔达·鲍泽，隶属英国浸礼会女部，曾在英格兰全国家庭阅读联合会（National Home Reading Union in England）工作，具有丰富的编辑经验，其来华时间不详④。1907 年春，鲍泽加入广学会编辑队伍，担任分发秘书（Distributing Secretary），主要职责便是发行广学会出版物⑤。鲍泽在广学会工作期间，始终致力于更广泛地传播该会文学作品，并与中国各地大约 50 名传教士合作，使该会书籍在各学校和书店广为流传⑥。

此外，1911 年年底广学会编辑力量还得到一定程度的增强。英国伦敦会指派传教士毕敦（W. Nelson Bitton）担任广学会编辑，但其尚未开始工作便因病返英治疗⑦。因此，伦敦会又改派

---

① S. D. K.. *Thirteenth Annual Report of S. D. K.* [R]. Shanghai：Shanghai Mercury，1900：1.

② S. D. K.. *Thirteenth Annual Report of S. D. K.* [R]. Shanghai：Shanghai Mercury，1900：3.

③ S. D. K.. *Fifteenth Annual Report of S. D. K.* [R]. Shanghai：Shanghai Mercury，1902：15.

④ C. L. S.. *Twenty Annual Report of C. L. S.* [R]. Shanghai：Shanghai Mercury，Limited，1907：10.

⑤ C. L. S.. *Twenty Annual Report of C. L. S.* [R]. Shanghai：Shanghai Mercury，Limited，1907：10.

⑥ C. L. S.. *Twenty-First Annual Report of C. L. S.* [R]. Shanghai：Shanghai Mercury，Limited，1908：10.

⑦ C. L. S.. *Twenty-Fourth Annual Report of C. L. S.* [R]. Shanghai：Shanghai Mercury，Limited，1911：4.

传教士孙荣理（J. Wallace Wilson）顶替毕敦履职①。英国圣公会授命女传教士多克斯·C.乔恩特（Dorcas C. Joynt）加入广学会②。美国监理会则允许资深传教士、上海英华书院院长潘慎文（A. P. Parker）兼任广学会编辑，利用其部分时间和精力为该会服务③。但由于1911年10月10日革命党在武昌举行起义并建立湖北军政府，各省纷纷宣告独立，清王朝名存实亡。故以上3人未在清末时期的广学会有任何作为，因而不在研究之列。

通过逐一梳理广学会文学传教士的履历，可见1898年对于该会编辑队伍之发展是具有分水岭意义的一年。此前，成为广学会编辑的有韦廉臣、林乐知、花之安、李提摩太、安保罗、卫理6人，他们与7名后来者相比较，表现出鲜明特性。此6人除花之安助手安保罗外，入会前均已在华传教多年，且见多识广、经验丰富，尤其对传教差会将源于欧洲的街头布道这一传统传教方式生搬套用在中国感到失望和不满，正如李提摩太于1890年在华新教传教士大会上所言："我们提供服务的方式往往太西方化，缺少亚洲化。"④他们对此都经历了从实践到怀疑，最后摒弃的过程，并不约而同地提出对传教方式进行"中国化"改革的建议。但他们这一超前思维又很难获得同工，以及远在欧美本土对中国缺乏深入了解的教会认可，逐渐沦落为各自群体内的边缘人物，但他们均坚持己见、不为所动，其中几人还为此与所属教会决裂，最终自觉自愿地走上以文学传播为主要手段的传教道路，可

---

① C. L. S.. *Twenty-Fourth Annual Report of C. L. S.* ［R］. Shanghai: Shanghai Mercury, Limited, 1911: 4.

② C. L. S.. *Twenty-Fourth Annual Report of C. L. S.* ［R］. Shanghai: Shanghai Mercury, Limited, 1911: Ⅴ.

③ C. L. S.. *Twenty-Fourth Annual Report of C. L. S.* ［R］. Shanghai: Shanghai Mercury, Limited, 1911. 4.

④ *Records of the General Conference of the Protestant Missionaries of China*, Shanghai: American Presbyterian Mission Press, 1890: 413.

谓殊途同归。而安保罗在加入广学会前虽没有长期传教实践经历，但作为花之安助手，其行动早已完全证明他在思想理念方面与后者的高度一致性。在此6名传教士的接续努力下，采用"自上而下"文化传播策略的广学会在1898年戊戌变法中达到事业巅峰，对中国政治社会发展走向产生了十分显著的影响。借此，该会也在西方世界中名声大振，获得和树立了良好声誉和威望。也正是在此背景下，1898年后，广学会文化传播策略得以被各传教差会重新审视，并对总干事李提摩太加强文学传教士力量的呼吁有了零星响应，季理斐、高葆真、华立熙、莫安仁、玛丽埃塔·梅尔文、希尔达·鲍泽才在此后几年中受各自教会派遣陆续加入该会。

清末广学会编辑群体内部存在一定特性的同时也表现出一些共性。首先，诸位编辑普遍具有较高文化水平，几乎均接受过西方高等教育或神学教育，除两位从事辅助工作的女传教士外，11位编辑中拥有博士、硕士头衔者更是多达7人，占比过半。如此高学历成员组成的团体在西方来华政、商、宗教三界中亦为罕见，也为该会开展文化传播活动奠定了坚实的文化基础。对此，李提摩太曾言道："正如所有行业一样，学历越高，效率越高。"[①]这也反映出清末广学会人力匮乏的原因不仅是传教差会对文学传教活动兴趣寡淡，难觅符合该会之高标准的人才也是重要因素。其次，众编辑无一不长期深入学习研究儒家经典和汉语言，并对中国本土文化产生了不同程度的认同感，且大多在加入广学会前就开始以文理形式著书立说、编刊办报，对孔孟经典语录更是信手拈来，这与西方来华传教士普遍抨击儒家文化和中国民俗形成了鲜明对比。正是在此两点基础上，广学会编辑群体才

---

① C. L. S.. *Sixteenth Annual Report of C. L. S.* [R]. Shanghai：Shanghai Mercury，1903：22.

得以知彼知己，制定并开展极具对华文化适应性的文化传播活动，娴熟地将基督教思想嫁接于中国传统文化之上，撰写出版《自西徂东》《救世教益》《救世教成全儒教》等一大批以儒家文化为外衣、基督教思想为内核的融汇东西的文学作品，在对华思想渗透过程中其迷惑性、危害性远超福音传教、教育传教和医疗传教。

第三章 广学会文化传播策略的产生与收效

清末广学会对华文化传播策略简而概之，即以现代报刊和书籍为文化传播媒介，以中国社会中占据统治地位的阶级和群体为对象，对其开展全领域、持续性的思想渗透活动，在实现中国领导阶层思想全盘西化的前提下，促使其他各社会阶层自动效仿与跟随，"自上而下"地掌控全体中国人的意识思维，确保中国走上并始终走在一条符合西方在华利益的发展道路上，最终彻底成为一个基督教国家。广学会对华文化传播策略滥觞于韦廉臣，传承于李提摩太，并在19世纪末期的具体实践中不断丰富与发展，最终助推广学会在戊戌变法中登上影响力的巅峰。广学会对华文化传播策略的产生与收效体现出该会成员对中国社会体系架构和思想文化的洞彻与调和。

一 文人群体与世俗领域

尽管韦廉臣创办广学会是缘于默多克之建议，但他绝不是缺少独立思想的默多克的亦步亦趋者。韦廉臣在华从事基督教文学事业多年，游历广泛，深谙中国社会心理与文化习惯。1885年，韦廉臣在上海传教士协会（Shanghai Missionary Association）发表了一篇名为 *The Literati of China and How to Meet Them*

（《中国文人以及如何应对》）的文章，这篇文章长久以来并未进入学界视野，但在当时的英国却引起强烈反响，激起英国民众资助针对中国文人开展文化传播活动的极大热情①。该文的重要之处在于首次清晰、完整展现了韦廉臣对中国文人阶层的认识与态度，以及如何有针对性地对其开展思想渗透活动，实为广学会文化传播策略的理论基础与思想来源。此论文对于全面、客观、真实地还原广学会文化传播策略具有极为重要的价值。

清末时期，西方传教士乃至于西方社会对中国文人以及中国特有的科举考试制度并不陌生，流传甚广的美国传教士卫三畏名著《中国总论》（*The Middle Kingdom*）、美国传教士丁韪良著作《翰林集》（*Han-lin Papers*）和英国汉学家翟理斯（H. A. Giles）撰写的《中国概要》（*Historic Sketches*）对此都有全面、细致的介绍②。而韦廉臣之着眼点则更为深入，他聚焦于"阐明中国文人的特性及其影响力，以便指导传教士思考如何应对文人这一非常重要的问题"③。

至于为何格外关注文人群体，并以此作为影响全体中国人思想的切口，韦廉臣有着系统、深刻的思考分析，他认为"在中国以文学为职业，教学或研究文学并参加科举考试的人数高达1500万"④，且均是各地区"最具智慧、最受尊敬的人"⑤，秀才、举

---

① C. L. S.. *Thirty-fourth Annual Report of C. L. S.* [R]. Shanghai：C. L. S.. 1921：Ⅲ.

② Alexander Williamson. *The Literati of China and How to Meet Them* [Z]. Glasgow：Aird & Coghill, 1885：3.

③ Alexander Williamson. *The Literati of China and How to Meet Them* [Z]. Glasgow：Aird & Coghill, 1885：3.

④ Alexander Williamson. *The Literati of China and How to Meet Them* [Z]. Glasgow：Aird & Coghill, 1885：5.

⑤ Alexander Williamson. *The Literati of China and How to Meet Them* [Z]. Glasgow：Aird & Coghill, 1885：10.

人、进士头衔相当于西方的文学学士、文学硕士和文学博士学位①。在定期举行的院试、乡试、会试中文人们相聚一堂，并随着考试级别的不断提升而结识全国最敏锐的知识分子和最优秀的学者，结成一种"兄弟关系"，形成了独特的"熟人关系网络"，并承诺"效忠彼此"②。而且，"文人们在某种程度上与整个帝国几乎所有大小家庭都有联系，并占据了国家中全部有影响力的职位"③。文人阶级形成的关系网络"可以与人体的神经相比较，延伸到身体的每一个部位，进而控制它"，"在中国，几乎不可能在不接触这种网络的情况下触及一个家庭"④。故此，韦廉臣得出了"只有赢得文人的尊重，在中国的事业才会顺利进行，尤其是在更大、更高的部门""只有赢得文人，才能赢得中国"⑤的结论。可见，韦廉臣野心勃勃，他异于只局限在一省、一县进行巡回布道的福音传教士，也不同于扎根一处的医疗传教士和教育传教士，他以中国文人为抓手，追求文人阶级的整体性思想转化，企图将这一群体的关系网转化为传教网络，进而"自上而下"地掌控整个中国。

基于如此构想，韦廉臣感到"中国文人对文学充满热爱"，因此"书籍是接触中国文人的伟大工具"，并且他将在科举考场

① Alexander Williamson. *The Literati of China and How to Meet Them* [Z]. Glasgow：Aird & Coghill，1885：5.

② Alexander Williamson. *The Literati of China and How to Meet Them* [Z]. Glasgow：Aird & Coghill，1885：9.

③ Alexander Williamson. *The Literati of China and How to Meet Them* [Z]. Glasgow：Aird & Coghill，1885：10.

④ Alexander Williamson. *The Literati of China and How to Meet Them* [Z]. Glasgow：Aird & Coghill，1885：10.

⑤ Alexander Williamson. *The Literati of China and How to Meet Them* [Z]. Glasgow：Aird & Coghill，1885：10.

分发书籍视为触及各地文人的绝佳契机①。然而，尽管韦廉臣对中国文人阶层有着独到的深刻剖析与理解，但欲整体转变文人群体的思想可谓困难重重。彼时，新教传教士早已利用福音、教育、医疗三种方式，针对社会中下层民众开展长期性传教活动，但传教士遇到的却是中国人思想中代代相传、根深蒂固的传统文化与习俗的激烈、持久的抵抗。可见，传教士欲吸纳缺少教育经历的底层百姓信教尚且如此困难，韦廉臣谋求转化自幼便谨记圣人之言、熟读诸子百家的文人士子又谈何容易！况且，向参加科举考试的举子们发放书籍这一做法也绝非韦氏首创，在他之前已有许多传教士进行过尝试，最为著名的例子莫过于洪秀全在科举考场外接过了基督教小册子《劝世良言》，并受之启发建立了拜上帝教，但众所周知的是其思想本质与基督教相去甚远，在此无须多议。总而言之，此种传教手段效果平平，鲜有文人予以回应。韦廉臣对这一现状有着清醒的认识，他认为中国文人头脑冷静、思维敏锐、充满疑问，都是强烈的爱国主义者，并且反对外国人，特别是传教士，而文人对于基督教的坚决抵制的根源则完全是由"无知"所致②。对于有效争取中国文人阶级，传教士应持有的立场与态度，韦廉臣颇有一丝无奈地言道："我们不得不钦佩文人对文学的热爱，我们必须尊重文人的爱国主义，我们不得不敬重文人对其祖先信仰的坚持"③，并提出五条纲领作为先决条件。

第一，要对中国文人及其追求表示同情。

① Alexander Williamson. *The Literati of China and How to Meet Them* [Z]. Glasgow：Aird & Coghill，1885：16.

② Alexander Williamson. *The Literati of China and How to Meet Them* [Z]. Glasgow：Aird & Coghill，1885：12.

③ Alexander Williamson. *The Literati of China and How to Meet Them* [Z]. Glasgow：Aird & Coghill，1885：12.

第二，我们要了解并对中国文人的经典著作、圣人、历史和许多名著感兴趣。

第三，要拥有科学书籍，能够在生活的各个方面帮助文人及中国民众。

第四，要把中国的利益放在心上，始终站在和平与秩序一边，像中国文人一样谋求他们国家的繁荣。

第五，应尊重中国的制度，给予文人应得的荣誉，当我们遇到他们的官员时要脱帽致敬，就像对待我们自己的官员一样[1]。

而传教士在未能做到上述五点的情况下，没能提供符合中国文人标准或需要的书籍也就成为必然。韦廉臣认为传教士欲完全占领文人思想领域，唯有"毫不犹豫地走出去，进入世俗领域，并不时通过文章来帮助文人解决紧迫的国家问题"[2]，对于新教出版物他"不希望书籍带有明显的宗教色彩，而是站在宗教的立场上，充满虔诚的情感，清晰而有力地给出真正的科学"[3]。进而，韦廉臣提出转化中国文人思想的文化传播终极策略，即"首先，要赢得这些文人的信任。其次，让他们觉得传教士是在为中国谋福利，开导他们的无知，引导他们读我们的书籍"[4]。如此一来，传教士"将一个接一个地解除中国文人的武装，从长远来看，实际上也将解除这个国家的武装"[5]。

---

[1] Alexander Williamson. *The Literati of China and How to Meet Them* [Z]. Glasgow: Aird & Coghill, 1885: 13.

[2] Alexander Williamson. *The Literati of China and How to Meet Them* [Z]. Glasgow: Aird & Coghill, 1885: 17.

[3] Alexander Williamson. *The Literati of China and How to Meet Them* [Z]. Glasgow: Aird & Coghill, 1885: 17.

[4] Alexander Williamson. *The Literati of China and How to Meet Them* [Z]. Glasgow: Aird & Coghill, 1885: 21.

[5] Alexander Williamson. *The Literati of China and How to Meet Them* [Z]. Glasgow: Aird & Coghill, 1885: 22.

可见，韦廉臣与大多数传教士在出版物中毫不隐讳地尖锐批判中国儒家孔孟之道的行为大不相同，其对中国文化所表现出的尊重极具欺骗性，仅为获得文人阶级的认可与接纳而已，并以退为进地在回避正面宣扬基督教教义的基础上，坚持以中国本土化思维，以文人喜闻乐见的文学形式，编辑文人们迫切需要的书籍，迂回地、潜移默化地向他们灌输西方文化思想，并努力展现出与中国前途命运患难与共的"兄弟"形象。再观1887年同文书会发布的《同文书会章程、干事名单、招股说明书及财务报告》，其中对文人群体的描述、定位，以及为同文书会设定的目标、运作方式，完全是韦廉臣《中国文人以及如何应对》一文所阐述理念的具体实践。韦氏就是要针对中国文人群体展现出的特性与影响力，发动一场文学对文学的思想争夺战。

而对于利用何种书籍影响整个中国，韦廉臣有着进一步全面的思考，并于晚年形成了系统的、极具前瞻性的出版思想，集中体现在1890年新教传教士大会上，他所作的题为 *What Books Are Still Need?*（《还需要什么书籍？》）的报告中。韦廉臣格外重视世俗书籍的编纂，他认为要针对中国的国民大众出版福音单张与传单、福音册子、适合中国宗教派别的书籍、为阅读阶级准备的书籍、为妇女和家庭编辑的书籍、期刊文学和学校课本共七类出版物。其中，为阅读阶级准备的书籍尤为丰富，包括基督教介绍性书籍、人类史书籍、历史书籍、地理书籍、应用科学书籍、改善民生类书籍、教育类书籍、师范培训书籍、物理科学史书籍、心理学书籍和比较宗教学书籍[1]。韦廉臣清晰地认识到，"只有书籍才能影响这个伟大国家的整体，但不是所有宗教书籍

---

① *Records of the General Conference of the Protestant Missionaries of China* ［R］. Shanghai: American Presbyterian Mission Press，1890：521-530.

都可以实现这一目标，而是需要各方面的好书，书中弥漫着基督教的基调，包含真正的科学与最新的科学"①。韦廉臣还意味深长地表示，"西方文明只有在中国新一代人中才能得到有效的接纳和发展，因为他们接受不同的原则和新方法的教育"②，"年轻人是我们的希望。如果我们失去了他们，我们就失去了一切"③。韦廉臣出版思想具有的全局性与宏观性在此一览无余，他绝不拘泥于一时一隅，而是系统、完整地关注整个清末中国社会的长期发展进程，谋划利用书刊掀起一股席卷中国各领域的"思想风暴"，以期完全、彻底地转变中国人思想。

然而，令人惊讶的是，1887年至1890年韦廉臣主理广学会期间，所发行书刊类别却与其出版战略表现出巨大反差。3年间，广学会仅出版了《耶稣纪要》《正道启蒙》《女儿经》《自西徂东》《圣迹五彩图》《圣经鸟兽图》等9种图书与图册，以及《万国公报》《成童画报》《训蒙画报》和《孩提画报》4种期刊④，除1889年作为同文书会机关报复刊的《万国公报》外，其余书刊几乎均为基督教文学作品，未含有世俗知识，倒是儿童读物的出版颇有成果，导致此时的中国社会对广学会传播的内容，"几乎没有或根本没有需求"⑤，广学会在华影响力微乎其微。广学会看似又

---

① *Records of the General Conference of the Protestant Missionaries of China* [R]. Shanghai：American Presbyterian Mission Press，1890：526.

② C. L. S.. *A Century of Protestant Missions in China*（1807—1907）[R]. Shanghai：American Presbyterian Mission Press，1907：531.

③ C. L. S.. *A Century of Protestant Missions in China*（1807—1907）[R]. Shanghai：American Presbyterian Mission Press，1907：530.

④ S. D. K.. *Third Annual Report of S. D. K.* [R]. Shanghai：The Noronha & Sons，1890：14.

⑤ B. Reeve，Timothy Richard，*D. D. China Missionary Statesman and Reformer*（1911）[M]. American：Cornell University Library Digital Collections，2019：75.

走上了与其他基督教出版机构无异的老路，实则不然，造成这一现状的根本原因在于该会自创立之日起便处于人员与经费奇缺的境地。这一阶段，广学会编辑仅有韦廉臣、林乐知和花之安3人[①]，慕维廉、艾约瑟等也仅为撰稿人，人力的匮乏与书会事业之规模极不相称，根本无法完成所设想的大量原创作品的创作。广学会的财务状况也不容乐观，来自英国本土的格拉斯哥中国书刊学会的援助资金迟迟不能足额到位，该会长期依靠西方各界人士的捐款维持生计，并始终要为偿还债务而绞尽脑汁。广学会下属的印刷厂只有尽可能多地承接外来印刷业务，赚取经费贴补书会[②]。同时，因收取了格拉斯哥中国书刊学会妇女辅助会（Ladies' Auxiliaries）的资金捐赠，作为附带条件，广学会保证"尽力推销女士们所期望的出版物"[③]，并从此类售书款中抽取分成，而无法全力出版世俗知识书籍。这种情况下，广学会将有限的资金优先给予《万国公报》，确保其正常出版不间断，以对中国官员、学者产生持续影响[④]。《万国公报》也成为此时广学会传播世俗知识的唯一阵地。由此可见，广学会的种种表现，绝非韦廉臣有意为之，实属无奈之举。

　　尽管处于如此窘迫的境况，韦廉臣仍坚持引领广学会密切关注中国社会的思想动态，并作出了许多尝试。首先，于1888年支

---

　　① C. L. S.. *A Century of Protestant Missions in China*（1807—1907）[R]. Shanghai：American Presbyterian Mission Press，1907：631.

　　② S. D. K.. *Second Annual Report of S. D. K.*［R］. Shanghai：The Noronha & Sons，1889：6.

　　③ S. D. K.. *Constitution*，*List of Office-Bearers*，*Prospectus*，*and Treasurer's Report of the Society for the Diffusion of Christian and General Knowledge among the Chinese*［R］. Shanghai·墨海书局，1888：5.

　　④ S. D. K.. *Third Annual Report of S. D. K.*［R］. Shanghai：The Noronha & Sons，1890：8.

持慕维廉翻译完成弗朗西斯·培根的哲学名作 *Novum Organum*（《新工具》），中文译为《格致新机》，是为广学会旗下首部西学专著①。其次，在1888年9月举行的科举考试中向北京、南京、奉天（今沈阳）、杭州、济南府的考生无偿发放了2000册《格物探源》②。在1889年举行的会试中，向杭州、南京、济南府和北京的考生免费发放了1004卷《格物探源》和1200份《万国公报》③。同年，广学会还针对"中外科学之异"和"西方数学优势"两个主题开展了有奖征文活动④，这也成为广学会调查中国文人思想动态的重要手段。

1890年8月，韦廉臣突然去世后⑤，广学会经营活动发生了一定改变，其执行委员会认为此后工作可以大为简化，减少外部印刷业务，只专注于书刊的出版和知识的传播⑥，满足中国本土学者的巨大需求，对其感兴趣和重要的事情进行指导，消除偏见，使整个国家在知识和哲学领域为新时代的到来做好准备⑦。至此，广学会的韦廉臣时代落下帷幕。

---

① S. D. K.. *First Annual Report of S. D. K.* ［R］. Shanghai：Print at Society's Office，1888：6.

② S. D. K.. *First Annual Report of S. D. K.* ［R］. Shanghai：Print at Society's Office，1888：7.

③ S. D. K.. *Second Annual Report of S. D. K.* ［R］. Shanghai：The Noronha & Sons，1889：6.

④ S. D. K.. *Second Annual Report of S. D. K.* ［R］. Shanghai：The Noronha & Sons，1889：6.

⑤ C. L. S.. *A Century of Protestant Missions in China* （1807—1907）［R］. Shanghai：American Presbyterian Mission Press，1907：631.

⑥ S. D. K.. *Third Annual Report of S. D. K.* ［R］. Shanghai：The Noronha & Sons，1890：7.

⑦ S. D. K.. *Third Annual Report of S. D. K.* ［R］. Shanghai：The Noronha & Sons，1890：10.

二 李提摩太与"一个人向百万人传道"

随着韦廉臣去世，广学会顿失精神与事业支撑，"遭受重大损失"[①]，勉强经营到1891年，便濒临破产倒闭。虽有英国传教士慕维廉暂时代为打理[②]，却也无力回天，当年收入仅有562.72洋银[③]，跌至有史料记载的最低值，最终不得不依靠出售名下印刷厂全套设备以换取资金延缓倒闭[④]。这一年，广学会在维持发行机关报《万国公报》的同时，只出版了韦廉臣的《格致探源》与《二约释义全书》两部遗作（传教小册子、单张暂不归入书籍范畴）[⑤]，出版物数量同样为该会史上最低[⑥]，可见韦廉臣去世对广学会的影响是灾难性的。

在这紧急关头，李提摩太临危受命，于1891年10月辞去天津《时报》主笔之职，转赴上海接续韦廉臣之事业[⑦]。彼时的上海是中国最繁荣的通商口岸，也是西方来华传教士的聚集地，其

---

① C. L. S.. *Christian Literature and the Reform Movement in China*：*A Brief Resume of the Story of C. L. S.* ［R］. American：Forgotten Books，2018：6.

② C. L. S.. *A Century of Protestant Missions in China*（1807—1907）［R］. Shanghai：American Presbyterian Mission Press，1907：631.

③ C. L. S.. *A Century of Protestant Missions in China*（1807—1907）［R］. Shanghai：American Presbyterian Mission Press，1907：634.

④ C. L. S.. *A Century of Protestant Missions in China*（1807—1907）［R］. Shanghai：American Presbyterian Mission Press，1907：631.

⑤ 王立新. 美国传教士与晚清中国现代化［M］. 天津：天津人民出版社，2008：217.

⑥ C. L. S.. *A Century of Protestant Missions in China*（1807—1907）［R］. Shanghai：American Presbyterian Mission Press，1907：634.

⑦ 李提摩太. 亲历晚清四十五年：李提摩太在华回忆录［M］. 李宪堂，侯林莉，译. 南京：江苏人民出版社，2018：178.

中不乏优秀人才。广学会立足上海、人脉广泛，何以独钟情于千里之外的李提摩太？对于这一关键问题现有研究多未涉猎，唯见顾长声的《传教士与近代中国》中提及："韦廉臣创办同文书会（即广学会）不到3年，就因病于1890年8月28日去世，后经赫德推荐英国传教士李提摩太接替。"①但此种说法并不准确，存在关键性人物遗漏。李提摩太的第一推荐人实为慕维廉，促成此事的关键人物乃前文曾提及的苏格兰长老会驻印度传教士约翰·默多克。1882年默多克首次访华建议韦廉臣创办广学会，并与慕维廉建立了长期联系，这为其日后确定李提摩太接任该会总干事埋下伏笔。正是此次默多克与广学会结下的渊源，才促使他日后再次来华，极力化解该会面临的生存危机。1891年，慕维廉正是处于命运攸关之中广学会的代理总干事，这便确保了默多克能够及时了解广学会近况。1891年年初，默多克收到慕维廉的一封信，告知他韦廉臣的死讯。信中说，由于这件事，广学会面临崩溃的危险，印刷机构已经关门，工作陷于停顿。由于默多克对这个学会有着非常浓厚的兴趣，他认为自己有责任再次访问中国，以便准确地了解事态的发展。他于1891年4月6日到达上海。"……人们认为最好的办法是卖掉印刷社，但关键是要确保韦廉臣的继任者。慕维廉建议浸礼会的李提摩太牧师接任，他和李提摩太很熟悉，认为他是最合适的人选。"②与此同时，李提摩太于1889年11月在《教务杂志》（*The Chinese Recorder*）上发表的题为 *How One Man Can Preach to a Million*（《一个人如何向百万人传

---

① 顾长声. 传教士与近代中国 [M]. 上海：上海人民出版社，2004：151.

② Henry Morris. *The Life of John Murdoch*，LL. D.，*The Literary Evangelist of India* [M]. India：The Christian Literature Society for India，1906：175–176.

道》）①的文章引起了默多克的关注，默多克断定这篇文章的作者就是广学会要找的那个人②。默多克自述道："在我漫长的一生中，也许没有什么比我第二次访问中国更令我高兴的了。在我访问期间，为了确保李提摩太牧师成为韦廉臣博士的继任者，我做了一些安排。"③1907年广学会出版的 A Century of Protestont Missions in China（1807—1907）（《新教在华一百年》）一书，证实了这一说法："马德拉斯的已故默多克博士于1891年访问上海，并在组织工作中给予了宝贵帮助。"④至此，广学会在默多克的积极参与下完成了历史上首次总干事换届推选工作，度过了异常艰难的1891年，开启了该会的李提摩太时代。

需要指出的是，李提摩太仅凭慕维廉的推荐便继任广学会总干事多少显得唐突，他与韦廉臣思想理念的一致性才是根本所在，其撰写的《一个人如何向百万人传道》实际上起到了决定性作用。该文完整展现了李提摩太的出版理念，即以书籍为媒介，以官绅阶级为对象，以影响中国政治走向为目的的出版战略。他宣称要以出版"标准历史、参考书目、祷告用书、标准等级书刊、高级出版物等全世界最重要主题的书籍"⑤，迎合清朝统治

---

① Timothy Richard. *The Chinese Recorder and Missionary Journal*（*Volume XX*）[R]. Shanghai: Presbyterian Mission Press, 1889: 487.

② B. Reeve. *Timothy Richard, D. D. China Missionary Statesman and Reformer*（1911）[M]. American: Cornell University Library Digital Collections, 2019: 75.

③ Henry Morris. *The Life of John Murdoch, LL. D., The Literary Evangelist of India* [M]. India: The Christian Literature Society for India, 1906: 176.

④ C. L. S.. *A Century of Protestant Missions in China*（1807—1907）[R]. Shanghai: American Presbyterian Mission Press, 1907: 633.

⑤ Timothy Richard. *Conversion by the Million in China* [C]. Shanghai: C. L. S., 1907: 209.

阶层"除非进行诸多改革，否则将面临重重危险"①的复杂心理，抓住"在一个有着6000年历史的国家，所拥有的独一无二的机会"②，"深入各省，影响整个帝国"③。对于应当面向的群体，李提摩太提出："在一场乡试中，我们可以获得从200万人中精选出的优秀人才！在一场会试中，我们可以获得从2000万人中精选出的优秀人才！在一场殿试中，我们可以获得从4亿人中精选出的优秀人才！"④其所谓的三类优秀人才，实际上就是统治中国的各级官员。李提摩太以中国精英群体为中介进而影响整个国家的计划至此显露无遗，这就是他一再强调的"一个人向百万人传道的道"⑤。两相比照，李、韦二人的核心思想如出一辙，李提摩太的继任势必会最大限度地继承韦廉臣赋予广学会的思想宗旨，确保学会以书籍为有力工具，沿着"自上而下"的既定策略影响中国。

李提摩太虽与韦廉臣有思想共鸣，但他绝不是韦氏的翻版，而是有着自己的独到之处。他最特立独行的便是异于其他传教士的比较宗教思想，也正是他所持有的中西宗教文化融合观念使其成为同行眼中的"异类"。彼时传教士穿汉服、讲汉语司空见惯，早在马礼逊、郭士立时代便已有之；专研中国儒家文化亦不稀

---

① Timothy Richard. *Conversion by the Million in China* [C]. Shanghai：C. L. S., 1907：209.

② Timothy Richard. *Conversion by the Million in China* [C]. Shanghai：C. L. S., 1907：209.

③ Timothy Richard. *Conversion by the Million in China* [C]. Shanghai：C. L. S., 1907：209.

④ Timothy Richard. *Conversion by the Million in China* [C]. Shanghai：C. L. S., 1907：209.

⑤ Timothy Richard. *Conversion by the Million in China* [C]. Shanghai：C. L. S., 1907：209.

奇，传教士汉学家理雅各早已完成儒家经典汉英翻译①，但唯独李提摩太将"以儒证耶"的研究范式应用于中国本土宗教研究，并肯定中国佛教、道教的内在价值，确定中西方宗教的同一性，这一观点使他遭到当时在华传教士群体的普遍排斥②。1875年，李提摩太定居山东青州府后，便在学习儒家经典的基础上研究《近思录》《金刚经》等中国宗教书籍③，1880—1884年李提摩太又学习了《东方圣书》和佛教"三藏"等比较宗教类书籍④，进而形成了自己的比较宗教观念，即道教"表述的真理是真的"⑤，佛教经典《大乘起信论》"是一本基督教的经典，尽管所用的术语是佛教的，但它的思想是基督教的"⑥，"当地人的宗教有一些可取之处"⑦。对于一神论的基督教而言，此为"异端邪说"无疑。其间浸透着李提摩太对中国文化认同的真实流露，而这种认同感以及中西宗教文化融合观念也成为其出版思想中至关重要的一部分。他的这一思想在1890年召开的在华新教传教士大会上有所展露。他的 Relation of Christian Missions to the Chinese Government（《论基督教会与清政府关系》）一文中便提到，"没有

---

① 顾长声.传教士与近代中国［M］.上海：上海人民出版社，2004：115.

② ［英］李提摩太.亲历晚清四十五年：李提摩太在华回忆录［M］.李宪堂，侯林莉，译.南京：江苏人民出版社，2018：168.

③ ［英］李提摩太.亲历晚清四十五年：李提摩太在华回忆录［M］.李宪堂，侯林莉，译.南京：江苏人民出版社，2018：61.

④ ［英］李提摩太.亲历晚清四十五年：李提摩太在华回忆录［M］.李宪堂，侯林莉，译.南京：江苏人民出版社，2018：61.

⑤ ［英］李提摩太.亲历晚清四十五年：李提摩太在华回忆录［M］.李宪堂，侯林莉，译.南京：江苏人民出版社，2018：168.

⑥ ［英］李提摩太.亲历晚清四十五年：李提摩太在华回忆录［M］.李宪堂，侯林莉，译.南京：江苏人民出版社，2018：159.

⑦ ［英］李提摩太.亲历晚清四十五年：李提摩太在华回忆录［M］.李宪堂，侯林莉，译.南京：江苏人民出版社，2018：168.

一个国家在不适应自己现有文明的情况下，愿意接受基督教"①，最好的解决办法是编辑出版"更具同情心的文学作品"（more sympathetic literature）②。显而易见李提摩太出版思想中的"同情心"与其对中华文化的认同感交相呼应，与他的比较宗教思想一脉相承，无法割裂。

1891年之前，李提摩太经历了由侧重影响个体向关注中国社会整体的思想转变。他还承认："以前关注的是从另一个世界拯救异教徒，现在则是从我们生活于其中的同一个世界。"③这两个转变与他在山东、山西两省的赈灾经历有着必然联系。面对两省连年饥荒、饿殍遍地的现实，李提摩太在传教的同时，将更多精力放在了赈灾放款的工作上。他深刻体会到与发放救济款相比，教会中国人如何避免灾害同样重要④。据此，李提摩太先后向丁宝桢、曾国荃、李鸿章、左宗棠、张之洞，以及总理衙门提出内容不尽相同的社会改革建议⑤，日后他撰写并由广学会出版的《七国新学备要》《泰西新史揽要》《新政策》⑥等广受维新人士欢迎的书籍，便是这一思想的延续。李提摩太思想所展露出的独具一格的个性特征，恐怕与其早年受到的国内基督教社会福音运动的影响有关，该运动作用下的英国新教传教活动，表现出新的价

---

① *Records of the General Conference of the Protestant* ［R］. Shanghai：American Presbyterian Mission Press，1890：401.

② *Records of the General Conference of the Protestant* ［R］. Shanghai：American Presbyterian Mission Press，1890：401.

③〔英〕李提摩太. 亲历晚清四十五年：李提摩太在华回忆录［M］. 李宪堂，侯林莉，译. 南京：江苏人民出版社，2018：160.

④〔英〕李提摩太. 亲历晚清四十五年：李提摩太在华回忆录［M］. 李宪堂，侯林莉，译. 南京：江苏人民出版社，2018：124.

⑤〔英〕李提摩太. 亲历晚清四十五年：李提摩太在华回忆录［M］. 李宪堂，侯林莉，译. 南京：江苏人民出版社，2018：153.

⑥ S. D. K.. *Catalogue of S. D. K. Publications*［R］. Shanghai：The "North-China Herald" Office，1898：9-10.

值取向：第一，其他宗教不再被认为是完全错误的。第二，传教工作意味着较少的宣讲和更广泛的变革活动。第三，传教重点是拯救现世的生命。第四，传教的重点已从个人转向社会①。

　　李提摩太的到来确实为广学会注入了新活力，但他也面临着新挑战。1891年前后，反洋教运动在中华大地上此起彼伏地爆发，李提摩太极为关注在中国各地大量传播的反基督教读物，并专门撰写了一篇名为 The Infamous HUNAN Tracts（《湖南臭名昭著的小册子》）的文章，对相关反基督教言论进行详细分析②。为应对这一舆论挑战，李提摩太刚一上任便明确了广学会的双重业务，即编写和分发适合中国人的书籍③。他不仅一马当先，推出了入主广学会后的首部专著《救世教益》，以此回应清政府实权人物李鸿章对基督教的种种质疑，还针对中国社会实际提出了极为具象化的工作方针，将其"一个人向百万人传道"思想融入广学会文学传教策略之中，展现在 The Need and Scope of Our Work（《我们工作的需求与范畴》）一文中④。该文除了重弹清末中国社会出现的饥荒、战争、经济衰落等种种困局皆因"无知"这一老调外，李提摩太也清醒地认识到广学会"不可能接触到每一个在中国政府中发挥重要作用的文人，但仍然可以触及主要的官吏、高级御史、县里的教谕、书院教习和一小部分文人，以及他们家庭中的一些妇女和孩子"，进而首次将该会针对的目

---

　　① David J. Bosch. *Transforming Mission：Paradigm Shifts in Theology of Mission*（*American Society of Missiology*）［M］. Maryknoll：Orbis，1991：322.

　　② Timothy Richard. *Conversion by the Million in China*［C］. Shanghai：C. L. S.，1907：140.

　　③ S. D. K.. *Fourth Annual Report of S. D. K.*［R］. Shanghai：The Noronha & Sons，1891：7.

　　④ S. D. K.. *Fourth Annual Report of S. D. K.*［R］. Shanghai：The Noronha & Sons，1891：10.

标群体进行分类统计，明确为知府及以上级别的主要文职官员2289人、营官以上的主要军事官员1987人、教谕以上职级的教育官员1760人、书院教习2000人、在各省首府居住的主要候补官员2000人、全中国5%的文人30000人、从官吏及文人家庭中挑选出的10%的妇女及儿童4000人，以此44036人作为影响全体文人阶层以及整个清末中国的抓手[①]。而为影响这一分布于中国各地的特殊群体，李提摩太又进一步提出七种方法。

其一，提供高等级期刊。

其二，提供一系列书籍和小册子，以显示教育和宗教发展对工业和贸易以及对国家每个部门的进步影响。

其三，希望中国民众就与民族的启蒙和进步有关的各种问题发表最好的论文，并予以奖励。

其四，希望通过讲座、博物馆、阅览室等其他方式来激发对中国的启示。

其五，希望在每个科举考试中心都能设立书库，广学会的出版物将在那里出售。

其六，特别希望在所有这些努力中确保与中国人合作，并使之形成一个学术进步的社会。

其七，计划在每次科举考试时都刊登有关广学会目标和宗旨的广告。以这种方式使其影响渗透到中国的每一个角落。[②]

显而易见，李提摩太在充分继承韦廉臣对华意识形态渗透方式方法的基础上又对其进行了一定程度的丰富与发展，形式也更为多样，以此扭转新教在中国处于的不利局面。

为切实贯彻此七条新方针，广学会在1892年便立即推出了规

---

① S. D. K.. *Fourth Annual Report of S. D. K.* [R]. Shanghai：The Noronha & Sons，1891：11.

② S. D. K.. *Fourth Annual Report of S. D. K.* [R]. Shanghai：The Noronha & Sons，1891：12.

模极为庞大的书刊编写计划，雄心勃勃地开列出一份涵盖铁路、邮政、商业、政府管理、法律、化学、力学等多达70个主题的出版清单。李提摩太希望通过编写一系列反映西方文明主要因素的书籍，为教会学校提供的新教育和各种新工业组织创造一个强有力的公众舆论。为此，他明确提出"需要的不是大部头的著作，而是简明扼要的小册子，每册10页，内容或多或少都是事实"[①]，并要求"所有的主题都要在1892年12月31日之前编写完成"[②]。随后，广学会便向西方新教、政、商界发出邀请，呼吁各界人士能够结合自身所长认领主题、抓紧创作。李提摩太编写了介绍世界各民族及殖民地概况的《五洲各国统属图》，指明31个国家崛起和发展主要特征的《三十一国志要》，说明世界各宗教教徒人数的《中西各教人数图》，以及论述基督教如何支持人类发展、如何确保和平、如何塑造性格、如何教育的《中西四大政》，哲美森撰写的阐述在中国施行英国法律原则的《华英谳案定章考》等一批图书便在此年度出版。虽然该出版计划在1892年年底仅有20个主题的图书得到编写，目标未能如期实现，且相去甚远，但这一举措极大地丰富了广学会可售书籍的种类，其内容使该会出版物真正实现了既包括世俗"常识"，也涵盖基督教知识。而在书刊分发方面，1892年在北京举行的三年一度的会试为广学会提供了一次开展文化传播活动的绝佳平台，其间该会共分发5000份李提摩太著作《中西四大政》，《救世教益》一书则被赠送给10个省份的最高官员[③]。此时，广学会免费分发书刊数量要远远高于

---

① S. D. K.. *Fifth Annual Report of S. D. K.* [R]. Shanghai: The Noronha & Sons，1892: 8.

② Timothy Richard，*Conversion by the Million in China* [C]. Shanghai: C. L. S.，1907: 174.

③ S. D. K.. *Fifth Annual Report of S. D. K.* [R]. Shanghai: The Noronha & Sons，1892: 9.

其销售数量。当年，在广学会历史上发生了一件看似微不足道但意义尤为重大的事件，一位广州书商自费翻印了该会图书《传教定例》，在中国首次出现了盗版销售广学会出版物的现象，而值得玩味的是，该会对于此种侵权行为没有丝毫介怀①。究其根本原因在于，商人的行为必然以赢利为根本目的，市场需求决定了产品供应，而盗版现象的出现，不仅表明广学会在创建后的第六个年头，凭借施行李提摩太的文化传播新方案，终于使中国民众对该会大力传播的西方思想文化产生了兴趣萌芽，盗版活动也在一定程度上助力其出版物传播。

在李提摩太领导下的广学会，经营活动颇具活力，并以良好势头迎来了1893年。该年正值慈禧太后六十大寿，于9月在全国范围内举行恩科，广学会又抓住此机会向沿海十省考生免费分发了6万份出版物，合计72万页②。此外，广学会在科举考试中心设立书库的计划也有所推进，当年已在北京、奉天、天津、陕西、南京、芝罘设立了6个分销机构③，为在全国范围内开展文化传播活动提供了初步的组织保障。在出版方面，广学会一次性再版花之安著作《自西徂东》2000份，计划向清政府所有高级官员每人赠送一份，并开始印刷由格拉斯哥妇女辅助会提供的《五彩天乐图》、花之安著《性海渊源》，而受限于资金不足，李提摩太著《大国次第》、贝牧师（W. P. Bentley）著《农学新法》、富翟氏（A. Foster）著《为道受难记》《太平洋岛受难记》等新作只能先期在《万国公报》与《中西教会报》上刊发，再择机另行出

---

① S. D. K.. *Fifth Annual Report of S. D. K.* [R]. Shanghai：The Noronha & Sons，1892：10.

② S. D. K.. *Sixth Annual Report of S. D. K.* [R]. Shanghai：The Noronha & Sons，1893：7.

③ S. D. K.. *Sixth Annual Report of S. D. K.* [R]. Shanghai：The Noronha & Sons，1893：7.

版①。对于此刻广学会文化传播活动，其资深撰稿人传教士艾约瑟认为："本会正处在中国历史上、在华传教活动历史上、在华传播实用知识历史上的一个关键时期。"②林乐知则表示："无论从商业角度还是从传教角度，中国人接受西方的教导非常缓慢，但是，我们现在看到中国人开始归化进我们的思想。"③对此，慕维廉总结道："文学是中国最值得夸耀的东西之一，由于这是广学会的一个特殊方面，本会适应了中国所处的环境。"④这充分表明广学会文化传播策略之所以能够奏效，完全得益于对中国具体实际的顺应与适宜。

对于广学会文化传播活动在转化文人群体思想方面产生的效果，绝非其会内成员的盲目乐观。1894年署理两江总督张之洞、上海道台聂缉椝分别向广学会捐赠1000两白银与100洋银⑤，这对彼时广学会来说可谓巨款。中国官僚阶级这一破天荒的举动为该会注入了一支强心剂，李提摩太更是将此作为当年发生的头等大事，并称："我们以前从未收到过中国人对这项工作的任何捐赠。因此，我们对中国人这一兴趣的开始感到非常受鼓舞。"⑥而随着资金紧张状况得到一定缓解，1894年广学会出版物数量呈现出激增态势，其中包括传教士慕维廉编著的《人心交与上帝》，

---

① S. D. K.. *Sixth Annual Report of S. D. K.* ［R］. Shanghai：The Noronha & Sons，1893：8.

② S. D. K.. *Sixth Annual Report of S. D. K.* ［R］. Shanghai：The Noronha & Sons，1893：18.

③ S. D. K.. *Sixth Annual Report of S. D. K.* ［R］. Shanghai：The Noronha & Sons，1893：15.

④ S. D. K.. *Sixth Annual Report of S. D. K.* ［R］. Shanghai：The Noronha & Sons，1893：16.

⑤ S. D. K.. *Seventh Annual Report of S. D. K.* ［R］. Shanghai：The Noronha & Sons，1894：10.

⑥ S. D. K.. *Seventh Annual Report of S. D. K.* ［R］. Shanghai：The Noronha & Sons，1894：10.

慕维廉夫人编著的《破船救人记》，贝牧师编著的《修命说》，富翟氏编著的《为道受难记》《太平洋岛受难记》《圣经释义》，比利时驻华总领事戈贝尔（Max Goebel）编著的《修水口以利通商》，李提摩太编著的《喻道要旨》《百年一觉》《生利分利之别》《列国变通兴盛记》《欧洲八大帝王传》《五彩中西年表图》①。特别值得一提的是，直隶总督李鸿章与著名外交家曾纪泽合著的《名公三序》也名列其中，清廷实权人物之著述交由西方传教士出版，此举可谓前无古人，进一步显示出清政府官员对广学会文化传播活动的支持，二者之间的联系开始变得愈加热络，该会终于通过文化传播活动在长久以来最难撼动的中国士人群体中打开了局面。在出版物种类持续增加的同时，广学会书刊销量与书刊免费发放量也节节攀升。1894年其销售额达到2184洋银，接近1891年561.72洋银的四倍②。在当年科举考试中，该会向沿海各省分别发放了1万份由艾约瑟与林乐知合著的特别小册子、3000份《万国公报》，以及向清政府高级官员免费分发了2000份《自西徂东》，共计352万页③。

综上可见，广学会在李提摩太引领下，通过积极施行常识与基督教内容相结合的出版策略，实现了出版物种类、免费发放书刊数量、书刊销售额的全面增长，可谓一扫韦廉臣去世后该会濒临倒闭的颓势，不仅起死回生，而且生机勃勃。最为重要的成果便是该会出版物终于成功引起了中国统治阶层的兴趣与关注，为其日后崛起以及实现影响整个中国的目标奠定了基础。

---

① S. D. K.. *Seventh Annual Report of S. D. K.* [R]. Shanghai：The Noronha & Sons，1894：11.

② S. D. K.. *Seventh Annual Report of S. D. K.* [R]. Shanghai：The Noronha & Sons，1894：14.

③ S. D. K.. *Seventh Annual Report of S. D. K.* [R]. Shanghai：The Noronha & Sons，1894：13.

三 政治改革与戊戌变法

尽管1891—1894年广学会文化传播活动实现了一定发展，但照此速度要在短期内实现其对华思想渗透的目标绝无可能。然而，1894年爆发的甲午中日战争，北洋水师几近全军覆没，1895年李鸿章赴日签订了丧权辱国的《马关条约》，一系列事件使上自帝王下至庶民都在思考"日本如此小国何能成功对抗中国这样的庞大帝国"这一屈辱性问题①，而这种全民性思考又进一步激发了文人阶层对西学的渴求，紧随甲午战败到来的便是1895年由康有为、梁启超等维新派积极倡导的以"变法图强"为口号的政治改革运动，一系列重大政治事件为广学会的文化传播活动创造了极为有利的客观条件。李提摩太早在1894年便认为日本战胜清朝"证明了中国需要广学会这样的启蒙"②，他对中国时局走势极为敏感且拿捏精准，也正是由于李氏的"先见之明"，广学会才能针对中国文人实际需求全力开展文化传播活动，并在1895—1898年走上一条快速崛起之路。

在此过程中，1895年对于广学会而言是极为关键的一年，"改革"已经超越"启蒙"成为该会关心的头等大事。甲午战败使忧国忧民的爱国文人群体极为迫切地寻求强国御敌之根本良策，而在知识来源异常匮乏的年代，广学会文化传播活动恰恰满足了这一诉求。当年，广学会对中国文人施加有效影响的重要迹象便是《万国公报》的发行量较几年前翻了一番，曾经无人问

① S. D. K.. *Seventh Annual Report of S. D. K.* [R]. Shanghai: The Noronha & Sons, 1894: 15.

② S. D. K.. *Seventh Annual Report of S. D. K.* [R]. Shanghai: The Noronha & Sons, 1894: 15.

津、多免费发放的期刊竟然出现供不应求、追加印刷的紧俏景象①。特别是甲午战争结束后，《万国公报》连续发表林乐知撰写的《中日朝兵祸推本穷源说》《中东之战关系地球全局说》《中日两国进止互歧论》《朝乱纪》《追译中东失和之先往来公牍》等多篇文章②，以翔实的独家资料向中国国内复盘战争发展脉络，为《万国公报》以及广学会在中国文人当中赢得了公信力，正如当年广学会年报所言："中国人自己的文章被认为是非常不可靠的，以至于一般都将我们的文章当作唯一的真实记录。"③除《万国公报》的畅销，广学会还恰逢其时地推出了英国人罗伯特·麦肯齐（Robert Mackenzie）著作 Nineteenth Century 的中译单行本《泰西新史揽要》，该书详细介绍了19世纪西方所有改革、政治、社会、宗教等领域的情况。尽管后世英国著名历史学家罗宾·乔治·科林伍德（Robin George Collingwood）将此书评价为"第三流历史著作中最叫人恶心的渣滓"④，但当时在华却再没有另一部此等内容的史著可供选择。因此，该书一经发售便迅速传播开来，强学会立即订购100份，光绪帝更是研读此书两月有余⑤。李提摩太撰写的另一部关于改革的图书《时事新论》更是由李鸿章亲笔作序。可见，广学会在中国这一特殊历史时期，正凭借其"常识"类著作迅速获得清王朝权力核心的青睐。此外，广学会还于当年

---

① S. D. K.. *Eighth Annual Report of S. D. K.* ［R］. Shanghai：Shanghai Mercury，1895：6.

② 上海书店出版社. 万国公报：总目·索引 ［M］. 上海：上海书店出版社，2015：378-379.

③ S. D. K.. *Eighth Annual Report of S. D. K.* ［R］. Shanghai：Shanghai Mercury，1895：6.

④ 费正清. 剑桥中国晚清史：上卷 ［M］. 北京：中国社会科学出版社，2007：624.

⑤ S. D. K.. *Eighth Annual Report of S. D. K.* ［R］. Shanghai：Shanghai Mercury，1895：9.

密集出版了李提摩太著作《救世有道》《保家经》《问天图》《近代传教士列传》，传教士仲均安（A. G. Jones）撰写的《山东贫穷考》，传教士卜舫济（F. L. H. Pott）编著的《税敛要例》，林乐知著的《自历明证》《辩忠篇》《柏尔德密协定》《麻迪论道探源》①。尽管广学会出版活动如此活跃，且其出版物首次成功地对光绪帝施加影响，但面对突如其来的维新运动，仍然无法全面、及时、准确地应对，正如其年报所言："我们的主要工作还没有涉及政治改革。"②故此，常驻上海的李提摩太于当年9月专程前往北京，以了解清政府政治中心的风向，他在挚友、美国传教士李佳白的居中联络下，与清政府高级官员进行了更为广泛、深入的交流③。而李提摩太此次北京之行最为重要的日程安排是与具有"中国现代圣人"（the modern sage of China）之称的康有为会面。二人虽素未谋面，但康有为却早已对李提摩太以及广学会推崇有加，甚至询问李提摩太"是否能将广学会总部迁至北京，因为中国的心脏和首脑就在那里，以便广学会能给予维新派更多帮助"④，强学会还将1895年6月在北京创办的机关报取名为《万国公报》，以借广学会《万国公报》之盛名自壮声势，且其内容几乎就是上海《万国公报》的再版，将林乐知等人的言论视作轨范。此外，康有为还化名康长素参与了1895年

---

① S. D. K.. *Eighth Annual Report of S. D. K.* ［R］. Shanghai：Shanghai Mercury，1895：11.

② S. D. K.. *Eighth Annual Report of S. D. K.* ［R］. Shanghai：Shanghai Mercury，1895：10.

③ S. D. K.. *Eighth Annual Report of S. D. K.* ［R］. Shanghai：Shanghai Mercury，1895：8.

④ S. D. K.. *Eighth Annual Report of S. D. K.* ［R］. Shanghai：Shanghai Mercury，1895：8.

广学会举办的以中国改革为主题的有奖征文活动①。尽管李提摩太认为康有为、梁启超《上今上皇帝书》所言之内容体现了广学会诸多出版物的精华，但"他对广学会在首都影响之大毫无准备"②。

然而，转至1896年1月御史杨崇伊便以"私人堂会，将开处士横议之风"为名参劾强学会，慈禧太后遂以光绪帝名义严禁北京强学会议论时政，该会名存实亡。广学会虽对此颇感遗憾，但随即由总理衙门建立、孙家鼐管理的译书局又使其备受鼓舞，因为"北京的这个图书室，对广学会出版物有相当大的需求"③，该会直达清廷开展思想渗透活动的渠道并未完全切断。而此时广学会对于维新派及其开展的政治改革运动也有了更为深入的认识，并对事态发展前景作出了审慎判断。林乐知经过对中国舆论的仔细分析，认为中国政治力量由三方构成：其一是激进、革命、对清政府绝望的一方，希望消灭清政府整个体系，而此种思想带来了巨大动荡；其二是极端保守一方，认为两千年来的儒学没有得到正确解释、理解与实践，导致了国家崩溃，并希望儒家思想回归纯粹本源；第三方为自由党（Liberal Party），他们一方面承认中国的不足，另一方面也没有试图断言儒家思想完美无缺，并愿意从西方国家的文明和帮助中获得好处④。显而易见，维新派属于林乐知划分体系中的第三方，广学会对这一群体"当

---

① S. D. K.. *Eighth Annual Report of S. D. K.* [R]. Shanghai：Shanghai Mercury，1895：16.

② S. D. K.. *Eighth Annual Report of S. D. K.* [R]. Shanghai：Shanghai Mercury，1895：8.

③ S. D. K.. *Ninth Annual Report of S. D. K.* [R]. Shanghai：Shanghai Mercury，1896：2.

④ S. D. K.. *Ninth Annual Report of S. D. K.* [R]. Shanghai：Shanghai Mercury，1896：18.

然深表同情"①。同时，广学会十分敏锐地关注着中国社会中出现的革命思潮，对于这种反帝反封建的进步倾向，广学会的立场是异常坚定地反对，认为"在年轻人中间有很大的骚动和推翻政府的秘密思想，这是非常令人遗憾的。所有必要的改革都可以开展，但应该以和平、合法的方式进行。作为一个会社，我们希望能够将这种被误导的能量转变至合法的渠道"②。这种"和平"论调在当年李提摩太返英与孙中山的会面中表达得尤为直接。同时，广学会也为维新派开展的资产阶级政治改革设定了底线，认为"政治变革运动只要由适当组成的当局经过深思熟虑审议后提出就好，这种变革是为了加强朝廷的力量而不是推翻他们"③。以上种种言论明确地表明广学会对清政府领导的"自上而下"开展的政治改革的支持，对由下向上产生的推翻清王朝统治的革命活动的坚决抵制。虽然康、梁等人倡导的政治改革运动受到清廷强力打压，但与革命后充满巨大变数的未来相比，显然清政府在广学会眼中依然是可塑造、可利用，能够借以转化全体中国人思想的有效中介。

在中国各地再一次掀起的西学热潮中，广学会特别注意到曾被李提摩太称为"反外宣传大本营"的湖南省所发生的显著变化。该省学子在学政江标的引领下不仅开始广泛学习国际法和自然科学，而且西学内容也被引入各书院考试当中，广学会出版的西学书籍大受欢迎，《万国公报》更是成为学生的标准读物④。学

---

① S. D. K.. *Ninth Annual Report of S. D. K.* [R]. Shanghai: Shanghai Mercury，1896：18.

② S. D. K.. *Ninth Annual Report of S. D. K.* [R]. Shanghai: Shanghai Mercury，1896：6.

③ S. D K.,. *Ninth Annual Report of S. D. K.* [R]. Shanghai: Shanghai Mercury，1896：1.

④ S. D. K.. *Ninth Annual Report of S. D. K.* [R]. Shanghai: Shanghai Mercury，1896：4.

政江标还热忱邀请该会编辑前往湖南担任西学教习①。广学会会员、传教士李思（J. L. Rees）对于湖南政界、学界在思想领域中的大转变十分感慨："谁能想到'最后一名变成了第一名'，湖南人也许还能引领这个国家的文明和进步！"②但颇为戏剧性，又使广学会编辑群体备感沮丧的是，与李提摩太、林乐知等人在清政府高层中享有的盛誉不同，中国地方官员与学子普遍对该会秉笔华士充满敬仰之情，"无论林乐知和其他外国人做什么，中国人都不给他们任何赞誉。中国官员们会写信给蔡尔康，并把广学会所做的一切全部归功于他"③。对于中国出现的西学热潮，广学会认为"引进西学和西方文明是最重要的，因为它们确实是真理，是基督教的果实，具有独特的基督教性质"④。在此大环境下，广学会出版物销量持续攀升，《万国公报》发行量达到1895年的两倍，陆续发行的由林乐知、谢卫楼（Davelle Z. Sheffield）、李修善（David Hill）等9位传教士撰写的一系列政治改革文章，"其中一些受到清政府最高权力机关官员的坚决赞赏"⑤。当年广学会最为重磅的出版物便是由林乐知撰写的《中东战纪本末》，特别是其中一卷专门介绍甲午中日战争情况，阐述中国战败原因，指出了政治改革的紧迫性。该书第1版3000册立即销售一

① S. D. K.. *Ninth Annual Report of S. D. K.* [R]. Shanghai：Shanghai Mercury，1896：4.

② S. D. K.. *Ninth Annual Report of S. D. K.* [R]. Shanghai：Shanghai Mercury，1896：21.

③ S. D. K.. *Ninth Annual Report of S. D. K.* [R]. Shanghai：Shanghai Mercury，1896：18.

④ S. D. K.. *Ninth Annual Report of S. D. K.* [R]. Shanghai：Shanghai Mercury，1896：5.

⑤ S. D. K.. *Ninth Annual Report of S. D. K.* [R]. Shanghai：Shanghai Mercury，1896：9.

空①，与《泰西新史揽要》成为清末广学会最畅销书，此书也得
到了在华外人的高度评价，1896年5月15日出版的《字林西报》
言道："从文学角度来看，这是林乐知博士努力工作的一个有价
值的高潮。"②此外，广学会还出版了林乐知撰写的《印度隶英十
二益说》《崇一论》《自历明证》，传教士李思著的《教化阶梯衍
义》，与传教士卜舫济编著的《基督本记》③。从其出版物可见，
广学会已迅速调整文学传教策略，除照常发行基督教文学著作
外，该会已将出版重点由"启蒙"读物转向政治改革类书籍。

1897年的中国，空气中弥漫着改革气息，政治环境亦相对宽
松，以康、梁为首的维新派创办的以鼓吹变法主张、开展政治改
良运动为主的报纸在各地铺展开来，配备有先进机器的棉纺厂、
丝织厂也如雨后春笋般不断涌现，铁路、内河汽船、电灯也被更
广泛地使用。清廷的态度与过往的故步自封形成了极为鲜明的反
差。尽管如此，广学会依然认为对清政府统治下的中国"不能抱
有过于乐观的态度"④，因为他们觉察"广大官吏与民众对这些
新的影响几乎没有反应"⑤，排外、反西学以及对外人根深蒂固
的偏见依然存在。对此，总干事李提摩太认为"中国彻底改革只
能在新的道德和宗教基础上进行"⑥，广学会出版流通的文学作

---

① S. D. K.. *Ninth Annual Report of S. D. K.* [R]. Shanghai：Shang-hai Mercury，1896：10.

② S. D. K.. *Ninth Annual Report of S. D. K.* [R] Shanghai：Shang-hai Mercury，1896：11.

③ S. D. K.. *Ninth Annual Report of S. D. K.* [R]. Shanghai：Shang-hai Mercury，1896：10.

④ S. D. K.. *Tenth Annual Report of S. D. K.* [R]. Shanghai：Shang-hai Mercury，1897：3.

⑤ S. D. K.. *Tenth Annual Report of S. D. K.* [R]. Shanghai：Shang-hai Mercury，1897：3.

⑥ S. D. K.. *Tenth Annual Report of S. D. K.* [R]. Shanghai：Shang-hai Mercury，1897：3.

品能够使中国的舆论有利于基督教和西方文明的全面引进。因此，1897年广学会出版活动未有丝毫松懈，《万国公报》全年发行39600份，新出版物囊括林乐知编著的《中国度支考》和《中东战纪本末》续编——《东征电报》与《文学兴国策》，及其专为科举考场分发而编写的小册子《师范说》，以及李提摩太编著的天文学图书《八星之一总论》，而基督教文学类著作仅有《圣人说》与《中西教化论衡》两部①。可见，广学会出版活动的着力点明显落在了西学书籍之上，以迎合中国社会的现实需求。在当年9月举行的乡试中，广学会一次性向成都府、太原府、奉天、直隶北京等十地学子免费发放《大国次第》《七国新学备要》《养民有法》等书刊共计12万余份②，其手笔之大令人叹为观止。而广学会的种种努力也确实收到了实效，张之洞邀请林乐知与蔡尔康前往武昌，助其开展改革活动③；李鸿章高度赞赏林乐知所著的《中东战纪本末》④；中国铁路总公司督办盛宣怀还亲自拜访林乐知，力邀其负责在上海创办一所大学⑤；大量普通读者的来信对于广学会之"功绩"更是充满了溢美之词。面对如此种种迹象，李提摩太判断："由于这些官绅有上百万的追随者，无可置疑的是我们在小官绅、学生和民众中有几百万的同情者。"据此，广学会认为"这些书籍的影响力正从那些位高权重的阶级传向全

---

① S. D. K.. *Tenth Annual Report of S. D. K.* ［R］. Shanghai：Shanghai Mercury，1897：8.

② S. D. K.. *Tenth Annual Report of S. D. K.* ［R］. Shanghai：Shanghai Mercury，1897：16.

③ S. D. K.. *Tenth Annual Report of S. D. K.* ［R］. Shanghai：Shanghai Mercury，1897：11.

④ S. D. K.. *Tenth Annual Report of S. D. K.* ［R］. Shanghai：Shanghai Mercury，1897：11.

⑤ S. D. K.. *Tenth Annual Report of S. D. K.* ［R］. Shanghai：Shanghai Mercury，1897：12.

部民众"①。对于该会来讲其出版物终于由早先的籍籍无名发展至能够影响中国所有阶级，可谓取得了一个阶段性重大成果。至于广学会如何进一步深化对华思想渗透，李提摩太在当年8月于英国伦敦拟定的 *Prospectus of a Society for Aiding China to Fall in with Right Principles of Universal Progress*（《一个旨在帮助中国符合普遍进步的正确原则的社团章程》）中表达得尤为直白露骨，且充满了种族与文化的傲慢："通过与清政府领导人的合作，再过几年，整个黄种人就可以在普遍利益的共同基础上，轻易地与整个白种人联合起来。由于黑人种族已经处于欧洲人的控制之下，因此全人类将沿着普遍进步的共同道路前进。"②而中国作为一个早已沦为半封建半殖民地的国家，又如何能在以西方价值观确定的普遍利益的共同基础上与欧美强国进行所谓的"联合"呢？李提摩太也已给出明确答案，黑人的命运便是前车之鉴。恐怕李鸿章、张之洞、康有为等人断然不会想到其眼中这位表现得与中国前途命运呼吸相通、实乃同道中人的"西儒"，却在深谋远虑地盘算着如何利用他们将全体中国人之思想永远置于白人控制之下，这种无形的奴役远比有形的舰炮侵略史为可怕。李提摩太寥寥数语便将广学会文化传播策略的巨大危害性、侵略性展露无遗。

1898年是晚清历史上极为不平凡的一年，风云开阖的时局也为广学会之发展带来了千载良机。总干事李提摩太依然积极游走于清廷高官与维新派之间，不断强化与李鸿章、张之洞，帝师翁同龢、孙家鼐等朝廷实权派和以康有为、梁启超为首的维新派的

————————

① S. D. K.. *Tenth Annual Report of S. D. K.* [R]. Shanghai：Shanghai Mercury，1897：12.

② Timothy Richard. *Conversion by the Million in China* Ⅱ [C]. Shanghai：C. L. S.. 1907：85–86.

联系，出任上海强学会的顾问和讲师①，还与伊藤博文一道被选为光绪帝顾问②，积极向中国统治阶级输送西方思想，他俨然成了清王朝统治阶层的"朋友"和政界红人。同时，在中国社会各阶层对西学著述的旺盛需求下，广学会出版活动达到了前所未有的高潮，1898年新出版及再版书刊多达33种，在售出版物包括《万国公报》《中西教会报》两种期刊以及184种图书，其中中文图书183种、英文图书1种（《中东战纪本末》《东征电报》《文学兴国策》合订本英文版）③，涵盖政治、经济、法律、科学、历史、医学、教育、宗教等诸多方面。其中世俗类图书达101本，占总出版物的55%，宗教类图书占45%，以社会变革、政治改良为主题的图书多达37种④。该年度广学会出版物印刷总页数创3712万页新高⑤。当年的销售业绩达到18457.36洋银⑥，是维新运动前的8.7倍⑦。广学会还在中国东北三省、直隶、山东等十三省和朝鲜陆续建立31个书刊销售点，形成了覆盖中国东北、西部、中东部地区和朝鲜半岛的较完备的销售网络⑧。这一时期广学会

① C. L. S.. *A Century of Protestant Missions in China*（1807—1907）[R]. Shanghai：American Presbyterian Mission Press，1907：630.

②〔英〕李提摩太. 亲历晚清四十五年：李提摩太在华回忆录［M］. 李宪堂，侯林莉，译. 南京：江苏人民出版社，2018：222.

③ S. D. K.. *Catalogue of S. D. K. Publications*［R］. Shanghai：The "North-China Herald" Office，1898：1-14.

④ 依据 *Catalogue of S. D. K. Publications*［R］. Shanghai：The "North-China Herald" Office，1898. 所载书目分析计算。

⑤ C. L. S.. *A Century of Protestant Missions in China*（1807—1907）[R]. Shanghai：American Presbyterian Mission Press，1907：634.

⑥ C. L. S.. *A Century of Protestant Missions in China*（1807—1907）[R]. Shanghai：American Presbyterian Mission Press，1907：634.

⑦ S. D. K.. *Eleventh Annual Report of S. D. K.*［R］. Shanghai：The "North-China Herald" Office，1898：16.

⑧ S. D. K.. *Eleventh Annual Report of S. D. K.*［R］. Shanghai：The "North-China Herald" Office，1898：21.

文化传播活动产生巨大成效的最佳佐证便是光绪皇帝成为其忠实读者。戊戌变法前光绪帝采购了89种广学会出版物①，这一史实早已广为人知，在此无须赘言。然而，令人惊诧的是采购书目中基督教图书竟多达45种，占购书总数的51%，其余为政治、历史、科学等主题图书②，乃至于在西方世界产生了广学会使"皇帝皈依"（The Conversion of the Emperor）的论断③。对于李提摩太带领广学会取得的成就，该会会员纷纷给予高度评价，慕维廉公开表示："我们尊敬的总干事全身心地投入到他的工作中，本会地位的提高在很大程度上归功于他的辛勤劳动，没有比李提摩太先生更好的人能被选来跟随可敬的学会创始人韦廉臣博士的脚步。"④然而，仅仅持续百日的戊戌变法使广学会成员的亢奋之情转瞬间变为极度失望。异常讽刺的是，在慈禧太后囚禁光绪帝并接管政权后，广学会总干事李提摩太作为维新派开展政治改良运动的坚定支持者，却极力与之划清界限，表示"本会和任何政党的改革者之间从未有过丝毫组织联系"（There has never been any organic connection between our society and the reformers of any party）⑤，而在当年广学会年会上，大会主席、英国驻上海总领事白利南却言道："广学会与中国的改革工作是密切相关

---

① S. D. K.. *Eleventh Annual Report of S. D. K.* ［R］. Shanghai：The "North-China Herald" Office，1898：32.

② 依据 *Eleventh Annual Report of S. D. K.* ［R］. Shanghai：The "North-China Herald" Office，1898：32. 所载书目分析计算。

③ C. L. S.. *Christian Literature and the Reform Movement in China：A Brief Resume of the Story of C. L. S.* ［R］. American：Forgotten Books，2018：10.

④ S. D. K.. *Eleventh Annual Report of S. D. K.* ［R］. Shanghai：The "North-China Herald" Office，1898：56.

⑤ S. D. K.. *Eleventh Annual Report of S. D. K.* ［R］. Shanghai：The "North-China Herald" Office，1898：14.

的。"①其会内这种自相矛盾的言论彻底揭露出李提摩太玩弄拙劣文字游戏的真面目。在急不可耐地与维新派割席的同时，面对将变法扼杀在摇篮之中的罪魁祸首慈禧太后，李提摩太却让人瞠目地表现出充分理解与尊重，并为其辩护道："近来她没有充分了解改革的进展情况。有些大臣自己既没有外国顾问，也不鼓励同外国人友好交往，他们自己既不了解改革者的目标，也不欣赏他们的方法，这些人向她歪曲了改革观点。"②还称赞"慈禧太后是地球上最杰出的君主之一。她不仅是一位领袖人物，统治的臣民数量远远超过除英国女王以外的任何君主，而且她自己也有统治的天赋"③。显然，无论是光绪帝和维新派，或是慈禧太后与保守派，在李提摩太等广学会的文化传播者眼中，都不过是可利用的工具，凡丧失价值者皆可弃。

虽然李提摩太与广学会的多年努力最终在戊戌政变中化作一朵"无果之花"，但不可否认的是二者已经极度接近"影响整个中国"的目标。然而，1899年中国政治环境与戊戌年相比已不可同日而语，变法者多被处决或流放，同情改革的学生害怕被看到手中拿着西学书籍，各省新建的西学书院也纷纷关闭，广学会出版活动的前景仿佛在一夜之间又回到了1894年。而李提摩太依旧幻想慈禧太后也能像光绪帝一样倾听其建议，并继续进行一定程度的政治改革。为打探消息他十分迫切地前往北京，分别与庆亲王、荣禄、刚毅、李鸿章等人会谈④，但现实情况翻天覆地般的

① S. D. K.. *Eleventh Annual Report of S. D. K.* [R]. Shanghai：The "North-China Herald" Office，1898：54.

② S. D. K.. *Eleventh Annual Report of S. D. K.* [R]. Shanghai：The "North-China Herald" Office，1898：13.

③ S. D. K.. *Eleventh Annual Report of S. D. K.* [R]. Shanghai：The "North-China Herald" Office，1898：13.

④ S. D. K.. *Twelfth Annual Report of S. D. K.* [R]. Shanghai：Shanghai Mercury，1899：4.

转变使这种不切实际的幻想迅速破灭，广学会文化传播策略也势
必作出相应调整。1899年广学会将工作重点放在了教育未来统治
者与书刊出版活动上。关于前者，广学会与中华教育会共同拟订
了一项以西学为主要内容的"帝国教育计划"，将期望寄托于明
天，希望"当现在这批年轻学生长大成人时，他们就会学到西方
的主要原则"①，但这一计划并未获得适宜的土壤，终究沦为空
想。至于后者，一场突如其来并戛然而止的改革使广学会认识到
最为迫切的需要是"提供一百种最好的著作"以供分发，以此全
面控制中国政治、经济、文化、教育、宗教，即所谓"接管上帝
王国的各个领域"②。为此，广学会当年新出版图书共计22种，
以政治经济学为主题的图书就多达3部，分别是美国基督教传教
会的罗林博士（Macklin）编著的《富民策》与《足民策》、传教
士山雅谷（J. Sadler）译著的《富国真理》，涉及政治改革内容的
出版物还有李提摩太编写的《英国议事章程》和《大同学》、林
乐知编纂的《李傅相历聘欧美记》等。同时，还出版了李提摩太
历史主题译著《古史探源》与电学科普读物《电学纪要》、卫罗
氏撰写的自然科学类著作《动物浅说》。在基督教文学方面出版
了李提摩太夫人著的《弥赛亚》、安保罗编写的《救世教成全儒
教》、传教士刘乐义（G. R. Loehr）著的《使徒纪略》、高葆真撰
写的《舌如火焰》、林乐知编著的《自历明证·基扫斯登》等8部
图书③。世俗类出版物之数量依然处于首位。尽管广学会出版活
动依然势头不减，但不出意料的是其发行量急速衰减，销售额仅

---

① S. D. K.. *Twelfth Annual Report of S. D. K.* ［R］. Shanghai：Shang-
hai Mercury，1899：5.

② S. D. K. *Twelfth Annual Report of S. D. K.* ［R］. Shanghai：Shang-
hai Mercury，1899：3.

③ S. D. K.. *Twelfth Annual Report of S. D. K.* ［R］. Shanghai：Shang-
hai Mercury，1899：7.

为9113.25洋银，约是1898年高峰时期的一半①。虽然广学会在短时间内难以摆脱戊戌政变带来的巨大消极影响，但在历时3年的维新变法运动中，中国统治阶层以及文人群体在思想上发生的显著转变仍使其备受鼓舞，对继续坚持施行"自上而下"的文化传播策略充满信心，而清政府于1899年颁布的《地方官接待教士事宜条款》，确立了传教士在中国的官方地位，更使广学会群体感受到慈禧太后这位新统治者的"友善"，未来充满机遇，依然可期②。

---

① S. D. K.. *Twelfth Annual Report of S. D. K.* [R]. Shanghai：Shanghai Mercury，1899：8.

② S. D. K.. *Twelfth Annual Report of S. D. K.* [R]. Shanghai：Shanghai Mercury，1899：29.

第四章　广学会文化传播活动的
转向与落寞

　　进入20世纪，在清王朝统治的最后11年中，中国社会持续动荡。义和团运动的骤然爆发使本就脆弱的中外关系进一步恶化，甲午中日战争后艰难维系了仅仅7年的短暂"和平"又被八国联军的侵略枪炮击得粉碎。紧随而至的新政改革力度空前，大批学子出洋留学，探寻救国救民之真理，接连掀起了思想大解放、新文学大传播的热潮，民族主义与革命思想借此传入国内，保皇党、立宪派、革命党又接连登场，三方之间的较量也日趋白热化。晚清中国时局的快速发展让人应接不暇，给广学会的文化传播活动带来了巨大冲击与挑战，虽然该会之传播策略频频调整，但面对新形势依然措手不及、疲于应付，戊戌变法时期的风光早已荡然无存，不仅从事业顶峰跌落而下，而且逐渐归于落寞。最终，随着清王朝的覆灭，广学会利用大众媒介"自上而下"操控全体中国人思想的图谋也最终化为泡影。

一　义和团运动带来的重挫

　　戊戌政变后，正当广学会主导者梦想凭借其维新运动中形成的巨大影响力与威望，在跨入20世纪后的书刊出版领域仍然大有作为时，却迎来了"扶清灭洋"的义和团运动，该运动在极短时间内便由山东一地以燎原之势传遍全国。而广学会这一明显带有洋教背景的出版机构亦不能独善其身，该会在北京、天津、北戴河、奉天、辽阳、太原府等地苦心经营多年的分销书库均被焚毁，损失估值为7944洋银①。如果说1898年的戊戌政变给广学会策略层面带来了沉重打击，那么两年后的义和团运动又在物质层面予其重创。义和团运动表明一直被广学会轻视的中国底层民众在特定历史情境下能够发挥不可估量的作用。而该会在面对义和团运动中中国人民表现出的爱国主义情怀时，完全忽略了中西方之间存在的侵略与反侵略、思想文化渗透与反渗透这一根本性矛盾的存在，依然固执地强调一切皆由中国人"无知"所致，并认为中国人"故意滋生过去60年的复仇，他们患有严重的道德疾病"②。可见，以"启蒙"中国为己任的广学会无视中国人民的真正觉醒，断然不想看到一个自强、自立的中国崛起于世界东方。

1900年广学会新出版物名录中以世俗图书为多数，其中有林乐知著的《俄国政俗通考》《九九新论》《中东战纪本末三编》《保华全书》4部政治主题论著，李提摩太著的《造物尽善》《推广实学》《印度史揽要》，传教士李思著的《万国通史前编》，以及清海关专员戴乐尔（F. E. Taylor）与斯图尔曼（Stuhlman）分别撰写的《理则节略》和《验矿砂要法》。基督教文学书籍包括《天国初入英国说》《祈祷不息》《四教考略》《真道喻言》《西方归道》和《女训喻说》与《孩训喻说》两本基督教妇女、儿童读

---

① S. D. K.. *Thirteenth Annual Report of S. D. K.* [R]. Shanghai: Shanghai Mercury，1900：14.

② S. D. K.. *Thirteenth Annual Report of S. D. K.* [R]. Shanghai: Shanghai Mercury，1900：30.

物①。该年度新出版物数量虽与1899年相差无几，但局势持续紧张，大批传教士出逃，使《中西教会报》失去了主要读者群，停刊成为其必然选择②，而广学会大量分销书库被毁也使内陆地区无法进一步接收、分发书刊，印刷与发行工作全部停止，例行年会也宣告取消，这也成为该会清末历史上绝无仅有的特例③。然而，广学会在密切关注时局发展的同时，其新书的翻译与准备工作却并未间断，特别是当八国联军向北京进犯后，李提摩太十分乐观地认为"和平迟早会到来"，届时"关于现存主题的书籍将比以往任何时候都更受欢迎"④。

尽管广学会对华文化传播活动在世纪之交接连受挫，但1900年4月，李提摩太受邀前往美国纽约参加第一次基督教普世大会，获得了一次向全世界基督教代表展现其文化传播理念的机会，他作了题为 *Christian Literature for China*（《中国基督教文学》）的大会发言，重点阐释了基督教文学的范畴与价值，并以此回应了长期以来部分在华传教差会与传教士对广学会出版大量与基督教毫无关联的世俗书籍的非议，充分解释说明了世俗与基督教两种出版物的内在关联⑤。李提摩太认为"基督教义学的必要范围不能仅仅由过去基督教会的惯例来决定"，也"不是由其他宗教的义学范围所决定"，而是"由上帝的作品来衡量""也要用人的

---

① S. D. K.. *Thirteenth Annual Report of S. D. K.* ［R］. Shanghai：Shanghai Mercury，1900：34.

② S. D. K.. *Thirteenth Annual Report of S. D. K.* ［R］. Shanghai：Shanghai Mercury，1900：35.

③ S. D. K.. *Thirteenth Annual Report of S. D. K.* ［R］. Shanghai：Shanghai Mercury，1900：35.

④ S. D. K.. *Thirteenth Annual Report of S. D. K.* ［R］. Shanghai：Shanghai Mercury，1900：36.

⑤ Timothy Richard. *Conversion by The Million in China* ［C］. Shanghai：C. L. S.，1907：200.

需要来衡量"①。同时，他还坚持"基督教文学必须观察和记录生活各方面所有已知的人类需求——物质的、智力的、社会的、精神的以及为满足这些需求所得到的解决方法"②。李提摩太十分清晰地表明，在其思想体系中，政治、商业、教育、科学、法律等所有世俗主题均为基督教文学的组成部分这一核心观点。正是基于李提摩太的以上理念，形成了广学会的座右铭（Our Motto）：基督教文学应与上帝的作品完全一致，与人的需要相称（Christian literature should be co-extensive with the works of God and commensurate with the needs of Man.）③。这与该会清末时期鼓吹的"广西国之学于中国，广西国之新学于中国之旧学"的中文口号相比照，可见二者风马牛不相及。这也充分表明广学会对华文化传播的根本目的为传播基督教，而绝非推广西学、"启蒙"华人。

对于基督教文学的价值，李提摩太认为是提高民族文明、推动社会进步的有力工具。他还建议为满足20世纪海外传教工作的需要，各传教差会应当摆脱旧方式、采取新手段。

首先，大会应任命一个常设的世界文学部门，其职责是用世界上所有主要语言出版最好的文学作品，以指导世界上文明、半文明和不文明的国家。

其次，大会应指定一个永久性的普及教育部门，其职责是与文学部门合作，确保这些书在各国的教育机构中教授，并通过公共图书馆供人们学习。

---

① Timothy Richard. *Conversion by The Million in China* [C]. Shanghai：C. L. S.，1907：200–211.

② Timothy Richard. *Conversion by The Million in China* [C]. Shanghai：C. L. S.，1907：209.

③ C. L. S.. *A Century of Protestant Missions in China*（1807—1907）[R]. Shanghai：American Presbyterian Mission Press，1907：629.

最后，大会应任命一个永久的世界性政治部门，其职责是在所有国家面前维护上帝王国的普遍性理念，采取措施将它们转化为法律和机构①。

对此，李提摩太充满鼓动性地表示："通过旧的方法，皈依者是成千上万的人；通过新的方法，皈依者是数百万的人！"②其大力兜售的方案表明，他的目光已不局限于中国，更是放眼全世界，力图使开展于亚洲一隅的文化传播活动发展成为一种各教派普遍采用的、世界性的主流传教方式，其中还带有明显的宗教与政治相勾连的倾向。但自马丁·路德与加尔文等人领导的宗教改革发展至20世纪初，政教分离早已成为西方新教国家的普遍观点，李提摩太在东方实践中获得的经验与提出的建议显然难以得到广泛理解与认同，拥护者寥寥也在意料之中。

二 教育改革与来自日本的竞争

当1901年义和团被清政府与西方列强联合绞杀，双方在北京签订《辛丑条约》后，恰如广学会所料，迦太基式的和平以极尽耻辱的方式再次降临中华大地，而随着慈禧太后回銮北京，一场声势浩大涉及政治、商业、军事、教育、法律等多方面，延续10余年的新政改革也拉开了大幕。此次新政亦如维新变法，对西学有着巨大需求，广学会终于再次迎来了与中国政治紧密交织的新机遇，但这一次却成为其对华文化传播策略逐渐失灵、走向衰落

---

① Timothy Richard. *Conversion by the Million in China* [C]. Shanghai：C. L. S.，1907：210.

② Timothy Richard. *Conversion by the Million in China* [C]. Shanghai：C. L. S.，1907：211.

的序曲。

义和团运动虽然以西方侵略者的完胜而告终，但李提摩太对此仍不满足，他认为无论是签署《辛丑条约》的11个盟国，或是西方驻华使节，都没能触及中西方冲突的主要原因，即中国人的"无知"，如果不能消灭这种"无知"，中国民众便会一次又一次尝试消灭外国人①。对于如何破解这一困局，李提摩太认为："东西方文明各不相同，所有上层建筑都是建立在这种不确定的基础上，因此必然会倒塌。"②故而"必须提供符合中国裁决阶层实际需要的高阶文献"，使东方文明与西方文明保持一致。可见，虽然广学会对华思想渗透活动历经种种打击，但李提摩太坚信文学传教策略具有巨大价值与实用性，依然沿着既有策略行事。1901年清政府施行的新政中明确提出了设立大、中、小学堂，废除科举八股，用一些西学代替中学，鼓励学生出国留洋等内容，可谓一扫李提摩太心头之阴霾，他言道："清政府所做的改变已经在我们多年来指出的路线上。"③的确，此时中国局势已转至有利于广学会书刊出版的方向，而这种转变还具体表现在清朝统治阶层的实际行动上，当年，湖广总督张之洞向广学会捐款3000洋银，江苏巡抚聂缉椝捐赠1000洋银，两江总督刘坤一捐献200洋银。这是自戊戌变法后，时隔多年清廷大员再一次向广学会提供资金援助④。李提摩太认为："显而可见，我们的方法在他们面前仍然

---

① S. D. K.. *Fourteenth Annual Report of S. D. K.* ［R］. Shanghai：Shanghai Mercury，1901：2.

② S. D. K.. *Fourteenth Annual Report of S. D. K.* ［R］. Shanghai：Shanghai Mercury，1901：4.

③ S. D. K.. *Fourteenth Annual Report of S. D. K.* ［R］. Shanghai：Shanghai Mercury，1901：11.

④ S. D. K.. *Fourteenth Annual Report of S. D. K.* ［R］. Shanghai：Shanghai Mercury，1901：10、46.

是值得称赞的。"①

当新政改革大势已定，清政府终于走上广学会极力倡导的道路后，该会对其中的教育改革极为关注。对此，林乐知在1901年广学会年会中阐述道："清政府各部门的主要负责人都是上了年纪的人，在事物的自然进程中，其中大部分人都是每十年消亡一次，一批新官吏取代了他们的位置，新官吏与过去所有的保守派在同一所思想学校里长大，为了新阶层的利益，教育过程也必然重复。为补救这一无穷无尽、毫无结果的任务，传教士决定消除这一问题的根源，主张彻底改变中国的教育制度，采用现代教育的最高形式。"②显然，广学会极力参与清末教育改革的本质是力求将对华思想渗透活动的着力点转至文人群体思想形成之前，从"新人"抓起，如此一来中国文人的头脑中将不会有中西方思想文化冲突，他们只会信奉一种思想、一种文明，即西方思想与西方文明，这将一劳永逸地从根本上改变未来中国领导者的决策意志，真正做到使中国与西方协调一致。

然而，广学会虽在策略层面进行了深入思考与调整，却未能相应地制订一个类似于戊戌时期那样主题涵盖广泛的西学书籍出版计划，相反新编书目多为基督教文学书籍。当年该会除常规发行《万国公报》与《中西教会报》外，共出版新书23部，其中《西方归道·日耳曼族》《教士列传》《李张相论》《旧约记略》《梁马丽亚传》等基督教文学类著作多达15部，西学专著仅有历史著作《泰西十八周史揽要》，天文学著作《日月星问答》，地理著作《列国地说》（卷二），传记著作《威廉振兴荷兰记略》《地

① S. D. K.. *Fourteenth Annual Report of S. D. K.* [R]. Shanghai：Shanghai Mercury，1901：10.

② S. D. K.. *Fourteenth Annual Report of S. D. K.* [R]. Shanghai：Shanghai Mercury，1901：52.

球一百名人传》与改革著作《速兴新学条例》《新华议》共7部，剩余一部为教授中文拼写的著作《双字合编》①。

　　1902年清末教育改革步伐逐渐加快，京师大学堂总教习吴汝纶赴日考察教育，约700名中国学生赴日学习书面语，希望将现代日语教科书译为中文，清政府对早已完成现代化改革的日本表现出强烈的学习愿望。广学会对新政中教育改革的走向极为关注，并借着中国各地一大批西式学堂的筹建，以及对西学教科书大量而广泛的需求，努力在其专长领域重整旗鼓。该年李提摩太将大量时间与精力用于筹建山西大学堂，并担任该学堂名义校长一职，广学会书刊出版工作在诸位编辑的共同努力下平稳开展，1902年该会共出版新书18部，《晦极明生世记》《庚子教会殉难纪略》《犹太人救世志》《耶稣圣教复初》等基督教著作13部，西学类著作有《广学类编》、《增税裁厘议》、《列国地说》（卷一）、《动物浅说》（卷一）、《印度史》5部。此外，广学会还再版图书11部，其中《石印泰西新史》《英国议事章程》《大国次第》《英国颁行公司定例》等西学著作7部，以及《永息教案》《五洲教务》《麻迪论道探原》《和声鸣盛》4部基督教文学类图书②。就出版物构成而言与1901年完全一致，基督教文学书籍仍然占据大多数。1902年广学会销售额达到33239洋银，接近1898年戊戌变法时期销售额18457.36洋银的二倍③，该会终于摆脱了义和团运动带来的消极影响，但广学会销售额仍能再创新高在很大程度上得

---

　　① S. D. K.. *Fourteenth Annual Report of S. D. K.* ［R］. Shanghai：Shanghai Mercury，1901：13-15.

　　② S. D. K.. *Fifteenth Annual Report of S. D. K.* ［R］. Shanghai：Shanghai Mercury，1902：21-22.

　　③ S. D. K.. *Fifteenth Annual Report of S. D. K.* ［R］. Shanghai：Shanghai Mercury，1902：19.

益于往年旧著，倚靠售卖1899年之前出版的各类西学书籍应对1902年的新变局。李提摩太等人也观察到，与戊戌变法前大不相同的是，中国改革者已不完全依赖于广学会出版的西学书刊获取新知，而是拥有了两种信息来源：其一是翻译日文西学文献，其二是由西方语言直接翻译①。而且"清政府有大量的工作人员从事将日语教科书翻译成中文的工作，因为这样做可以更快、更便宜"②。虽然广学会是第二种信息来源的提供者，并且为中国文人学子提供高级教科书的问题已刻不容缓地摆在了该会编辑面前，但面对来自日本日趋激烈的竞争，该会成员显然未予足够重视，认为"通过日本人传授的现代思想虽然有失偏颇，但还是间接地得到了广泛传播"③，这是中国进步的好迹象，并自负地坚信"在一个完整的现代教育和翻译体系成熟之前，中国的改革者将不得不在很大程度上依赖于广学会给予他们的东西"④。特别是在1902年举行的科举考试中，多省已将西学内容纳入考题范围，安徽省考题中的一些问题摘自广学会出版物，又使其成员备受鼓舞，而该会走向衰落的隐忧便暗藏在这种盲目的乐观情绪之中。尽管广学会书刊出版活动转向稍显迟缓，但在面临"日本物质文明入侵"其传统领地时，也绝非毫无作为。1902年该会在印新书多达21部，其中季理斐编著的《政史撮要》《格致问答提要》，林乐知撰写的《俄国历皇纪略》，丁韪良著的《公法新编》

---

① S. D. K.. *Fifteenth Annual Report of S. D. K.* [R]. Shanghai: Shanghai Mercury，1902：13.

② S. D. K.. *Fifteenth Annual Report of S. D. K.* [R]. Shanghai: Shanghai Mercury，1902：10.

③ S. D. K.. *Fifteenth Annual Report of S. D. K.* [R]. Shanghai: Shanghai Mercury，1902：12.

④ S. D. K.. *Fifteenth Annual Report of S. D. K.* [R]. Shanghai: Shanghai Mercury，1902：13.

等西学图书为13部①。筹备中的著述更是多达30部②，地理、历史、政治等主题的西学书籍同样占有较大比重，但拙于出版经费短缺，部分书稿至清朝被推翻也未能付印，这一现象在此后几年更为普遍。

随着1903年清末新政改革进入第三个年头，面对中日两国在教育领域中联系愈加热络，西方人士不禁充满醋意地发问："为什么中国在求知欲方面要转向日本？中国必须知道，在日本那里要学的所有东西都只能是二手的，现代知识和文明的源泉在西方，自然地从西方流出。"③除去中、日两国文字相似、路途相近的原因外，广学会认为宗教层面的一致性也是中国不断向日本靠近的极为关键因素，因为"在佛教影响下的两个民族的联系，在共同宗教制度的基础上很容易实现"④，而两国分别在洋务运动以及明治维新中不约而同地采取接纳西学、抵制基督教的做法早已是不争的事实，日本已为中国西学著述翻译工作完成了前期准备。广学会对于中国师从日本也早已没有先前的达观心态，转而极力排斥与打压，充满咒怨地认为日本在向"知识的水井下毒"⑤。李提摩太在该年年报中忧心忡忡地写道："我们不能忽视这样一个事实，即教育发展导致的政治变革的基础将根据传授知

① S. D. K.. *Fifteenth Annual Report of S. D. K.* ［R］. Shanghai：Shanghai Mercury，1902：22–23.

② S. D. K.. *Fifteenth Annual Report of S. D. K.* ［R］. Shanghai：Shanghai Mercury，1902：23–24.

③ S. D. K.. *Sixteenth Annual Report of S. D. K.* ［R］. Shanghai：Shanghai Mercury，1903：7.

④ S. D. K.. *Sixteenth Annual Report of S. D. K.* ［R］. Shanghai：Shanghai Mercury，1903：7.

⑤ S. D. K.. *Sixteenth Annual Report of S. D. K.* ［R］. Shanghai：Shanghai Mercury，1903：33.

识的质量和传授知识的精神而有所不同。"①他还认为中国与日本"这两个领先的东方国家"不乏结成联盟的可能性，并耸人听闻地假设道："如果这意味着建立起一种能够对抗基督教世界的力量，取代建立在基督教义基础上并在此基础上完善的文明，那么基督徒还能想象到对世界、对上帝子民的更大危险吗？"②而来自日本的巨大压力并非局限在教育领域，广学会的《万国公报》也迎来了日本刊物的挑战，在北京、天津、上海等地都出现了日本人创办的中文报纸，但最为紧要的问题是这些报纸"不仅对日本有自己的看法，而且对西方文明也有自己的看法，这与广学会的观点很难完全一致"③。然而，信息来源渠道的多样化带来的革命性改变就是中国文人学子对所接受的西学新知有了更多的自主选择权，这又使一部分改革者接触到大量革命思想，并最终走向了推翻清王朝统治的革命道路，正如1903年广学会年报所言："中国的改革派已经分裂成多个政党，其中一个是极端的政党，大部分成员是在日本或中国的英华书院接受教育，或者他们的知识是从西方译著中获得的，他们专门挑选革命时期的历史进行研究，并广泛发表其观点，宣称俾斯麦在政治上打败了基督教，达尔文在科学上打败了基督教，盎格鲁-撒克逊文明只有50年的历史，等等。"④无可置疑的是，这对于代表了西方在华政治、商业、宗教利益，且苦心经营十六载的广学会而言是绝对不想看

----

① S. D. K.. *Sixteenth Annual Report of S. D. K.* [R]. Shanghai：Shanghai Mercury，1903：6.

② S. D. K.. *Sixteenth Annual Report of S. D. K.* [R]. Shanghai：Shanghai Mercury，1903：7.

③ S. D. K.. *Sixteenth Annual Report of S. D. K.* [R]. Shanghai：Shanghai Mercury，1903：14.

④ S. D. K.. *Sixteenth Annual Report of S. D. K.* [R]. Shanghai：Shanghai Mercury，1903：14.

到的。

为应对来自日本的压力，最大限度地迎合中国文人学子浓烈且自主的求知欲，广学会对华文化传播策略在1903年发生重大转变，该会宣布："多年来，我们的主要目标是传播文学，指出基督教文明的重要性和价值。现在这个目标实际上已经实现，因为中国人在四处寻找光明，我们的下一个职责是提供有关基督教文明所有主导力量的教科书和标准著作。"①至此，出版中国高等教育急需的教科书才姗姗来迟地成为广学会开展对华思想渗透活动的新方向。在最新策略的指导下，1903年广学会书刊印刷总量呈现爆炸式增长，达到25,353,880页，是1898年出版物18,560,394页的1.3倍②。其中新出版图书达30部，共11,434,600页，包括历史书籍《英皇肥拖喇阿盛德记》，政治改革专著《兴华万年策》《重兴中国法言》，科学发展史著作《实学衍义补》，国家农业部门概述《国家专设农部议》等10部西学类图书和《天国释义》《圣经溯源》《真道结果实证》《日月蚀节要》等20部基督教文学专著③；而再版图书之数量则远超新出版物，多达48部，共计14,919,280页，《泰西新史揽要》《广学兴国策》《中西互论》《格致举隅》《石印时事新论》等17部戊戌时期经典西学著作名列其中，其余31部皆为基督教文学陈作④。与该年广学会出版物数量飞涨形成强烈反差的是，其全年书刊销售额却不增反降，仅有

---

① S. D. K.. *Sixteenth Annual Report of S. D. K.* [R]. Shanghai：Shanghai Mercury，1903：14.

② S. D. K.. *Sixteenth Annual Report of S. D. K.* [R]. Shanghai：Shanghai Mercury，1903：17.

③ S. D. K.. *Sixteenth Annual Report of S. D. K.* [R]. Shanghai：Shanghai Mercury，1903：15-16.

④ S. D. K.. *Sixteenth Annual Report of S. D. K.* [R]. Shanghai：Shanghai Mercury，1903：17-18.

22917.29 洋银①。对此，在1903年广学会年会上，大会主席、上海汇丰银行经理艾狄斯便遗憾地说道："1903年是我们创纪录的出版年份。……但不得不承认，重要的销售项目减少了，还是令人失望的。"②显见，对于广学会而言，多年前《万国公报》《泰西新史揽要》《中东战纪本末》那样一纸难求的好光景已一去不复返，其发行的所谓教科书和标准著作与此前出版物相比并未有实质性突破，该会虽对文学传教策略予以调整，却也未能适应清末中国教育改革的实际需求。当中国文人士子身处较为宽松的政治环境，且能亲身走出国门接触世界时，广学会对中国思想领域的多年垄断便逐步瓦解。

而使广学会更为失落的是，自该会创建之日起便企盼中国统治阶级与文人群体能够早日"醒悟"，如此便可全盘接受西方思想，但当1904年中国人逐渐觉醒时，其面临的却是地位岌岌可危。正如李提摩太所言："以前，我们只需要应付中国人对世界事务的无知。令人高兴的是，中国人现在认识到没有西方知识他们就无法指望与东方或西方的国家打交道。这使我们面临着一种新的危险，这种危险正是由于这一进步而产生的。"③广学会成员也终于承认在思想领域的竞争中完全落后于日本："我们今天在中国处于守势。"④面对如此境况，广学会没有坐以待毙，而是寄希望于通过发行大量出版物，在价值与数量上"超越目前涌入中

① S. D. K.. *Sixteenth Annual Report of S. D. K.* ［R］. Shanghai：Shanghai Mercury，1903：20.

② S. D. K.. *Sixteenth Annual Report of S. D. K.* ［R］. Shanghai：Shanghai Mercury，1903：31.

③ S. D. K *Seventeenth Annual Report of S. D. K.* ［R］. Shanghai：Shanghai Mercury，1904：1.

④ S. D. K.. *Seventeenth Annual Report of S. D. K.* ［R］. Shanghai：Shanghai Mercury，1904：45.

国的误导性文学"①。其所谓的"误导性文学"便是指清末教育改革后大量出现的中国"新文学"。因此，1904年广学会出版物印刷量继续大幅增加，创下年度印刷30,681,800页的清末历史极值，其中新出版图书40种，共19,256,800页，世界文明译著《进化论》、法学专著《印度刑律序》、数学著作《八线拾级》、天文专著《三光浅说》、历史书籍《德国最进步史》等各类西学著述达21部②。再版图书为34部，合计11,425,500页，其中包括《动物浅说》《万国通史前编》《中国度支考》《养民有法》《蒙学浅说》《日月星问答》等政治、经济、法律、教育类西学著作18部③。广学会出版物中的西学著述种类及发行量再一次远超基督教文学作品。值得关注的是，1904年广学会在坚持发行《万国公报》的基础上，又创办了一份与之性质相近，涵盖政治、经济、教育、军事等多项改革主题的世俗周刊《大同报》④，以此填补月刊《万国公报》因发行周期过长而产生的信息传播真空，进一步提升对清末中国社会舆论的引导力与话语权。同时，为加强对中国西部民众的思想渗透，广学会于当年在四川首府成都花费重金建成西部分销书库，使该会书籍能够在四川、云南、贵州等地再版和流通⑤，形成了东部上海与西部成都两相呼应的书刊销售格局，但1904年广学会书刊销售总额却持续下滑，仅营收

---

① S. D. K.. *Seventeenth Annual Report of S. D. K.* [R]. Shanghai: Shanghai Mercury, 1904: 27.

② S. D. K.. *Seventeenth Annual Report of S. D. K.* [R]. Shanghai: Shanghai Mercury, 1904: 20-21.

③ S. D. K.. *Seventeenth Annual Report of S. D. K.* [R]. Shanghai: Shanghai Mercury, 1904: 21-22.

④ S. D. K.. *Seventeenth Annual Report of S. D. K.* [R]. Shanghai: Shanghai Mercury, 1904: 18.

⑤ S. D. K.. *Seventeenth Annual Report of S. D. K.* [R]. Shanghai: Shanghai Mercury, 1904: 25.

15860.18洋银①，可见其出版物所体现出的价值并未获得中国文人学子的广泛认可，而预期的"质"与"量"齐增，最终沦为单纯的书刊印刷数量增加，且长期的入不敷出使该会1904年的财政赤字扩大至13000洋银②，此种状态下的出版活动显然不可持续。面对日本在思想领域中竞争的常态化，广学会始终未能制订出长效化的整体方案予以应对，而这种对新时期、新环境的不适应又导致其种种新举措与中国文人的迫切需求脱节，皆未能奏效。

随着1905年日俄战争以日本胜利而告终，亚洲新兴国家日本在近代第一次战胜了欧洲老牌帝国，这场在中国领土上进行的帝国主义争夺战除了让关注中国前途命运的文人阶层再一次备感屈辱外，还使其思考："如果像日本这样一个相对较小的国家能够做到这一点，那么中国能做多少呢？"③特别是当1905年9月清政府宣布从1906年起彻底废除科举考试后，中国学子又一次掀起赴日留学热潮。日本在华出版的西学专著，以及留日学生编写的"新文学"读物依然源源不断地出版发行，且供求两旺。而广学会面对愈发激烈的竞争却显得束手无策。受制于1901—1904年文化传播策略的失败，持续高位的印刷量带来的是出版物严重供过于求，价值5万洋银的库存无人问津，滞销规模惊人④。故此，1905年广学会疲于降低财政赤字，在缺金少银的情况下已很难进行大规模出版活动，全年只出版新书8部，其中最为引人注目的

---

① S. D. K.. *Seventeenth Annual Report of S. D. K.* [R]. Shanghai：Shanghai Mercury，1904：24.

② C. L. S.. *Eighteenth Annual Report of C. L. S.* [R]. Shanghai：Shanghai Mercury，Limited，1905：39.

③ C. L. S.. *Eighteenth Annual Report of C. L. S.* [R]. Shanghai：Shanghai Mercury，Limited.，1905：1.

④ C. L. S.. *Eighteenth Annual Report of C. L. S.* [R]. Shanghai：Shanghai Mercury，Limited.，1905：39.

是由林乐知历时多年编著而成的《五大洲女俗通考》，包含多国的地理、历史、礼仪、风俗、法律、制度、宗教等内容，并依据各国给予妇女的地位、条件和待遇对其文明程度进行评判。此外，新出版物还包括《启蒙读本》《万国通史前编十卷》《质学新编》《邦交提要》4部西学专著，以及《人学》《马太福音阐义》《小先知释义》3部基督教文学著作。再版图书仅有3部，分别为《喻道要旨》《性学举隅》《慕会理总奉士大夫书》，皆为基督教主题著述①。新出版书刊与再版图书合计印刷6,988,136页，不及1904年的四分之一②。但广学会全年出版活动并非一潭死水、毫无亮点可言，其新周刊《大同报》逐渐获得中国官僚阶级的认可，湖北宜昌的8名官员和士绅主动要求订阅该刊一年，清政府的60位高级官员成为其忠实读者③。

虽然1905年广学会出版活动未有明显起色，但该会依然密切关注中国政治社会发展动向，当施行几千年的科举考试制度即将寿终正寝，新式教育全面到来时，广学会对中国未来的教育规模进行了预估，认为中国受教育人数如欲赶超日本，则需要255,429所小学、2628所中学、486所师范院校，中国受教育比例若想与美国一致，则必须有5200万名学生、2.68亿人能够读写④，并憧憬在新式教育中大有可为："这些数字将给出一个具体的概念，什么是即将到来的——一个无限的启蒙可能性，现在数百万人实

---

① C. L. S.. *Eighteenth Annual Report of C. L. S.* [R]. Shanghai：Shanghai Mercury，Limited，1905：14.

② C. L. S.. *Eighteenth Annual Report of C. L. S.* [R]. Shanghai：Shanghai Mercury，Limited，1905：15.

③ C. L. S.. *Eighteenth Annual Report of C. L. S.* [R]. Shanghai：Shanghai Mercury，Limited，1905：12.

④ C. L. S.. *Eighteenth Annual Report of C. L. S.* [R]. Shanghai：Shanghai Mercury，Limited，1905：7.

际上坐在黑暗中。"①但考虑到广学会文化传播策略几年来愈发不能适应清末新政带来的政治气候与社会环境的双重巨变，这种企望能够影响数百万人思想的雄心壮志则更具幻想意味。与不可预测的未来相比，广学会在1905年抵制美货运动中真切地感受到民族主义在中国的发展，民众在国家问题上的团结，以及公众舆论的崛起。

三 来自中国民族主义思想的抵抗

当1906年清末渐进式改良运动在教育领域终于取得实质性突破，数十万计的学生进入西式小学、中学、大学、师范学校、工业学校、商业学校学习时，李提摩太不禁感叹清政府统治下的中国 "能够以开放的心态向世界学习"②。广学会在这种看似积极且充满机遇的形势下，真切地感受到留日学生给中国思想领域带来的变化。据广学会调查，大部分赴日学生接受了反清王朝、反帝国主义、反基督教思想，至少一半的学生带着关于坚持中国独立于外国影响和控制的强烈想法回国③，对于留日学生群体中普遍具有的救亡图存的强烈民族主义爱国思想，广学会认为是 "不幸的"④，但对于列强环伺，长期处于亡国灭种危险之中的中国而言实乃万幸。当黄兴、陶成章、宋教仁、胡汉民、邹容、陈天

① C. L. S.. *Eighteenth Annual Report of C. L. S.* [R]. Shanghai: Shanghai Mercury, Limited, 1905: 7.

② C. L. S.. *Nineteenth Annual Report of C. L. S.* [R]. Shanghai: Shanghai Mercury, Limited, 1906: 1.

③ C. L. S.. *Nineteenth Annual Report of C. L. S.* [R]. Shanghai: Shanghai Mercury, Limited, 1906: 6.

④ C. L. S.. *Nineteenth Annual Report of C. L. S.* [R]. Shanghai: Shanghai Mercury, Limited, 1906: 6.

华等留日学生首领以及孙中山等人将民族主义思想转化为实际行动，华兴会、兴中会、光复会、科学补习所、中国同盟会等一大批资产阶级革命政党在海内外纷纷组建时，广学会甚为惶恐，将其污蔑为和平的巨大威胁。同时，广学会对于清政府处置革命学生的态度亦十分不满，认为清廷已"被反王朝风潮吓坏了"，学生"只要大体上是反外的，而不是反王朝的，就能被容忍"①，并且清政府的"权力似乎是掌握在对外国人怀有敌意的人手中""要向外国人报仇雪恨"②。对此，广学会1906年年报中罔顾事实、颠倒黑白地写道："在1900年的暴行之后，仁慈的盟军自愿归还被占领的土地，如北京、天津和直隶的大部分。而且，从整个欧洲那么大的一块领土上只索取相对较少的赔款，并允许以小额分期付款的方式支付，这些似乎已经被完全忘记了。"③在这年的年会中，传教士毕敦（W. N. Bitton）甚至威胁道："如果中国只相信武力的福音，那么清算的日子也许会比其预计的更早到来。"④如此赤裸裸的侵略言论竟出自满嘴仁爱的福音传播者之口，将广学会作为帝国主义侵华帮凶的面目暴露无遗。

广学会对于晚清资产阶级民主革命的惧怕是毋庸置疑的，以第一次鸦片战争为起始，基督教传教士的足迹便与西方列强武力侵华的弹着点完全重合、紧密相随，一旦革命政党推翻清王朝统治，武力驱逐西方侵略者，或是清政府编练新军取得成效，威胁到西方列强在华利益，传教士群体都无法独善其身，他们对于义

---

① C. L. S.. *Nineteenth Annual Report of C. L. S.* [R]. Shanghai：Shanghai Mercury, Limited, 1906：7.

② C. L. S.. *Nineteenth Annual Report of C. L. S.* [R]. Shanghai：Shanghai Mercury, Limited, 1906：4.

③ C. L. S.. *Nineteenth Annual Report of C. L. S.* [R]. Shanghai：Shanghai Mercury, Limited, 1906：5.

④ C. L. S.. *Nineteenth Annual Report of C. L. S.* [R]. Shanghai：Shanghai Mercury, Limited, 1906：39.

和团运动期间的境遇总是心有余悸，唯恐历史重演。面对近在眼前的民主革命浪潮，倡导"和平"又成为广学会文化传播活动的新主题。1906年，李提摩太前往欧洲，在卢赛尔和平会议中发表了题为 *The Final Step in Political Evolution—A World Empire*（《政治演变的最后一步——一个世界帝国》）的演讲[1]，向西方国家代表阐述来自日本和中国的挑战，建议在自然互惠的基础上建立由10个主要的东西方国家组成的联盟，之后便开始裁军行动，以此保证世界和平，其主要依据之一便是"建立两三个国家的联邦十分危险，因为它将立即导致另外两三个国家建立反联邦，并使军事负担比以往任何时候都更加沉重。但是，如果提出由10个主要国家组成的联盟，其中8个国家同意，那么就可以确保普遍的和平与裁军"[2]。而中国和日本就是那两个可能不赞同的国家。彰明较著的是，李提摩太所谓的"和平计划"的实质不过是1900年八国联军侵华模式的翻版，号召西方列强联合一致对中国实施永久控制，压制清政府军事现代化活动，无论中国对此接受与否都必须服从。对于李提摩太此种近乎天方夜谭的构想，与会代表不出意外地"感到惊讶"[3]。尽管李提摩太认识到此刻中国已处于拥抱日本或是奔向欧美的思想发展岔路口，但与李提摩太在国际会议上的活跃表现相比，1906年该会出版活动可谓乏善可陈，全年共新出版《拔剑逐魔》《活水永流》《喻言义谈》《饥渴有福》《幼女诞礼遗范传》《教子准绳》《古巴天主教樊离罗

---

[1] Timothy Richard. *Conversion by the Million in China* [C]. Shanghai：C. L. S.，1907：256.

[2] Timothy Richard. *Conversion by the Million in China* [C]. Shanghai：C. L. S.，1907：259.

[3] C. L. S.. *Nineteenth Annual Report of C. L. S.* [R]. Shanghai：Shanghai Mercury，Limited，1906：7.

信道》7部基督教文学作品和《中国政俗考略》1部世俗著作①，中国文人学子对此反响平平，全年销售额为12898.08洋银，与上一年度基本持平②。同时，广学会的和平主义思想在其尚未发售的林乐知撰写的《战争将来如何》中也有所反映③。1906年科举虽已作古，但新式教育考试仍然定期举行，广学会依然没有放弃在考场免费发放小册子这一传统的思想渗透手段，以继续影响中国青年一代④。但由于考试形式的改变，学子们不再集中于一地考取功名，而广学会在人力与物力上又无法覆盖中国如此广大的地域，因此其效果已大不如前。

1907年中国民众反抗西方列强侵略的民族主义情绪更加强烈，随着浙江、江苏两省人民要求收回苏杭甬铁路，收回利权运动也达到了前所未有的高潮。面对晚清中国局势继续朝着不利于西方在华利益的方向发展，季理斐继林乐知后出版了广学会第二部和平主义专著《争战非道论》⑤。尽管季理斐贯彻了总干事李提摩太为广学会出版活动确定的"和平"基调，但他也公开发表了与李提摩太思想相左的言论："有时学会似乎是瞄准百万人而忽略了个体，但是，我们不能再犯更大的错误了。如果我们想要触及百万人，我们必须首先掌握个体。"⑥显然，季理斐认为李提

---

① C. L. S.. *Nineteenth Annual Report of C. L. S.* ［R］. Shanghai：Shanghai Mercury，Limited，1906：18-19.

② C. L. S.. *Nineteenth Annual Report of C. L. S.* ［R］. Shanghai：Shanghai Mercury，Limited，1906：21.

③ C. L. S.. *Nineteenth Annual Report of C. L. S.* ［R］. Shanghai：Shanghai Mercury，Limited，1906：11.

④ C. L. S.. *Nineteenth Annual Report of C. L. S.* ［R］. Shanghai：Shanghai Mercury，Limited，1906：21.

⑤ C. L. S.. *Twentieth Annual Report of C. L. S.* ［R］. Shanghai：Shanghai Mercury，Limited，1907：14.

⑥ C. L. S.. *Twentieth Annual Report of C. L. S.* ［R］. Shanghai：Shanghai Mercury，Limited，1907：27.

摩太专注于清政府统治阶级的"一个人向百万人传道"策略现已失效，应当及时将主要目标转移至普通民众，其所谓的"个体"正是革命运动的主力。季理斐的表态也是广学会成员首次对该会施行了20年的"自上而下"传教策略提出质疑。对于如何具体应对此起彼落的收回利权反帝爱国运动，季理斐认为"这个棘手的问题应该留给外交家和政治家们去解决"①，这又与坚持参与政治活动的李提摩太观点大相径庭。对于这一敏感问题，广学会资深会员、传教士潘慎文也认为，如果中国民众知晓外国人试图对收回利权运动进行抵制，"也许会在全国各地的传教站周围引起一场反外运动，广学会最好不要参与"②。在潘慎文眼中，那些曾经是彻底转变中国思想希望所在的青年学生，已经成为有危险的因素③。面对波诡云谲的晚清局势，广学会成员在思想层面已无法保持惯有的一致，季理斐和潘慎文此种"明哲保身"的想法颇具普遍性。可见，在中国广大民众展现出的团结力量面前，广学会这一代表西方利益与价值观的出版机构显得如此脆弱无力。

意料之中的是，李提摩太断然不会放弃"自上而下"的传教策略，他还为广学会制订了新的工作方案，呼吁西方社会进一步提供人力与财力支持，主旨思想浓缩于 *A Forward Movement*（《前进运动》）一文中：

第一，充分研究日本传入中国的书籍，追踪其效果。

第二，阅读中文报纸及世俗出版社出版的书籍，关注中国本

---

① C. L. S.. *Twentieth Annual Report of C. L. S.* ［R］. Shanghai：Shanghai Mercury，Limited，1907：27.

② C. L. S.. *Twentieth Annual Report of C. L. S.* ［R］. Shanghai：Shanghai Mercury，Limited，1907：30.

③ C. L. S.. *Twentieth Annual Report of C. L. S.* ［R］. Shanghai：Shanghai Mercury，Limited，1907：30.

土思想发展趋势，并不断地与之相适应。

第三，修订广学会已有书籍，使之跟上时代步伐。

第四，编辑出版一份日报。

第五，与最有才干的中国学者共同创作12种新文学著作。[①]

李提摩太提出的策略无疑是正确的，但明显又是迟缓且过时的，他的后知后觉既不能挽救身处谷底的广学会，也无法逆转民族主义思想在中国民众中的蓬勃发展。1907年广学会在出版活动方面，除了出版季理斐著作《争战非道论》外，还发行了李提摩太历史类译著《埃及变政史略》与《英国实业史》，季理斐与华立熙合译西学著作《大英十九周新史》，埃塞尔·M. 斯夸尔（Ethel M. Squire）翻译的体育类专著《女学体操》，以及《躬自虔诚》《住在基督》《圣经书目》《惜畜新编》《养正新编》5部基督教文学作品[②]。虽然《大同报》得到了奉天巡抚唐绍仪、山西巡抚宝棻等清廷高官的欣赏[③]，并纷纷大量订购，但1907年广学会书刊销售情况依然毫无起色，营收仅12205.78洋银[④]。鉴于持续恶化的财政状况，广学会不得不关闭了运营仅3年有余的西部书库[⑤]。同年5月，广学会元老林乐知因病离世，极大削弱了该会编辑力量。在新教各团体共同庆祝来华传教100年之际，该会的发展前景却晦暗不明，颇有一丝1890年韦廉臣去世后卖产续命的

---

① C. L. S.. *Twentieth Annual Report of C. L. S.* [R]. Shanghai：Shanghai Mercury，Limited，1907：11.

② C. L. S.. *Twentieth Annual Report of C. L. S.* [R]. Shanghai：Shanghai Mercury，Limited，1907：14.

③ C. L. S.. *Twentieth Annual Report of C. L. S.* [R]. Shanghai：Shanghai Mercury，Limited，1907：8.

④ C. L. S.. *Twentieth Annual Report of C. L. S.* [R]. Shanghai：Shanghai Mercury，Limited，1907：15.

⑤ C. L. S.. *Twentieth Annual Report of C. L. S.* [R]. Shanghai：Shanghai Mercury，Limited，1907：15.

悲凉感。

尽管1906年、1907年广学会连续出版了两部倡导中外和平的专著，但显然无法阻挡晚清中国涌动的革命思潮，而中国本土出版机构不断再版关于法国大革命的译著，也使广学会成员感到如芒在背①，便更加努力地在全国范围内传播主张和平改革的文学作品。对此，广学会董事、美国驻华公使田贝（Charles Denby）惺惺作态地表示："在过去几十年与西方的接触中，中国一直在学习一种片面的文明——我们的军队和战船给中国留下的印象比我们崇高思想中的导师给它的印象还要深。我们必须依靠印刷的书籍，向伟大的人民传播文明的另一半知识……让中国知道，我们对自己给予武力的显赫地位感到羞耻。我们相信有一个更光明的未来，那时人类文明最显著的成就将不再是武装，而是和平。"②美、英、法、德等西方列强几十年来依靠武力不断在中国攫取利益，田贝公使此番宣扬和平，不免显得虚伪。田贝言犹在耳，美国环球航行的"大白"舰队便停靠厦门炫耀武力，其所谓的"和平"更令人觉得颇有讽刺意味。

与此同时，总干事李提摩太仍然热衷于四处窜访，急于了解中国各地官员、学生的思想动态。1908年4—5月，李提摩太怀揣500册其撰写的关于中国政治改革的小册子《预筹中国十二年新政策》开启了"在华现代传教之旅"③，先后前往南京、武昌、北京、山西，分别与两江总督端方、湖广总督陈夔龙以及北京的几位郁郁不得志的"老友"会面，并向山西太原府25所不同学校

---

① C. L. S.. *Twenty-First Annual Report of C. L. S.* [R]. Shanghai：Shanghai Mercury，Limited，1908：7.

② C. L. S.. *Twenty-First Annual Report of C. L. S.* [R]. Shanghai：Shanghai Mercury，Limited，1908：36.

③ C. L. S.. *Twenty-First Annual Report of C. L. S.* [R]. Shanghai：Shanghai Mercury，Limited，1908：19.

的2000名学生发表演讲，四处兜售所谓的"振兴中国"计划，其实质不过是重弹外国顾问参与清政府国家管理的老调，结局必然是"曲高和寡""知音难觅"①。特别是同年11月14日、15日，光绪帝与慈禧太后先后去世，使晚清政局的未来走势变数陡增，广学会人等在静观其变的同时，期待着"一个启蒙新时代的到来，希望这个帝国未来的统治者无论是谁，都能使广学会成员将该会的伟大事业发扬光大"②。然而，广学会不得不面对的现实是："由于现在的中国购书者似乎在寻找以纯粹中国出版社名义发行的书籍，包括本会在内的所有外国出版会社现在都经历着贸易萧条。"③随着民族主义思想在广大中国民众中不断深化，他们不仅抵制夹杂着西方意识形态的西方出版物，甚至连日本发行的"二手"西学书籍都受到了排斥，当中国人自己出版的书籍越来越受到国人青睐时，中国文人学子的意志已很难再由广学会此类外国书刊会社的主观意愿所左右。在此情况下，1908年广学会共出版新书11部，除李提摩太撰写的《预筹中国十二年新政策》，还有介绍西方工业领导者的专著《近代艺学界》，对日本教育及日本政府治理朝鲜的调查文献《日本教育之新调查》与《伊藤总监治韩政》，植物学图书《濮而班克种植学》，中国儒家经典释义著作《四书解义适今》，共5部世俗图书，以及《救赎精义》《道玄指实》《耶儒月旦》《五洲万年毕业经》《圣神三法》5部基督教文学图书④。该会出版物最大变动则是停办其机关报《万国公

① C. L. S.. *Twenty-First Annual Report of C. L. S.* ［R］. Shanghai：Shanghai Mercury，Limited，1908：20-22.

② C. L. S.. *Twenty-First Annual Report of C. L. S.* ［R］. Shanghai：Shanghai Mercury，Limited，1908：21.

③ C. L. S.. *Twenty-First Annual Report of C. L. S.* ［R］. Shanghai：Shanghai Mercury，Limited，1908：5.

④ C. L. S.. *Twenty-First Annual Report of C. L. S.* ［R］. Shanghai：Shanghai Mercury，Limited，1908：6.

报》,《大同报》独自承担起传播西学的重任,并在当年创造了195,000份的清末年度发行纪录①。

慈禧、光绪离世,宣统登基、载沣摄政,注定使1909年成为清政府内部权力更迭频繁、各方纷争不断的一年。保守派、立宪派、革命党三方角力各不相让,而张之洞病逝,以及被西方人士称为"改革之友"的袁世凯、端方相继被迫隐退,又使广学会"感到沮丧"②,但1909年10月14日全国除新疆外,各省谘议局同时开幕,清政府曙光乍现,又使该会在纷繁复杂的时局中看到了对华思想渗透的新希望、新对象,当1905年清廷向全国人民宣布实行"预备立宪"时,李提摩太便深谋远虑地言道:"'议政'一定会到来,随之而来的是自由讨论、公民权利和个人权利……教育那些讨论和投票的人便尤为重要。"③借此时机,广学会向8位总督和18位巡抚赠送了专门编写的主要出版物样书④。张之洞去世前兼管学部,他两次向李提摩太发出为全国20所大学堂提供合适教科书的邀请,并愿提供必要资金⑤,但广学会仅凭5名编辑人员绝无可能完成此项重任,并且随着这位"中体西用"重实学的洋务派耆宿去世,此事亦不了了之。李提摩太对此喟然长叹,认为这是继太平天国运动、戊戌变法后,新教教会第三次因文学

---

① C. L. S.. *Twenty-First Annual Report of C. L. S.* [R]. Shanghai: Shanghai Mercury, Limited, 1908: 6.

② C. L. S.. *Twenty-Third Annual Report of C. L. S.* [R]. Shanghai: Shanghai Mercury, Limited, 1910: 1.

③ C. L. S.. *Eighteenth Annual Report of C. L. S.* [R]. Shanghai: Shanghai Mercury, Limited, 1905: 5.

④ C. L. S.. *Twenty-Second Annual Report of C. L. S.* [R]. Shanghai: Shanghai Mercury, Limited, 1909: 7.

⑤ C. L. S.. *Twenty-Second Annual Report of C. L. S.* [R]. Shanghai: Shanghai Mercury, Limited, 1909: 8.

领域的力量薄弱而错失赢得整个中国的良机①。在此大背景下，广学会文化传播策略依然延续着倡导和平主义的路线，出版了李提摩太撰写的以世界和平为主题的《新世政策图说》，以及米德夫人（Mead）著作《和平原论》②，努力使中国的新决策者们形成与西方国家和平共处、维持现状的普遍共识。《大同报》先期连载的莫安仁译著《英国宪政辑要》也以专著形式发行，大力宣传英国君主立宪制模式。此外，英国土木工程师尤因·马得胜（Ewing Matheson）编著的《路矿工程》、P. A. 肯特（P. A. Kent）专著《中国铁路历史》、高葆真撰写的介绍欧洲文化《欧化篇》、莫安仁编撰的商业教育用书《生计学》也于同年出版③。

在清政府迈出立宪实质性一步之际，广学会相信绝大多数中国人向西方学习的目的是"发现中国如何能通过陆海军、铁路、矿山、制造业、国际贸易等变得富强""追求的是物质上的繁荣"，却忽视了西方宗教，认为这与100多年前法国大革命的反宗教特性极其相似，中国将面临"倒退改革"④。如此一来不仅广学会，全体西方在华传教机构都将失去传教根基，而中国文人学子在西方对华思想渗透过程中这种接受西学、剔除西教的自主性选择早已有之，只不过此时更加明显与强烈。故此，李提摩太再次强调了他在1890年在华新教传教士大会上的论断："在东方国

---

① *World Missionary Conference Report of Commission* Ⅲ ［R］. Edinburgh: Oliphant, Anderson & Ferrier and the Fleming H. Revell Company, 1910: 450.

② C. L. S.. *Twenty-Second Annual Report of C. L. S.* ［R］. Shanghai: Shanghai Mercury, Limited, 1909: 10.

③ C. L. S.. *Twenty-Second Annual Report of C. L. S.* ［R］. Shanghai: Shanghai Mercury, Limited, 1909: 10.

④ C. L. S.. *Twenty-Second Annual Report of C. L. S.* ［R］. Shanghai: Shanghai Mercury, Limited, 1909: 6.

家中，没有一种宗教能在得到当权者的同意和认可之前取得成功……因此，我们必须使统治者相信基督教的重要性和价值。"[①]李提摩太的言论也从侧面表明，虽然广学会已开展文化传播活动22年，但晚清中国统治阶层与文人群体对基督教的态度并未发生根本性转变，一切仍在原点徘徊，新教的百余年努力也似乎只是黄粱一梦，甚至此时中国政治社会环境对西方传教团体更加不利。面对新形势，李提摩太自以为是地认为对中国统治者的"精神"层面进行补课十分必要，于是广学会在1909年出版了《基督传》《二约选读》《基督模范》《基督教纲领》《基督教大旨》《慕牧师木铎记》6部基督教历史及教义教理普及性图书，其出版活动侧重点已完全由世俗转向宗教[②]。而广学会遵循李提摩太这种近乎堂吉诃德式空想的指导定然无利于经营活动的改善，全年业绩依然平平，较往年未有明显增长。彼年广学会最大成就则是依靠西方各界人士捐资扶持在上海的四川北路建成办公大楼[③]，实现了李提摩太于1907年提出的建立永久总部设想，他还向广学会图书馆捐赠其在华40余年收藏的7700册中英文典籍[④]。

四　预备立宪时期的挣扎

晚清立宪运动在1910年进入高潮，资政院举行第一次开院

---

① C. L. S.. *Twenty-Second Annual Report of C. L. S.* [R]. Shanghai：Shanghai Mercury, Limited, 1909：5.

② C. L. S.. *Twenty-Second Annual Report of C. L. S.* [R]. Shanghai：Shanghai Mercury, Limited, 1909：10.

③ C. L. S.. *Twenty-Second Annual Report of C. L. S.* [R]. Shanghai：Shanghai Mercury, Limited, 1909：6.

④ C. L. S.. *Twenty-Second Annual Report of C. L. S.* [R]. Shanghai：Shanghai Mercury, Limited, 1909：22.

礼。资政院开议前后，立宪派组织的国会请愿运动接连不断，强烈要求速开国会、颁布宪法、缩短预备立宪期限等，革命党人则在广东发动新军起义。十年新政，清廷统治地位非但没有得以稳固，反而更加风雨飘摇，被迫宣布提前3年召开国会。对于当年中国局势，李提摩太评价道："中国一向很难被理解和估计，现在更是如此。思想的停滞状态正在被各种潮流和交叉潮流所打破，其中许多隐藏在表面之下，我们所能说的就是总的结果是向上和向前的。"①对于清廷的立宪运动，李提摩太认为尽管谘议局的权利在名义上是咨询性质的，且公民权也"仅限于文人、官员和那些拥有不少于600英镑财产的人士"，但"其目的不是革命，而是鼓励爱国主义，巩固帝国"②。清廷此种有名无实的立宪活动对于李提摩太而言仍是值得支持与赞扬的。广学会全体成员对清廷能否继续维系统治十分关注，而哪个阶层在新形势下可为其所用，以继续渗透、控制中国人思想，左右中国政治社会发展方向才是其思考的核心问题。对此，广学会认为其一直格外关注的高级官员在当前情形下变动频繁，"几乎没有机会完成他们开始的改革"，而士绅却是"城镇的永久居民"，并且"这些人在当地有很大的影响力，省谘议局的许多成员就是从他们中挑选出来的"③。故而，1910年广学会文学传教策略所针对的目标人群发生了重要转变，由原来的官僚、文人阶级转为士绅群体，并且该会还迅速编制出全国各省主要士绅名单，期望利用邮政网络在他们中间扩大出版物发行量，以影响各省谘议局之决策，使中国政

---

① C. L. S.. *Twenty-Third Annual Report of C. L. S.* [R]. Shanghai：Shanghai Mercury，Limited，1910：1.

② C. L. S.. *Twenty-Third Annual Report of C. L. S.* [R]. Shanghai：Shanghai Mercury，Limited，1910：5.

③ C. L. S.. *Twenty-Third Annual Report of C. L. S.* [R]. Shanghai：Shanghai Mercury，Limited，1910：10.

局重回有利于西方在华利益的轨道①。恰在此年，广学会一次性得到了基督教文学协会格拉斯哥总会（Christian Literature Society，Glasgow）、基督教文学协会伦敦分会（Christian Literature Society，London）、浸礼会伦敦分会（Baptist Missionary Society，London）、阿辛顿基金会（Arthington Fund）、伦敦会（London Missionary Society）、圣教书会（Religious Tract Society）以及中国应急委员会（China Emergency Committee）共计875.28英镑的大额捐款（约合7002两白银）②，使得该会自1905年印刷出版活动大萧条后迎来了出版物数量的报复性增长，满足了该会针对士绅群体发行大量书刊的迫切需求。广学会全年共出版新书31种，其中《训十二徒真诠》《新旧约接续史》《花甲记忆》《李文司登播道斐洲游记》《湛约各传》等基督教文学图书和传教士传记图书多达24种，占据新书的绝对多数。世俗书籍仅有7种，分别为记述现代智力发展的《欧洲近世智力进步录》、普及茶叶种植技术图书《种茶良法》、介绍美国教育现状的《最近美国学务大全》、阿尔弗雷德大帝传记《英王亚非勒传》、哈布斯堡君主国统治者玛丽娅·特蕾莎传记《奥后特勒萨实录》，两部儒家经典注释系列专著《四书解义适今（论语）》和《四书解义适今（学庸）》，此外还印制《哈雷彗星》《科学与酒精》《改革》3种小册子。同时，广学会还再版《二约释义全书》《医方汇编》《安仁车》《张李相论》等25种专著，与新出版物类别构成一致，基督教文学书籍占极大比重。连同当年发行的《中西教会报》与《大同报》，1910年广学会共印刷书刊217,050份，合计11,216,600

---

① C. L. S.. *Twenty-Third Annual Report of C. L. S.* [R]. Shanghai：Shanghai Mercury，Limited，1910：10.

② C. L. S.. *Twenty-Third Annual Report of C. L. S.* [R]. Shanghai：Shanghai Mercury，Limited，1910：21.

页①。为扩大影响力以及书刊销量，广学会还于当年6月参加了在南京举办的中国首次世界博览会——南洋劝业会，并被清政府授予在展览大厅中向学生群体进行大会发言的特权②。随着出版物数量的激增，广学会该年书刊销售额的确实现了一定增长，达到21000.12洋银，较1909年销售额增长近50%，其中《大同报》贡献最大，订阅额为8322.72洋银，同比翻一番③。显见，广学会在士绅之间加大书刊发行力度的策略确实收到一定成效，销售额为5年来最高值。

然而，晚清立宪进程的复杂性与曲折性完全超出李提摩太以及广学会众人的预估。1911年5月8日，载沣摄政下的清廷连颁《内阁官制》与《内阁办事暂行章程》，规定内阁中满族贵族8名，汉族官员仅占3席，如此内阁名不副实，彻底沦为"皇族内阁"。6月，各省谘议局联合会上奏："以皇族组织内阁，不合君主立宪国公例，请另简大员，组织内阁。"对此，清廷予以断然拒绝。广学会认为这是"一件令人大失所望的事"④。1911年春东北爆发肺鼠疫，危及东北全境，夏季长江突发大洪水，百万人流离失所，多事之秋又逢天灾。与之相比，广学会最为忧虑的却是"大多数从日本回国的中国留学生已经接受了革命思想，现正返回各省去宣传这些思想"⑤，立宪派与革命党愈走愈近，清朝统治更

---

① C. L. S.. *Twenty-Third Annual Report of C. L. S.* [R]. Shanghai: Shanghai Mercury, Limited, 1910: 15-16.

② C. L. S.. *Twenty-Third Annual Report of C. L. S.* [R]. Shanghai: Shanghai Mercury, Limited, 1910: 8.

③ C. L. S.. *Twenty-Third Annual Report of C. L. S.* [R]. Shanghai: Shanghai Mercury, Limited, 1910: 19.

④ C. L. S.. *Twenty-Fourth Annual Report of C. L. S.* [R]. Shanghai: Shanghai Mercury, Limited, 1911: 1.

⑤ C. L. S.. *Twenty-Fourth Annual Report of C. L. S.* [R]. Shanghai: Shanghai Mercury, Limited, 1911: 2.

加岌岌可危。鉴于清廷由君主专制国家向君主立宪制国家过渡时期出现的严峻形势，广学会就出版何种书籍予以应付，分别向约翰·莫利（John Morley）、艾尔弗雷德·莱尔（Alfred Lyall）等英国著名政治家征询意见后，"决定组织编写一系列杰出基督教政治家传记，供清廷及各省谘议局议员传阅，希望议员能够从这些传记中发现国家和普遍进步的健全原则"[①]，所谓"健全原则"也就是在接受西方精神文明，即基督教的前提下追求政治变革与物质发展。同时，广学会对于中国人能够接受西学却排斥西方宗教的问题进行了深入总结分析，认为究其原因有二：其一便是"旧护教学具有破坏性，期望中国人放弃很多在宗教和习俗上还不错的东西，结果中国人非但没有被吸引，反而排斥基督教"；其二则是"基督教对个人和国家真正的实际好处并未清楚地、以合适的东方思维进行表述"[②]。基于以上思考，1911年广学会首先出版了由莫安仁编著的英国著名政治家、社会改革家安东尼·阿什利·库珀传记《沙斐伯雷传》，以及英国著名政治家罗切斯特伯爵传记《罗彻斯德正心谭》。此外，还出版发行了《进化真诠》《宇宙进化论》《察经要术》《宗教天演合论》《求则得之》等13部基督教主题著作，西学著作仅有西方伦理学专著《泰西是非学拾级》与医学著作《泰西奇效医术谭》两部[③]。虽然广学会发行的新书刊接连不断，但此前各年印刷的众多出版物仍大量堆积、销路窘迫，就其内容而言早已落后于中国政治社会实际需求。因此，广学会于当年首次开展了"要书合售大减价"活动，

---

① C. L. S.. *Twenty-Fourth Annual Report of C. L. S.* ［R］. Shanghai：Shanghai Mercury, Limited, 1911：5.

② C. L. S.. *Twenty-Fourth Annual Report of C. L. S.* ［R］. Shanghai：Shanghai Mercury, Limited, 1911：13.

③ C. L. S.. *Twenty-Fourth Annual Report of C. L. S.* ［R］. Shanghai：Shanghai Mercury, Limited, 1911：10-11.

加速资金回笼，136种书分为4套，共推出2000套，售价不及原价一半①。尽管广学会促销力度空前，但往年出版物早已成为隔年黄历，新出版物基督教色彩浓厚，也很难引起中国官僚阶层与士绅群体的普遍共鸣，并且四川总督赵尔丰、山东巡抚孙宝琦分别取消订阅《大同报》②，使该报发行量大为减少，广学会年度收入为18432.56洋银，与上一年度相比有所下降③，广学会已然颓势难掩。

1911年10月10日在武昌城中响起的革命枪声，不仅给苟延残喘的清王朝致命一击，也使广学会拥清廷、抗革命的计划化为泡影。但让人颇感意外的是，在当年11月14日举行的广学会年会上，一向对中国政治走向嗅觉敏锐，且对清廷寄予"厚望"的诸位成员却在大会发言中对此未予过多关注，大会主席、美国驻华领事A. P. 怀尔德悠然言道："按照波斯谚语所说的'所有这一切都会过去'的精神，我们完全可以冷静地看待这个动荡不安的帝国。"④与会众人便又在李提摩太带领下谋划如何应对一个新的中国。

① 广学会. 大同报 [N]. 1911（1）.

② C. L. S.. *Twenty-Fourth Annual Report of C. L. S.* [R]. Shanghai: Shanghai Mercury, Limited, 1911：9.

③ C. L. S.. *Twenty-Fourth Annual Report of C. L. S.* [R]. Shanghai: Shanghai Mercury, Limited, 1911：12.

④ C. L. S.. *Twenty-Fourth Annual Report of C. L. S.* [R]. Shanghai: Shanghai Mercury, Limited, 1911：21.

第五章　清末广学会由盛转衰的
内在理路

通过全面还原广学会在清末24年中的文化传播活动，便可发现一条该会由初创时期的冷寂，到维新变法期间的兴盛，再到新政阶段逐渐走向衰微的清晰历史发展脉络。同时，就广学会"自上而下"的纵向文化传播策略而言，在横向上又可分为两个阶段：其一，即所谓的"启蒙"阶段，以书报为媒介传播西学，系统提供西方现代自然科学与人文科学"常识"，实现对中国人思想的西方化改造。其二，即"归化"阶段，在中国的政治、经济、文化、生活方式等主要方面均与西方世界保持一致的基础上，使之接受该会传教士眼中的西方科学源泉——基督教文明，进而使清末中国顺利演变为基督教国家。在广学会文化传播活动中，两阶段的实践与发展还显现出既前后衔接，又相互融合的特点。故而，依照该会之谋划，中国人在思想层面将"自上而下"、由浅入深地经历两次转变，但在此进程中，由于广学会对清末中国政治活动广泛且持久的介入，以及在戊戌时期的发展，使后人往往将该会政治影响力的强弱作为评判其兴替的度量，而极为重要的"归化"阶段则成为盲点。因此，必须再次重申和明确的是，广学会绝非一家为攫取政治资本而生的出版机构，宗教性是其鲜明的底色，试图使清末中国演变为一个基督教国家是其贯彻始终的核心思想。故而，回归广学会终极追求的本源，将之作为衡量该会发展曲线之标尺似乎更合乎逻辑。如此，也将展现出广学会在晚清时期始终受到中国政治与社会发展牵制的历史理路。

一 文化适应下的"崛起"幻境

需要指出的是，由"启蒙"至"归化"的"两步走"文化传播战略绝非广学会创举，以孟高维诺、利玛窦、汤若望、南怀仁为代表的明末来华耶稣会士早有实践。两者在华活动时间虽间隔近3个世纪，但彼此之间的确充满了诸多相似性。他们的另一共同之处则是强调基督教文明对中国本土文化和社会环境的适应，以此减少两种文明相遇后产生的摩擦与冲突，这一观点在广学会编辑群体共同具有的传教方式"中国化"的思想上得以充分体现。无论是韦廉臣对待中国文人的"尊敬"态度，还是李提摩太提出的"更具同情心"的文学创作思想，都是从频繁爆发的教案中总结出的经验教训，也是他们面对中国文化的独特性、主体性、延续性和强大生命力的必然选择，实为广学会文化传播活动得以顺利开展的致为紧要的前提。依此计划，新教这一在清末中国始终处于边缘地位的宗教，将经历与中国本土文化融合，进而将后者吞噬的历程。换而言之，广学会就是一个基督教文化适应中国文化的产物，从而跨越新教传教团体长期以来难以逾越的中西文化沟壑，该会的存在也使得极具排他性的基督教具有了一丝兼容性。而这种与中国文化相适应的思想在新教群体内部看来颇有文化绥靖主义倾向，由此带来的纷争又与来华耶稣会士和罗马教廷间曾产生的激烈争论如出一辙。但不容否认，面对一种历史悠久，且无比辉煌的古老文明，收敛锋芒是极为明智的选择。

正如威尔伯·施拉姆（Wilbur Schramm）所言："大众媒介一经出现，就介入了一切重大的社会变革，包括智力革命、政治革命、工业革命，以及兴趣爱好、愿望抱负和价值观念的革命。"①现代报刊和书籍始终是广学会针对清朝全体社会阶层开展文化传播活动的有力工具。也正是借力于大众媒介，该会才得以深度参与到中国政治改革活动之中，并在思想上与广大文人学士频繁互动。而广学会在建立之初便确立的文化迎合基调，也必然使其有机会融入清末中国思想发展的大潮流中，踏着中国近代化的节拍，与官宦文人共舞。自1861年洋务运动兴起，至甲午中日战争爆发前，以洋务派为骨干的大批官宦学子陆续走上了富国强兵的自救道路，普遍坚信引进西方先进科学技术便可挽救国家于水火。算学、天学、地学、商政、船政等西方基础科学和实用知识成为中国社会最为急切的需求。因此，通过韦廉臣对广学会的定位可见，该会利用"格致"出版物对中国文人开展"启蒙"活动，便是对中国文人学士渴求"西学"的应和。随之而来的问题则是，尽管西方传教士在编写西学书籍方面具有得天独厚的优势，江南机器制造局翻译馆、京师同文馆、广方言馆等清政府官办机构却早已成为先行者。故此，纵然广学会的出版规划与中国统治阶级和文人群体的思想热点相契合，该会作为西学热潮中的一个与洋务派翻译馆分庭抗礼的信息传播会社，要想从与同处上海的格致书院、江南机器制造局翻译馆之间必然发生的竞争中脱颖而出，其过程定然困难重重。广学会在1887—1894年长期处于平庸状态便是最直接的佐证。

　　西方列强侵华活动进一步加剧，晚清中国社会情势的进一步恶化，以及进步文人在政治改革方面产生的思潮为广学会之发展提供了客观条件。1895年清军甲午战败，残酷的现实证明了明治维新完胜洋务运动，也再次表明晚清中国之疾早已深入腠理而不在肌肤，爱国文人在绝望之中对于探寻一条国家自强道路的心情

---

　　①〔美〕威尔伯·施拉姆，威廉·波特.传播学概论［M］.何道宽，译.北京：中国人民大学出版社，2010：16.

愈加迫切，变法已刻不容缓。经济基础决定上层建筑，在一个重农抑商，没有经历过暴风骤雨般资产阶级革命洗礼的国家，即便是冠绝时辈的思想家、政治家也断难凭空创造出现代政治思想，那么又该如何变之？历史早已证明，无论是致力于"格致之学"的洋务机构，或是以严复、蔡绍基、唐绍仪等为代表的官派留美学生，还是伍廷芳、张荫桓等驻外官员都未能给出全面且系统的答案，抑或说他们徘徊在政治改革这一兹事体大的言论禁区外未敢有越畔之思，尽管也有郑观应、王韬、何启等资产阶级改革先觉者，但仅凭《盛世危言》《弢园文录外编》《中国亟宜改革政法论》等零星著述对于全面推广政治改良也难以形成规模化的常态与长效。反倒是广学会，凭借第二任总干事李提摩太在华的丰富阅历和敏锐嗅觉早已将思想政治领域作为其对华文化传播的切入点，及时迎合了中国上层社会的流行情绪，努力提供能够引起人们共鸣的政论书刊。广学会之"西学"便突破了传统意义上的"器物之学"，西方思想政治学说成为其中的重中之重。

不容忽视的是，尽管中国社会各阶层接受了洋务运动30余年的实践教育，且1895—1898年维新派又风头正劲，变法成为中国领导阶层的主流意识，但保守思想仍然普遍存在于中国社会之中。广学会在信息生产与传播过程中始终面临着大量以反洋教、反洋人为主题的印刷品的抵抗与挑战，这些出版物不仅是广大中国民众长期以来对西方侵略者固有意识的表达，也反映出中国民众作为信息接收者所带有的自我保护色彩，对其认知结构中不想发生的变化将予以拒绝。故而，针对这一情势，广学会编辑群体凭借对儒家文化的长期学习与知识积累，以及对中国文人秉性的深入了解，在书刊编著方面展现出"西体中用"的编辑技巧，他们利用纯粹的中国化表述方式争取中国人在情感上的支持，在其出版物中诸如"四海之内皆兄弟"的表达比比皆是，表现出"耶儒融合"的鲜明态度，以此获得与中国儒家文化共同的文化身份，努力获取中国文人的情感接纳和文化认同。对于这些举措，花之安的言论可以作为简洁且直白的注脚："站在中国的立场上，或多或少地把西方的思想融入到已经确立的中国式思维和表达方式中去，这是经典的方法。"①而在出版物内容方面，广学会编辑在编纂过程中，又必然以自身的阶级性和价值观为出发点和落脚点，扮演着信息把关人和舆论操控者的角色，出自他们笔下的书刊都经过精心斟酌与摘选，即便是《泰西新史揽要》这样的译本也非完全忠于原著，其中夹杂着对中国政治社会走向的种种暗示，对君主制的追捧，对进步革命的大肆诋毁。但正可谓若得悬鱼则必备香饵，广学会所传播的信息中也努力贴近了维新派的改革动机，这对于清末中国的思想进步产生了一定的推动作用，中国知识分子也得以接触到自由主义、资本主义、马克思主义等西方先进思想理念。也正因如此，《万国公报》《时事新论》《中东战纪本末》《列国变通兴盛记》《中西四大政》等政论类出版物才得以大行其道、洛阳纸贵，并摆上光绪帝的案牍。除政治改革类书籍外，广学会在教育、商业、农业等改革方面全面出击，陆续出版的《养民有法》《农学新法》《生利分利之别》《税敛要例》等大量恰逢其时的出版物满足了资产阶级改良派的求知欲，为其提供了囊括各领域改革的整体性解决方案，在持续强化对华观念灌输方面起到了组合拳的功效。因此，清政府统治阶层在思想上，特别是对待传教士的态度上发生的转变是异常明显的，曾被李提摩太称为"清政府蓝皮书"的最新版本——《皇朝经世文新编》中破天荒地收录了37篇由李提摩太、林乐知、哲美森等广学会成员撰写的政治改革文章②。

---

① *Records of the General Conference of the Protestant Missionaries of China* [R]. Shanghai: American Presbyterian Mission Press, 1890: 586.

② 麦仲华. 皇朝经世文新编 [M]. 上海：大同译书局，1898.

的确，伴随着对信息的过滤和对大众媒介的操控，广学会在西方资本主义发展实际与中国知识分子之间构建起了一个绝非真实的知识环境。而在此作用下，光绪帝、张之洞、李鸿章、刘坤一、聂缉椝、康有为、郑观应、盛宣怀等政商领袖都成了该会的忠实读者，无不将其出版的书籍奉为圭臬，该会在维新运动期间对清王朝统治阶级以及文人群体的思想产生过深刻影响，其制订的改革方案曾融入中国知识分子的思想体系之中，变成中国上层阶级的共识，并转化为政府的行动。大众传播的社会控制功能在此体现得淋漓尽致。该会在维新期间的逐步崛起便是以现代报刊和书籍为代表的大众媒介作用于中国政治社会的力量彰显。广学会也在这一时期开始走出上海辐射全中国，成为一个蜚声海内外的出版会社。

但是，对于广学会在中国社会近代化发展进程中作用与影响的评判不应过分强调其主体性，而当遵循辩证的历史决定论，在坚持社会发展客观规律性的基础上对之加以审视。显然，无论是戊戌变法，或是3年后施行的新政，两场性质相近的政治改革运动都是清政府统治阶层迫于外部经济与军事压力和内部政治环境变化，为巩固其王朝统治而采取的集体决策与自主行动，也是一条完全遵循近代国家发展普遍规律，由封建社会向资本主义社会转变的必由之路，广学会之言论不过是提供了一条路径，借此，官宦文人看到了相对先进的政治改革样板。诚然，清廷在政治、经济、工业、教育等方面采取的改革措施的确使中西方之间的政治与贸易往来更加顺畅，在一定程度上满足了西方列强长期以来对清政权提出的更加"开放"的诉求，但清政府绝非在主观上走上了一条广学会指引的符合该会宗旨以及西方政、商、宗教界在华根本利益的道路。戊戌政变后广学会出版事业随即跌落谷底，以及1901年新政改革后该会书刊销量的回升，都有力证明了广学会的兴盛与衰落只是其前途命运与中国政治社会发展同频共振的结果，是清末中国政治改革活动达到波峰、波谷的具体表征。因而，广学会在戊戌年的短暂崛起充满了虚幻感，该会也不过是晚清中国政治浪潮中的一叶小舟。

二　皇权消逝对"自上而下"文化传播策略的解构

在清末广学会"自上而下"文化传播策略中，对清廷权势的利用是首尾一贯的，对统治阶层进行有效思想掌控，被其视为文化传播活动取得成功的关键。对此，李提摩太曾形象地比喻道："在平原的最高点把水打开，单凭重力，水就会漫过整个陆地。"①但这种方式在新教界内引起的争论是异常激烈的，甚至不亚于"译名之争"，同样导致了新教群体内部的分裂。关于信息传播方向的有效选择，雷吉斯·德布雷曾谈道："一般来讲，从低处可以传播得更好。解码成本低，听众却更广。"②但对于基督教而言，"自下而上"信息传播模式的固化似乎与理论无关，其不仅来源于几个世纪在宗教传播上的成功实践，更关乎宗教传统。回顾公元2—3世纪基督教的传播历史可见，基督教就是以使徒游走四方、口头传福音的方式，在社会底层收获了广大受众后，逐步影响社会中上层，乃至于罗马皇帝君士坦丁一世，最终在公元325年举行的第一次尼西亚会议上一举确立了罗马帝国国教的地位。虽然基督教在欧洲的突起同样依靠政治力量，但"自上而下"的信息传播模式显得如此颠覆传统，让新教群体内的保守派感到不可理喻。基督教在欧洲十几个世纪的教会史，以及在

---

① S. D. K.. *Fourteenth Annual Report of S. D. K.* [R]. Shanghai: Shanghai Mercury, 1901: 4.

② [法]雷吉斯·德布雷. 普通媒介学教程 [M]. 陈卫星，王杨，译. 北京：清华大学出版社，2020：146.

美洲、非洲传教史中都未曾出现的矛盾却在清末中国显得如此尖锐。显然，以士人群体为代表的统治阶层自古以来在国家事务和各领域中的领导力、影响力是毋庸置疑的，中国人不是古罗马时期教化未开的日耳曼人，中华文明也不是美洲非洲大陆上的原有文明。因此，在华新教群体也不得不承认，李提摩太领导下的广学会在维新运动中使以光绪帝为首的统治阶级接受了其大力宣传的改革思想，这在一定程度上证明了"自上而下"地开展思想渗透活动的合理性与有效性。

假如广学会只是一个单纯的政治性出版会社，其经营活动无疑是极为成功的。但是，当回归到该会传播宗教的根本目标，对其在1895—1901年与清政府统治阶层间频繁发生的互动交流予以审视时，便可发现与其宗旨背道而驰的景象。尽管晚清中国在1895—1901年经历了一系列反复之后终于走上该会梦寐以求的改革道路，但中国的统治阶层依旧保持着中国儒家文化传统：李提摩太编著《救世教益》答复李鸿章对基督教发出的质疑后，李鸿章却再无回应；深受广学会影响、对该会推崇备至的康有为，自始至终都保存着复兴"孔教"的理想；而西方社会根据光绪帝购买大量广学会基督教出版物的行为，得出"皇帝皈依"的论断，则未免过于武断和想当然，将之视为皇帝本人潜心西学之余希望了解西方宗教文化更为合理可信；李鸿章、张之洞、康有为、刘坤一、聂缉椝、江标等人与该会产生的资金输送和信件联络，也都仅限于在政治改革方面向该会寻求指导。在广学会英文年报以及李提摩太、林乐知等人的书信中也没有任何关于中国声名显赫的领导人物归化基督教的实证，而该会是绝不会遗漏任何为自己歌功颂德的机会的。可见，中国的官宦文人对西学与西教划分得无比清晰，是对广学会文化传播的断章取"益"。对此，西方在华势力将中国"比作一只巨大的水母，你踩在上面就可以留下印记，而一旦你抬起脚，水母就立刻恢复原状，几乎没有留下任何痕迹"①。但对于晚清士人而言,当国家在西方政治、军事、经济和文化的侵蚀中遍体鳞伤时,他们始终保持着自身思想的独立性与最后的文化尊严。

广学会在1901年发出的"清政府所做的改变已经在我们多年来指出的路线上"的宣言,预示着该会文化传播活动中"启蒙"阶段的结束,"归化"阶段的全面展开。广学会利用新政教育改革的契机向教育界进军,则是对中国文人学子思想根基发起最后的"十字军东征",期待中国在这一时期完成基督教化的最后一步,这也触及广学会的核心使命。如此审视便可以解释为何在新政后广学会新印、再版基督教主题作品多达220余种,远超世俗类作品,占据绝大多数(详情参见表5-1、表5-2)。但必须强调的是,"自上而下"文化传播策略有其先决条件,即建立在统治阶层具有绝对权威,能够对社会中下层阶层施行有效的领导与控制的基础之上。虽然自1840年起,清政府便始终处于内外交迫的境地,陆续爆发的第一次鸦片战争、第二次鸦片战争、中法战争、甲午中日战争、八国联军侵华战争,以及相继发生的太平天国运动、捻军起义、陕甘回民起义等农民起义运动,都在不断冲击着清王朝的统治根基,但天子威仪犹存,皇权依旧至高无上、不容侵犯,清廷掌控下的国家机器与官僚体系尚可有效运转,通过割地、赔款和武装镇压,分别实现了攘外与安内,清政权的崩塌还处于缓慢的量变过程中,"下"俯首于"上"的大局未变。因此,广学会早期的文化"启蒙"活动才能进行得如此顺畅。

---

① S. D. K.. *Sixteenth Annual Report of S. D. K.* [R]. Shanghai: Shanghai Mercury, 1903: 35.

表5-1 清末新政期间广学会新出版世俗类与宗教类
中文著述数量对比统计

单位：本

年份 \ 类别	世俗类书籍	宗教类书籍
1901年	8	15
1902年	5	13
1903年	10	20
1904年	21	19
1905年	4	4
1906年	1	7
1907年	4	6
1908年	6	5
1909年	7	6
1910年	7	24
1911年	2	15
合计	75	134

资料来源：依据 *Annual Report of S. D. K.*（*1901—1904*）、*Annual Report of C. L. S.*（*1905—1911*）所载信息汇总而成。

表5-2 清末新政期间广学会再版世俗类与宗教类
中文著述数量对比统计

单位：本

年份 \ 类别	世俗类书籍	宗教类书籍
1901年	0	0
1902年	7	4

年份 \ 类别	世俗类书籍	宗教类书籍
1903年	17	31
1904年	18	16
1905年	0	3
1906年	2	3
1907年	0	4
1908年	0	0
1909年	0	4
1910年	5	20
1911年	3	7
合计	52	92

资料来源：依据 *Annual Report of S. D. K.*（*1901—1904*）、*Annual Report of C. L. S.*（*1905—1911*）所载信息汇总而成。

　　但是，当1901年清政府为维护危如累卵的政权，被迫开启新政改革后，革命思潮涌动，传播势头难以抑制，社会形势急剧转变，上下阶层之间积蓄已久的矛盾逐渐触及爆发的临界点，清政权不仅未能金瓯永固，反而更加摇摇欲坠，显然长期以来西方对华的军事和经济侵略在其中起到了催化剂的作用。在这一时期，面对晚清中国政治与社会日趋复杂的形势，李提摩太也开始反思西方列强之于广学会传教前景起到的副作用，并且颇有微词。对此，他于1905年在英国参加浸礼宗世界大会时密集表态："首先是把台湾作为战利品交给日本人，然后是俄国人侵占旅顺港，接着是德国人的'铁拳'攻占了胶州，英国人占领威海卫和九龙，法国人获取了其他港口，意大利人试图占领另一部分。正是西方列强对中国的全面瓜分，以及外国商业在中国人眼中日益增长的侵蚀，使整个中国愿意冒着一切危险——要么把所有外国人都赶出去，要么在这一过程中灭亡。在我看来，各国的行动是一个巨大的政治错误，很像掠夺。"① "为了哄骗中国人睡，西方国家一方面赞扬中国的宗教、教育和文明，另一方面也指出基督教传教的愚蠢，西方各国知道只有中国睡着了，他们才能从其牺牲中获益。西方国家惩罚国内的私人抢劫，但奇怪的是，他们认为国家劫掠是为过剩人口和过剩制造业腾出空间的绝对必要的选择！"② 可见，作为西方侵华活动的既得利益者，传教士群体开始品尝到被其反噬的苦涩。李提摩太的一系列言论十分清晰地表明当西方列强为了眼前的政治、经济利益，而与广学会深谋远虑的文化传播活动发生冲突时，他会毫不犹豫地对前者予以批判，这与其传教士身份和立场相一致。特别是"启蒙"后的中国在政治社会中并未出现如广学会所期盼的整体性"归化"迹象，相反其传教路途更加艰难，李提摩太对此焦虑不已，他认为"要使中国在30年内成为基督教国家，否则可能在几个世纪内都无法完成"③。显然，在他看来，当一个建立在儒家文明基础上的中国完成近代化改革时，广学会甚至整个新教群体的传教窗口都将随之关闭。

晚清政局的进一步动荡，不仅威胁着清廷的统治，也在不断瓦解与之捆绑于一处的广学会"自上而下"文化传播策略的根

---

① Timothy Richard. *Conversion by the Million in China* [C]. Shanghai：C. L. S.，1907：235.

② Timothy Richard. *Conversion by the Million in China* [C]. Shanghai：C. L. S.，1907：226.

③ Timothy Richard. *Conversion by the Million in China* [C]. Shanghai：C. L. S.，1907：226.

基。文人学士在政治领域中的探索并未因新政的开启而陷入停滞，社会舆论的焦点在于如何将政治改革推向深入，从而彻底摆脱西方侵略，实现国家富强。清政府根据五大臣出洋考察意见，于1906年下诏预备立宪，处于社会上层的文人群体进一步分化，留恋于君主权威的保皇派，要求施行宪政的立宪派与驱逐鞑虏、建立共和的革命派各有所求，晚清社会已经处于严重撕裂的状态，与1887年广学会创建以及维新变法时期相比判若鸿沟。因此，广学会在清末最后几年中的出版重点在宗教类出版物与西学书刊之间的摇摆，反映出该会难以准确判定中国政治发展走向，既期盼能够大力开展宣教活动，又被迫回归政治传播领域，以继续操控中国政局，为传教事业创造良好环境，其心态颇为纠结。

然而，当革命逐渐成为全社会的首选项，民待君已如仇寇，"上"的威权受到极大削弱，甚至成为攻击和推翻的对象时，"自上而下"文化传播策略的可行性已荡然无存，这犹如在1644年希望通过大明王朝改变大顺军思想一般不切实际。然而，不容否认的是，尽管革命党声势日渐壮大，但直至1912年1月宣统皇帝宣布退位前，清政府仍然管理着中国，还是西方列强共同承认的合法政府，其官僚系统也是广学会唯一可利用的"自上而下"的文化传播渠道。因此，便可理解为何广学会在清政府预备立宪时期的政治立场明显站在保皇党与立宪派一侧，依旧痴迷于清政府在名义上残存的地位与影响。尽管在广学会会员群体中对于继续施行"自上而下"的文化传播策略以及过分参与政治活动早已心生嫌隙，但李提摩太这位精通中国儒、释、道文化的"西儒"却没能深刻领悟"反者道之动，弱者道之用"这一古老辩证法，并执拗地在1910年将目标群体由官员改为士绅，期望各省谘议局能够发挥领导作用，使晚清中国沿着"和平"政治改革的道路前进，其努力无异于螳臂当车。清末新政的10年也是广学会文化传播策略逐渐脱离实际的阶段，革命团体与底层民众已不可阻挡地走到了历史舞台的中央，成为时代的主角；广学会这个依靠政治起家的宗教性出版会社，也在政治投机破产后，与清政权一道走向黯然。

三 信息渠道多样化对广学会知识垄断体系的削弱

广学会在清末时期始终所处的社会信息环境，是分析其兴衰成败不容忽视的重要内容。通过1907年由季理斐编纂出版的 *Missionary Centenary Catalogue of Current Christian Literature*（《当代基督教文学目录》）可见[①]，来华新教出版团体在100年间编印的全部出版物中，政治改革类（Reforms, a fruit of Christianity）著作共有32种，全由广学会一家包揽。此外，梁启超的《西学书目表》[②]和王韬等编的《近代译书目》[③]中所汇总的政治改革类译著也几乎都出自该会。这便有力证明，维新时期像广学会这般热衷于政治主题的出版会社凤毛麟角，清末政治传播这一几近真空的地带成为该会独享的自由王国，广学会成为当时资产阶级改良派与进步文人在政治领域通向外部世界的少有道路，知识壁垒带来的垄断由此产生。因此，广学会在维新运动时期事业的成功，是由于在政治传播领域缺少有力的挑战者，在一种近乎"等额"的竞争中拔得头筹。

可想而知，在这种信息不对称的环境下，中国本土新闻事业

---

① D. Mcgillivray. *Missionary Centenary Catalogue of Current Christian Literature* [R]. Shanghai：C. L. S., 1907.

② 梁启超. 西学书目表 [M]. 北京：朝华出版社, 2018.

③ 王韬, 顾燮光. 近代译书目 [M]. 北京：北京图书馆出版社, 2003.

的发展要想取得突破性进展是异常艰难的。在清末中国统治阶层内力推动和外力引导的共同作用下，中国知识分子在思想上逐步解放，并激发了他们对于掌握大众媒介，从而宣传政治改革思想的渴望。尽管由于变法失败，维新报刊大多朝生夕死，但维新运动期间在中国涌现出的《时务报》《新学报》《训蒙捷报》《求我报》《农学报》《蒙学报》等多份由中国人掌管、针对群体各异、内容不尽相同的进步报刊①，对于中国人在国家事务中发出自己的声音意义重大，并且进步文人已经认识到报馆"此殆于贵族、教会、平民三大种族之外，而更为一绝大势力之第四种族也"的重要地位。但正是西方出版机构在信息传播领域中的独大地位，导致进步报刊中的信息大多译自外电、外报，或直接转摘《万国公报》的言论，始终处于有枪少弹的状态，难免成为步西方在华报业后尘的附庸。

毋庸置疑的是，思想解放的大门一旦开启，便很难对其发展速度和范围进行精准控制或限定，特别是当1901年清政府施行新政改革后，大量学生前往日本留学，亲眼见证了两个同处东亚的国家却有着迥然不同的命运，这对他们思想及情感产生冲击的强烈程度是可想而知的。随之而来最显著的外部环境变化则是留日学生可以突破重重限制接触到在国内被清政府封禁、广学会阻断的大量关于西方资产阶级革命的书籍，诸如《革命前法朗西二世纪事》《法兰西今世史》等记录了法国大革命的经典著作经由留学生翻译后纷纷传入国内，使得民族主义与革命思想为人所知。伴随着留日学子思想的革命化，利用"新文学"形式向资产阶级革命事业提供理论支撑、传播革命理念、营造有利舆论氛围的出版活动越发活跃起来，经日本中转后流入中国的西学著述内容更

---

① S. D. K.. *Eleventh Annual Report of S. D. K.* [R]. Shanghai：The "North-China Herald" Office，1898：40-46.

加广泛，并且传播势头较戊戌时期也更为猛烈。这不仅证明爱国学子已将改革的孪生产物——革命更为深入地纳入思考研究范畴，更重要的是凭借一己之力极大地丰富了中国人的信息来源，这些书刊在晚清中国社会中起到了革命加速器的作用。通过广学会于1904年9月发布的在华基督教出版机构与中国"新文学"在不同领域上的出版物数量分类对比，可直观、清晰地看到中国社会信息环境发生的显著变化，以及对该会产生的前所未有的强烈冲击：新政改革后短短4年有余的时间里，中国学子文人翻译、撰写的哲学、医学、天文学、地理学、世界史、国别史、数学、力学、政治学、法学、语言学、经济学、统计学等西学主题"新文学"著作就达到了惊人的1050部，而广学会在成立后的17年中合计出版西学著述也仅为136部，在数量上"新文学"实现了后发制人，对广学会同类出版物呈现出压倒性态势①；在基督教主题书籍方面，广学会共有圣经著作、教会历史、基督教传记、神学专著、护教学辩论、祷告著作、教会规则、福音单张、比较宗教学共129种出版物，"新文学"在此方面则是一片空白（详见表5-3、表5-4）②。可见，中国文人群体虽坚定地走在向西方学习的道路上，但对基督教依旧没有丝毫兴趣。"新文学"的出现还表明在新政时期并存的由中国学子和广学会掌握的两条信息渠道，代表了两种思想传播热点，中国知识分子彻底摆脱了该会在西学领域中的信息统治，实现了自我供给。

---

① S. D. K.. *Seventh Annual Report of S. D. K.* ［R］. Shanghai：Shanghai Mercury，1904：11-12.

② S. D. K.. *Seventh Annual Report of S. D. K.* ［R］. Shanghai：Shanghai Mercury，1904：11-12.

表5-3　至1904年基督教在华出版机构与中国"新文学"
西学出版物数量统计

单位：种

书籍类别	罗马天主教会	圣经书会	中华教育会	广学会	中国"新文学"
哲学	1	0	2	13	40
伦理学	0	0	1	0	0
心理学	2	0	1	1	0
医学	2	0	17	2	70
天文学	1	0	5	1	20
地理学	3	1	11	2	40
地质学	0	0	3	0	0
矿物学	0	0	3	1	0
世界史	0	0	2	9	7
国别史	0	0	5	7	83
常规传记	1	0	0	11	0
数学	3	1	15	2	70
物理学	5	0	21	5	0
化学	0	0	10	0	0
电学	0	0	2	2	0
力学	0	0	3	0	40
政治学	0	0	1	4	60
法学	0	0	2	4	40
教育	12	2	19	19	0
语言学	0	0	0	0	50

续表

书籍类别	罗马天主教会	圣经书会	中华教育会	广学会	中国"新文学"
经济学	0	0	3	6	30
商业	0	0	0	2	0
工业	0	0	13	0	0
农学	0	0	0	1	0
统计学	1	0	0	1	30
地图、旅行、故事、诗歌等	6	16	40	33	130
其他	5	32	3	10	340
合计	42	52	182	136	1050

资料来源：S. D. K.. *Seventh Annual Report of S. D. K.* [R]. Shanghai：Shanghai Mercury，1904：12.

表5-4　至1904年基督教在华出版机构与中国"新文学"
宗教主题出版物数量统计表

单位：种

书籍类别	罗马天主教会	圣经书会	中华教育会	广学会	中国"新文学"
圣经著作	3	67	2	10	0
教会历史	7	1	1	9	0
基督教传记	16	9	0	11	0
神学专著	35	9	0	10	0
护教学辩论	28	4	0	10	0
祷告著作	43	22	0	13	0
教会规则	1	2	0	1	0

续表

书籍类别	罗马天主教会	圣经书会	中华教育会	广学会	中国"新文学"
福音单张	124	398	0	60	0
比较宗教学	0	0	0	5	0
合计	257	512	3	129	0

资料来源：S. D. K.. *Seventh Annual Report of S. D. K.* ［R］. Shanghai：Shanghai Mercury，1904：11.

新政走向深入使中国的政治局势、社会环境、民众思想等，都发生了不可逆的进化，在此形势下广学会日趋衰落实属必然。晚清中国政治结构的灵活性自然会产生追求能力的持久兴趣，文人学子必然会坚持不懈地抨击知识垄断。一方面，清政府在新政中的有限政治改革根本无法迎合中国人民日趋强烈的反对帝国主义侵略和推翻清王朝统治的公众意志。另一方面，拥护清廷领导的政治改良，抵制资产阶级民主革命，维护西方在华利益，最终实现中国全面基督教化又是广学会对华文化传播活动的核心与底线所在，该会所生产与传播的信息就变得愈发不能适应中国知识分子对国家前途的设想与认知，不仅出版的宗教书刊少人问津，在编写高级教科书方面力有不逮，而且其极力鼓吹的"和平"改革路线也显然无法实现中国人所追求的自强、民主、独立的革命目标，两者各自的价值追求背道而驰，这是永远无法调和的根本性矛盾。在清末中国社会之中也就自然出现了分属保守派和革命党两大阵营的改革性"西学"与革命性"西学"的对立。因此，从1903年至1911年，广学会书刊的说服力呈现出逐年递减的状态，该会由一个维新时期的先进出版会社转而成为落后与反动的代表。在内外部多种负面因素的综合作用下，广学会苦心构建的知识垄断体系逐渐瓦解。

尽管在新政后期广学会的知识垄断体系不复存在，但该会显然没有放弃对华文化传播与思想渗透的努力。在此过程中，中国知识分子凭借新式教育与文化自觉，表现出的强大自省意识是不容忽视的，这与中国传统文化中所强调的不断反思、注重内省的长期教育无法分割，知识分子群体中普遍形成并存在着一种民族自强不息、国家独立自主的确信感，才使得他们具备了追求更有价值观点的主观能动性，并对以广学会为代表的西方在华出版会社所传播的思想文化进行分析，对其散播的导向性言论产生警觉，拥有了应对各种思想渗透手段的辨析和防御能力，从而彻底摆脱了广学会在思想领域中的束缚。这是中华民族心理中，作为集体感觉基础的古老文明底座，对一个可变的意识形态配置的胜利。随着出洋学生陆续学成回国，他们又以一省学子教育一省民众的模式，扮演着民族资产阶级革命宣传员的角色，成了清末中国知识分子群体的中坚力量，为日后辛亥革命的成功发动进一步提供了心理和思想准备，由此革命党在逐步掌握文化话语权的前提下，又进一步夺取了政治领导权，从而自下而上地颠覆了广学会利用大众媒介操控社会舆论，"自上而下"影响中国发展走向的对华文化传播策略。而在这一进程中，广学会早期书刊出版活动对中国社会产生的"启蒙"作用不应忽视或完全否定，正如驻于武昌的英国传教士林辅华（C. W. Allan）在1911年年底所言："广学会可能要对现在正在进行的革命负责。可以说，学会的书籍和出版物给人民的思想带来了某种影响，从而导致了革命。"①因此，清末广学会的由盛转衰反映出"同一本书籍可以服务于两个相反的目的"②，也表明西方列强维持清王朝统治，使中国停

---

① C. L. S.. *Twenty-Fourth Annual Report of C. L. S.* [R]. Shanghai：Shanghai Mercury, Limited, 1911：25.

② 〔法〕雷吉斯·德布雷. 普通媒介学教程 [M]. 陈卫星，王杨，译. 北京：清华大学出版社，2020：189.

滞于半封建半殖民地状态，进而任其摆布的图谋落空，西方势力凭借19世纪的军事优势和文化威权在中国建立的文化霸权也受到极大削弱。

四　在信息生产与传播时效上的滞后

如果说广学会在戊戌变法中的崛起是以书籍为主体的精英传播的成功，那么该会在晚清舆论场中的衰退则是以中国资产阶级革命报刊和小册子为代表的大众传播的胜利。同时，广学会出版物在与后者发生的正面交锋中败退，不仅因其传播的信息落后于时代，也是该会在信息生产与信息传播全流程中时效滞后的结果。

1901年新政改革后，中国社会的显著特点是爱国知识分子创刊办报、印发小册子的热情空前高涨，在中国发行的《国民日报》《苏报》《俄事警闻》《警钟日报》《民呼日报》《江汉日报》《正宗爱国报》等大量革命进步报刊纷纷兴起，并且所载文章一改传统文言文体例，以白话叙述，进一步贴近了缺少教育背景的底层民众实际，为启迪民智、开通风气，发挥了不可替代的作用。早在1904年，广学会便关注到在北京、江西、浙江、湖南和其他省份，报纸都用通俗的语言出版，以宣传革命党观点。特别是在湖南省舆论界发生的重大变化具有中国思潮风向标之意义，尤为引其注目，广学会认为《湖南俗语报》和《猛回头》两份白话出版物是"湖南反对外国人的新宣言"，且"杀气腾腾"，[①]这表明曾在学政江标领导下师从广学会的三湘学子再一次站到了西

---

① S. D. K.. *Seventh Annual Report of S. D. K.* [R]. Shanghai：Shanghai Mercury，1904：37.

方的对立面。此外，更为轻薄的小册子和日报凭借印刷速度快、成本低廉、携带隐蔽的特性，取代了传统的大部头书籍，适应了革命事业迅猛发展的需求，成为革命党向民众传播革命思想的首选媒介。这一时期革命派主持的报刊特性也由维新变法时的"枢铃喉舌"发展为资产阶级政党的机关报，"报纸的主持同政党的组织直接相互混合或相互交叉"①，报纸和小册子聚合了革命者与普通民众，成为二者之间的桥梁，对资产阶级民主革命事业起到了直接的巨大推动作用，报纸已不仅是革命的扬声器，更是革命实际行动的重要组成部分。这也验证了塞尔吉·查科廷（Serge Chakotin）的著名论断："人民的一切愤怒和反叛，首先是在报纸中产生震荡的。"②尽管革命报刊和小册子自诞生之日便遭到清廷的仇视，从《大清印刷物专律》到《大清报律》，再到《钦定报律》，无不将矛头直指革命出版物，报人、报馆和印刷厂也成为封建统治阶级与西方帝国主义的联合打击、清缴对象，但以邵飘萍、黄远生、于右任、章太炎等为代表的爱国报人仍旧前赴后继，革命印刷品生生不息，其出版物全体确保了革命思想传播不断线。

反观广学会一方，虽然长期坚持向应考学子免费发放大量小册子，但仅为思想传播之辅助手段，且散发地点完全集中于各省考场，传统书报始终是该会的主要信息传播媒介。而广学会之报与革命印刷品，特别是一日一刊的革命日报相比性质异然，宗教报刊《中西教会报》尚且不论，该会发行的世俗类月刊《万国公报》与周刊《大同报》，不仅出版周期长，而且惯用连载形式发表文章，其内容也全部以士大夫尊崇的文理方式撰写。以广学会机关报《万国公报》为例，从1889年2月复刊至1907年12月终

---

①〔法〕雷吉斯·德布雷. 普通媒介学教程 [M]. 陈卫星，王杨，译. 北京：清华大学出版社，2020：325.

②〔加〕哈罗德·伊尼斯. 帝国与传播 [M]. 何道宽，译. 北京：中国人民大学出版社，2004：170.

刊，该报共发行227期，其中以连载形式刊发的文章多达165篇，节奏可谓拖沓至极①。并且《万国公报》和《大同报》历来是该会单行本的先导，书籍又是广学会出版活动的主要内容，而书籍的印刷出版与报纸相比更加耗时费力。据广学会年报记载可知，该会出版一部图书从编辑到印刷发行的时间往往要两年左右，而受制于经费紧张，该会在清末的图书发行量起伏不定，部分书稿的出版时间一再拖延，甚至胎死腹中也成为常态，与同时期出版周期极短、内容短小精悍、文风异常灵活的革命出版物相比，广学会的传播媒介与文字编辑则显得呆板、迟钝、高高在上。该会在信息生产环节中所耗费的时间是革命出版物的几倍甚至是几十倍。对此，从1907年李提摩太谋划出版一份日报、创作12种新文学著作可见，他早已发现这一紧迫问题，但直至清王朝覆灭这一系列计划也未能付诸实践。显而易见，广学会在信息生产环节落后于时代发展实为内因所致。

在信息传播阶段中，清末中国邮政事业的发展对于广学会书刊和革命印刷品的影响是同等巨大的。对于中国现代邮政体系的建设与发展广学会始终给予高度关注，认为这是一个国家和社会进步的象征，其重要性仅次于铁路和教育。早在1894年，广学会开展的有奖征文活动的主题之一便是"如日本近年来所做的那样，中国将从采用铁路系统、银币铸造和皇家邮政体系中获得何种优势"②。《中西教会报》《万国公报》也曾刊载《会议天下邮政各情形记》《论各国邮船之现状》等相关文章。进入20世纪后，广学会出版物的发行传播活动更是与清邮政事业的发展紧密地联系在一起。1900年义和团运动中，广学会布局于中国多地的分销

①　上海书店出版社. 万国公报：总目·索引［M］. 上海：上海书店出版社，2015：300-478.

②　S. D. K.. *Seventh Annual Report of S. D. K.*［R］. Shanghai：The Noronha & Sons，1894：13.

书库均被付之一炬，直到1904年方在四川成都府设立西部书库，但也仅存3年便遭裁撤。因此，广学会在1900—1911年的大部分时间里并无任何自营销售渠道，唯有愈加依赖邮路以确保书刊发行工作的正常开展，谋求以上海一点辐射全中国。故而，广学会对于赫德领导下的清海关大力建设邮政系统（见表5-5）、减少书报邮资等举措持热烈拥护的态度，认为"清邮政的规模得到广泛扩展，报纸和书籍可以比以往更广泛地流通"。① "所有的邮局都是本会出版物的集散地，我们很高兴看到它们的数量在增加。"②

表5-5　1901—1904年清邮政局数量统计

单位：个

	1901年	1902年	1903年	1904年
邮政总局	30	30	34	40
邮政分局	134	263	320	352
邮政代理处	12	153	608	927
合计	176	446	962	1319

资料来源：依据 *Report on the Working of the Imperial Post office* (*1901—1904*) 所载信息汇总而成。

广学会书刊传播在受惠于清邮政系统发展的同时，革命报刊也必然要对之加以利用。但与广学会过于依赖清海关下辖的邮政局所不同，革命人士十分青睐清廷报律审查难以插手的西方殖民者在华建设的客邮，但其缺点则是邮路稀少、资费昂贵，不利于

---

① S. D. K.. *Fifteenth Annual Report of S. D. K.* ［R］. Shanghai：Shanghai Mercury，1902：12.

② C. L. S.. *Eighteenth Annual Report of C. L. S.* ［R］. Shanghai：Shanghai Mercury，Limited，1905：8.

广泛使用，在留日学生创办的《浙江潮》中便有"近内地各处，多有来函嘱径寄者，同人原可照办，惟邮费过重，日邮未通之地，每册有增至八分者，此后各代派所不如就近向总发行所订购为便"①的记载。此外，中国民间设立的民局则凭借邮费低廉的优势，成为革命出版物传播的首选。尽管民局经常对官方要求其向邮政注册，并将邮件交付邮政官局的规定置之不理，但所遭盘查也异常频繁与严苛。民局面对清廷的不断打压，日渐凋落不可避免，《大清邮政宣统二年事务情形总论》中便载道："民局数目及所办之事，年复一年，所见帖然陵落之情形，与前无异。观下所详列，可见所有与邮政竞争者，都计不过数处耳，且其能力业已无足重轻。"②与民局每况愈下的境况截然相反的是，新政后期清邮政系统发展极其迅猛，邮政局所年增长量数以千计（见表5-6），至1911年邮路已达38.1万里，其中，邮差邮路31.9万里，民船邮路2万里，轮船邮路2.5万里，火车邮路1.7万里③。即便是遥远的新疆也有了间日马差快班、每三日一次马差快班和间日邮差快班④。

表5-6　1907—1911年清邮政事业发展数据统计

单位：个，件

年份	邮政局（所）数量	邮寄信件数量	邮寄包裹数量
1907	2803	168,000,000	1,920,000
1908	3493	252,000,000	2,445,000

---

① 本志简要告白 [N]. 浙江潮，1903（03-20）.

② *Report on the Working of the Imperial Post Office* [R]. Shanghai: Postal Supply Department of the Directorate General of Posts，1911：16.

③ *Report on the Working of the Imperial Post Office* [R]. Shanghai: Postal Supply Department of the Directorate General of Posts，1911：11.

④ *Report on the Working of the Imperial Post Office* [R]. Shanghai: Postal Supply Department of the Directorate General of Posts，1911：5.

续表

年份	邮政局（所）数量	邮寄信件数量	邮寄包裹数量
1909	4258	3,006,000,000	3,280,000
1910	5357	3,550,000,000	3,766,000
1911	6201	4,210,000,000	4,237,000

资料来源：依据 *Report on the Working of the Imperial Post Office*（*1907—1911*）所载信息汇总而成。

因此，恰如广学会年报所言："以往，由于没有适当的邮政安排，民众要得到报纸、杂志和书籍是极其困难的，几乎是不可能的。"[①]"现代邮局在整个帝国的迅速发展带来了重大变化。在过去只有一两份报纸的内陆地区，现在有二三十份报纸。"[②]革命报刊通过邮政系统传播实属必然，特别是随着革命事业日渐高涨，清末邮政业务中报纸及印刷品邮件数量也急剧增长，至1911年已达32,470,900件之多（见表5-7）。尽管中外各方并无准确数据，但其中革命印刷品定然占据了相当比重。

表5-7　新政后期清邮政业务中报纸及印刷品邮件数量统计

单位：件

年份	报纸及印刷品邮件数量
1907	15,932,850
1908	26,401,031
1909	28,657,400

[①] S. D. K.. *Sixteenth Annual Report of S. D. K.* [R]. Shanghai：Shanghai Mercury，1903：11.

[②] S. D. K.. *Seventh Annual Report of S. D. K.* [R]. Shanghai：Shanghai Mercury，1904：16-17.

续表

年份	报纸及印刷品邮件数量
1910	28,581,300
1911	32,470,900

资料来源：依据 *Report on the Working of the Imperial Post Office* （*1907—1911*）所载信息汇总而成。

　　虽然从表面看来广学会与革命出版物在流通环节中的较量是处于同等条件的，但是广学会的竞争对手绝非仅限上海一地或某一刊物，而是遍布于中国多个省份的大量革命出版物，并且诸多革命刊物带有明显的地域特征，仅限于其所在省份内传播，并非像广学会一般寻求全国性的影响。二者的发行活动存在着明显的距离差，由此也产生了巨大的信息传播时间差。同时，各省大量存在的阅报社和讲报所又担负起革命书刊邮递终端后信息再传播的重任，这也是广学会所不具备的。因此，广学会之书刊往往尚未到达，革命思想早已行至千里之外，革命印刷品之传播又胜广学会一筹。可见，革命报刊凭借以"小"博"大"、以快制慢、多点开花的综合优势，利用时间为革命思想的传播和革命事业的发展换取了宝贵的空间，在中国社会思想领域中战胜了以广学会为代表的各类西方在华出版会社。

结　语

　　广学会作为新教在华传教事业的重要组成部分，在晚清24年中，始终以传播宗教为根本任务，并凭借其特立独行的文学传教理念，在福音传教、医疗传教、教育传教三种主流传教方式之外开辟了新天地，极大地丰富了新教团体在华中文出版物的种类与数量。尽管清末广学会的传教效果难称理想，但该会凭借以官宦文人为对象、以现代报刊和书籍为媒介、以"启蒙"中国为外衣、以政治领域为突破口的"自上而下"的文化传播策略，在世俗领域中与中国统治阶层及文人群体发生了极为频繁的思想交流与互动，对中国政治与社会发展产生了十分深刻的影响。也正是由于广学会在清末时期发挥的巨大影响力，对该会文化传播活动才更应予以关注和重视。恰如广学会在1890年年报中对其具体工作进行的定义，即出版和传播知识①，其本质为信息生产与信息传播无疑。而信息的生产与传播不仅会对政治、经济、社会、文化等领域产生重要影响，也关系到一个国家与民族的发展走向，甚至是生死存亡。故此，不可不察也。此外，通过前文的系统梳理与深入剖析可见，清末广学会文化传播活动具有明显的思想渗透性质，其潜在的危害性更是不言而喻。尤其是该会在清末时期确定的重点施力对象仍然值得后世警觉。

---

　　① S. D. K.. *Third Annual Report of S. D. K.* ［R］. Shanghai：The No-ronha & Sons，1890：7.

其一，在舆论传播链条中占据领导地位，具有一定话语权与影响力的群体。正如李提摩太所感言："中国只能通过中国人自己才能发生改变。"①当西方势力无法直接插手中国事务，或撼动中国人思想根基时，便会在中国内部寻求代理人，广学会便是如此为之。

其二，青年一代。青少年是国家未来与民族希望所在，以广学会为代表的清末西方来华势力对其异常关注，他们通过编著教科书、师范教育用书等手段努力使之思想从根本上倒向西方。韦廉臣对此曾直白言道："这可能需要一两代人的时间，但这就是我们成功的秘诀。"②故而，尤为值得警惕。

不可否认，广学会在清末"西学东渐"的热潮中作出过一定贡献，客观上促进了晚清中国近代化进程，但当剥开层层表象，对该会本质予以审视时，显见其开展文化传播活动的根本动机绝非仅传播西学这般纯粹。正如小阿瑟·施莱辛格曾指出的："文化交流是指跨越国界的单纯的思想观念和价值观念的交流。当这种交流伴随着政治、经济和军事压力时，就变成了一种侵略。文化帝国主义就是一种文化对另一种文化有目的的侵略。"③因此，自清末西方来华传教士、政客、商人各怀心事地勾连一处发起广学会，妄图"启蒙"、改造中国之刻起，该会机体内便注入了文化帝国主义的因子。以清末广学会对华文化传播活动史实为鉴，我们应当对西方文化传播活动加以甄别，并不断强化舆论阵地建设，占领信息传播高地，将信息传播渠道牢牢掌握在自己手中。

---

① 苏慧廉. 李提摩太在中国 ［M］. 桂林：广西师范大学出版社，2007：25.

② *Records of the General Conference of the Protestant Missionaries of China* ［R］. Shanghai：American Presbyterian Mission Press，1890：531.

③ Arthur Schlesinger, Jr. *Missionary Enterprise and Theories of Imperialism* ［M］. Boston：Harvard University Press，1976：363.

同时，还应坚定文化自信、增强文化自觉，将中华文化作为国家发展与民族复兴的持久动力，这也是抵御外部势力思想侵蚀最有力、最有效的武器。

附录1：清末广学会会员群体名录^①

一　新教界人士

（一）英国来华传教士

1. 慕维廉（Rev. William Muirhead，B. A. 伦敦会传教士）

2. 艾约瑟（Rev. Dr. Edkins 伦敦会传教士）

3. 包克私（Rev. E. Box 伦敦会传教士）

4. 李　思（Rev. J. L. Rees 伦敦会传教士）

5. 山雅谷（Rev. J. Sadler 伦敦会传教士）

6. 毕　敦（Rev. W. N. Bitton 伦敦会传教士）

7. 文显理（Rev. G. H. Bondfield 伦敦会传教士）

8. 富世德（Rev. Arnold Foster，B. A. 伦敦会传教士）

9. 科　龄（T. Cochrane, Esq., M. B., C. M., Peking 伦敦会传教士）

10. 孙荣理（Rev. J. Wallace Wilson，C'king 伦敦会传

① 广学会各会员身份依据 *The Directory & Chronicle for China，Japan，Corea，Indo-China，Straits Settlements，Malay States，Siam，Netherlands India，Borneo，the Philippines，&c.*（1890，1892，1895，1897，1904，1910），以及《基督教传行中国纪年（1807—1949）》所载信息查明。

教士）

11. 金修真（Rev. T. Biggin，伦敦会传教士）

12. 杨格非（Rev. Griffith John, D. D. 伦敦会传教士）

13. 贝勒森（A. G. Bryson. 伦敦会传教士）

14. 李德修（J. D. Liddell 伦敦会传教士）

15. 牧大卫（Rev. D. S. Murray 伦敦会传教士）

16. 绿慕德（Miss Lawrence 伦敦会女部传教士）

17. 韦廉臣（Rev. A. Williamson, LL. D. 苏格兰长老会传教士）

18. 德教治（Rev. Geo. Douglas 苏格兰长老会传教士）

19. 毕德志（Rev. J. Stobie 苏格兰长老会传教士）

20. 英雅各（Rev. J. W. Inglis, M. A. 苏格兰长老会传教士）

21. 罗约翰（Rev. J. Ross, D. D. 苏格兰长老会传教士）

22. 穆雅德（The Ven. Archdeacon Moule, B. D. 大英教会传教士）

23. 伊先生（Rev. A. Elwin 大英教会传教士）

24. 慕先生（A. J. Moule, Esq., B. A. 大英教会传教士）

25. 华立熙（Rev. W. G. Walshe 大英教会传教士）

26. 慕稼谷（Right Rev. G. E. Moule, D. D., Bishop 大英教会传教士）

27. 裴成章（A. A. Phillips 大英教会传教士）

28. 叶惠露（W. E. Hipwell 大英教会传教士）

29. 孙受福（Rev. O. M. Jackson 大英教会传教士）

30. 慕华德（Rev. W. S. Moule, B. A. 大英教会传教士）

31. 倪天和（Rev. S. J. Nightingale 大英教会传教士）

32. 鹿峥嵘（Rev. H. S. Phillips, B. A. 大英教会传教士）

33. 孙牧师（Rev. C. J. F. Symons, B. A. 大英教会传教士）

34. 苾先生（Rev. Jas. Blundy，C. M. S. 大英教会传教士）

35. 恒约翰（Rev. John Hind，C. M. S. 大英教会传教士）

36. 万拔文（Rev. W. S. Pakenham Walsh，M. A.，Foochow 大英教会传教士）

37. 傅兰雅（J. Fryer，Esq. LL. D. 大英教会传教士）

38. 裴乐义（Rev. Louis Byrde，C. M. S. 大英教会传教士）

39. 米师姑（Miss Mead 大英教会女布道会传教士）

40. 李提摩太（Rev. Timothy Richard 浸礼会传教士）

41. 莫安仁（Rev. E. Morgan 浸礼会传教士）

42. J. A. C. 史密斯（Rev. J. A. C. Smith，M. B. 浸礼会传教士）

43. 怀恩光（Rev. J. S. Whitewright 浸礼会传教士）

44. 白向义（Rev. E. W. Burt，B. A. 浸礼会传教士）

45. 邵涤源（Rev. A. G. Shorrock，B. A. 浸礼会传教士）

46. 法思远（R. Forsyth，Esq.，Shantung 浸礼会传教士）

47. 仲均安（Rev. A. G. Jones，Shantung 浸礼会传教士）

48. 聂德华（Rev. E. C. Nickalls 浸礼会传教士）

49. 梅牧师（Rev. C. S. Medhurst 浸礼会传教士）

50. 梅益盛（Isaac Mason 公谊会传教士）

51. 陶维特（Rev. A. W. Davidson，Chungking 公谊会传教士）

52. 范瑞辅（Rev. E. B. Vardon 公谊会传教士）

53. 景先生（A. Kenmure 大英圣经会中朝代理人）

54. 鄂方智（Rev. F. L. Norris，M. A. 安立甘会传教士）

55. 高惠烈（Rev. T. W. Scholes，Canton 循道会传教士）

56. 任修本（Rev. G. G. Warren 循道会传教士）

57. 池先生（Rev. J. Steele，B. A. 大英长老会传教士）

58. 阁约翰（Rev. J. A. B. Cook 大英长老会传教士）

59. 高葆真（Rev. W. A. Cornaby 卫斯理公会传教士）

60. 丁慰宁（Rev. W. Deans 苏格兰福音会传教士）

61. J. 海德勒（Rev. J. Hedley 圣道堂传教士）

62. 查尔斯·E. 达尔温特（Rev. Charles E. Darwent，M. A. 上海联合教会牧师）

63. H. C. 霍奇思（Rev. H. C. Hodges，M. A. 上海大礼拜堂牧师）

64. T. R. 斯蒂文森（Rev. T. R. Stevenson 上海新天安堂牧师）

65. 约翰·史蒂文斯（Rev. John Stevens，Esq. 上海新天安堂牧师）

66. 玛丽埃塔·梅尔文（Miss Marietta Melvin 独立传教士）

（二）美国来华传教士

1. 林乐知（Rev. Y. J. Allen，D. D.，LL. D. 监理会传教士）

2. 潘慎文（Rev. A. P. Parker，D. D. 监理会传教士）

3. 李　德（Rev. C. F. Reid，D. D. 监理会传教士）

4. 刘乐义（Rev. G. R. Loehr. 监理会传教士）

5. 韩明德（A. G. Hearn 监理会传教士）

6. 丁韪良（Rev. W. A. P. Martin，D. D.，LL. D. 美国长老会传教士）

7. 李佳白（Rev. Gilbert Reid 美国长老会传教士）

8. 费启鸿（Rev. G. F. Fitch 美国长老会传教士）

9. 金多士（Gilbert McIntosh，Esq. 美国长老会传教士）

10. 慕维甫（W. F. Seymour，M. D. 美国长老会传教士）

11. 明慕理（Rev. D. B. S. Morris 美国长老会传教士）

12. 路崇德（Rev. J. W. Lowrie 美国长老会传教士）

13. 甘路德（Rev. J. C. Garritt 美国长老会传教士）

14. 罗炳生（Rev. E. C. Lobenstine 美国长老会传教士）

15. 文怀恩（Rev. J. E. Williams 美国长老会传教士）

16. 方泰瑞（Rev. C. H. Fenn 美国长老会传教士）

17. 费惜礼（Rev. J. A. Fitch 美国长老会传教士）

18. 韩维廉（Rev. W. B. Hamilton 美国长老会传教士）

19. 赫　士（Rev. W. M. Hayes，D. D. 美国长老会传教士）

20. 任恩庚（W. F. Junkin 美国长老会传教士）

21. 柯德义（Rev. J. B. Cochrane，Huai Yuan 美国长老会传教士）

22. 斐约翰（Rev. J. E. Fee 美国长老会传教士）

23. 裴来尔（Rev. Dr. Wheeler 美以美会传教士）

24. 刘海澜（Rev. H. H. Lowry 美以美会传教士）

25. 海格思（Rev. J. R. Hykes 美以美会传教士）

26. 武林吉（Rev. F. Ohlinger 美以美会传教士）

27. 福开森（Rev. J. C. Ferguson 美以美会传教士）

28. 慕大辟（Bishop David H. Moore 美以美会传教士）

29. 仁牧师（A. Wright 美以美会传教士）

30. 格牧师（Rev. H. Olin Cady 美以美会传教士）

31. 谷良真（Rev. J. O. Curnow，Chungking 美以美会传教士）

32. 倭　克（Rev. W. F. Walker，B. A. 美以美会传教士）

33. 力为廉（W. H. Lacy 美以美会传教士）

34. 卜舫济（Rev. F. L. H. Pott，L. L. B. 圣公会传教士）

35. 卫尔生（Dr. R. P. Wilson 圣公会传教士）

36. 慕高文（Rev. G. F. Mosher 圣公会传教士）

37. 韩仁敦（Rev. D. T. Huntington 圣公会传教士）

38. 殷德生（Right. Rev. J. A. Ingle，D. D. 圣公会传教士）

39. 吴德施（Rev. L. H. Roots 圣公会传教士）

40. 耶士谟（Rev. William Ashmore，D. D. 大美国浸礼会真神堂传教士）

41. 裴继益（Rev. W. F. Beaman 大美国浸礼会真神堂传教士）

42. 高雪山（Rev. J. R. Goddard，D. D. 大美国浸礼会真神堂传教士）

43. 耶　琳（Rev. W. Ashmore，D. D. 大美国浸礼会真神堂传教士）

44. 贝牧师（Rev. W. P. Bentley 基督教会传教士）

45. 卫　理（Rev. E. T. Williams 基督教会传教士）

46. 惠雅各（Rev. James Ware 基督教会传教士）

47. N. N. 罗素（Miss N. N. Russell 公理会传教士）

48. 明恩溥（Rev. A. H. Smith，D. D.，A. B. C. F. M. 公理会传教士）

49. 雷斯德（Rev. W. B. Stelle，B. A. 公理会传教士）

50. 麦美德（Miss Luella Miner，A. B. C. F. M. 公理会传教士）

51. 苑礼文（Rev. A. L. Warnshuis，M. A. 归正会传教士）

52. 理青莲（Miss L. N. Duryee 归正会传教士）

53. 打马字清洁（Miss K. M. Talmage，Amoy 归正会传教士）

54. 诺淑仁（Rev. V. L. Nordlund 北美瑞挪会传教士）

55. 何殿臣（Rev. Haggvist, Scandinavian Mission 北美瑞挪会传教士）

56. 侯理定（Rev. H. W. Houlding 北美瑞挪会传教士）

57. 马德盛（Rev. P. Matson 瑞美行道会传教士）

58. 赖美德（Rev. W. A. Reimert 大美复初会传教士）

59. 海维礼（Rev. W. E. Hoy 大美复初会传教士）

60. 高乐弼（Rev. R. H. Glover，M. D. 宣道会传教士）

61. 席儒珍（Rev. W. W. Simpson 宣道会传教士）

62. 克威廉（Rev. W. Kelly，M. D. 金巴仑长老会传教士）

63. 孙乐文（Rev. D. L. Anderson，D. D. 卫理公会传教士）

64. 娄约翰（Rev. J. W. Lowe 美南浸信传道部传教士）

65. 万应远（Dr. R. T. Bryan 美南浸信传道部传教士）

66. 宋明德（Rev. W. S. Strong 大美国圣经会）

67. 路义斯（Rev. Robert E. Lewis，M. A. 基督教青年会北美协会传教士）

68. 巴乐满（F. S. Brockman，Esq. B. A. 中韩基督教青年合会总委办总干事）

（三）德国来华传教士

1. 花之安（Rev. Ernst Faber，Dr. Theol 同善会传教士）

2. 安保罗（Rev. P. Kranz 同善会传教士）

3. 康　满（Rev. F. Kampmann 德华盟会传教士）

4. 叶道胜（Rev. J. Genahr. Hongkong 礼贤会传教士）

（四）加拿大来华传教士

1. 赫斐秋（Rev. V. C. Hart 英美会传教士）

2. 王为霖（Rev. W. E. Smith，M. D. 英美会传教士）

3. 余　安（Rev. R. B. Ewan，M. D. 英美会传教士）

4. 古约翰（Rev. J. Goforth 长老会传教士）

5. 季理斐（Rev. D. Mcgillivray，M. A. B. D. 长老会传教士）

6. T. C. 胡德（Rev. T. C. Hood. 长老会传教士）

7. 翟辅民（Rev. R. A. Jaffray. 宣道会传教士）

（五）丹麦来华传教士

1. 外德劳（Rev. C. Waidtlow 路德会传教士）

2. 李格非（Rev. J. Lykkegaarde 路德会传教士）

（六）爱尔兰来华传教士

1. 邸如春（Miss Elise C. Mcmordie 长老会传教士）

2. 米德峻（Rev. W. Miskelly M. A. 长老会传教士）

（七）芬兰来华传教士

W. A. 郎伦德（W. A. Grönlund 信义会传教士）

（八）内地会传教士

1. 秀耀春（F. Huberty James, Esq. 英国籍传教士）

2. 范明德（Rev. J. W. Stevenson 英国籍传教士）

3. 窦乐安（John Darroch 英国籍传教士）

4. 马殿臣（Rev. John Martin 英国籍传教士）

5. 司安仁（Stanley P. Smith, B. A. 英国籍传教士）

6. 花国香（G. W. Clarke 英国籍传教士）

7. 何斯德（D. E. Hoste 英国籍传教士）

8. 高学海（Rev. J. E. Cardwell 英国籍传教士）

9. 白保罗（S. P. Barchet, M. D. 德国籍传教士）

10. 和为贵（Rev. W. S. Horne 国籍不详）

11. 康师姐（Miss H. M. Kolkenbeck 国籍不详）

12. 柯向荣（T. D. Begg 国籍不详）

13. 戴存信（Rev. E. H. Taylor 国籍不详）

（九）中国以外新教界人士

1. E. C. 希尔（E. C. Hill，Singapore 新加坡基督教青年会副主席）

2. 毕先生（Jas. H. Wallace，Y. M. C. A. 中华留日学生基督教青年会负责人）

3. 亨利·泽尔（Rev. Henry Dalzell，M. A.，R. N. 英国舰队随军牧师）

4. A. 肯摩尔（A. Kenmure，Esq.，Korea 大英圣经会驻朝鲜传教士）

5. C. C. 文顿（Rev. C. C. Vinton，M. D. 美国长老会驻朝鲜传教士）

6. J. C. 托马斯（Rev. J. C. Thomson，Montreal 加拿大牧师）

7. C. A. 科尔曼（Rev. C. A. Colman，Vancouver 加拿大牧师）

8. J. R. 希尔（Rev. J. R. Hill 瑞典牧师）

9. W. L. P. 沃尔什（Rev. W. L. P. Walsh 爱尔兰牧师）

10. J. W. 李（Rev. J. W. Lee，D. D.，U. S. A. 美国牧师）

11. Y. 维夫（Rev. Y. Vyff 国籍不详）

12. J. 斯特尔（Rev. J. Stelle，B. A. 国籍不详）

13. A. R. 普莱斯（Rev. A. R. Price，M. A.，B. N. 国籍不详）

二　商界人士

1. F. C. 毕晓普（F. C. Bishop，Esq. 英国渣打银行上海分

行经理）

2. A. R. 伯基尔（A. R. Burkill，Esq. 上海祥茂洋行董事）

3. 嘉谟伦（Ewen Cameron，Esq. 英国汇丰银行上海分行
经理）

4. R. M. 坎普贝尔（R. M. Campbell，Esq. 上海阿加刺银行
执行经理）

5. 约瑟夫（H. H. Joseph，Esq. 上海公共租界工部局董事）

6. 葛司会（James J. Keswick，Esq. 上海怡和洋行董事）

7. 约翰. 麦格雷戈（John Macgregor，Esq. 上海渣敦洋行
经理）

8. J. W. 麦克李兰（J. W. Maclellan，Esq. 上海《字林西
报》主编兼商人）

9. 李德尔（R. W. Little，Esq. 上海《字林西报》副主编）

10. J. K. 莫里森（J. K. Morrison，Esq. 上海泰丰银行经理）

11. 脱而恒（Cornelius Thorne，Esq. 上海相宜洋行经理）

12. 士米德（C. V. Smith，Esq. 上海旗昌洋行船东）

13. 希　斯（N. A. Siebs，Esq. 上海禅臣洋行经理）

14. 芜　得（A. G. Wood，Esq. 上海仁记洋行经理）

15. C. 克罗米（C. Cromie，Esq. 上海公昌洋行代理人）

16. 让特泽（Carl Jantzen，Esq. 上海乜者士洋行经理）

17. 白　敦（J. G. Purdon，Esq. 上海同珍洋行经理）

18. 艾狄斯（C. S. Addis，Esq. 上海汇丰银行副经理）

19. 安德鲁·伯尔曼（Andrew Burman，Esq. 上海伯璘洋行
经理）

20. E. H. 威力（E. H. Wheeley，Esq. 上海宝顺洋行经理）

21. O. 梅辛（O. Messing，Esq. 上海德华洋行副经理）

22. C. 文森特·史密斯（C. Vincent Smith，Esq. 上海旗昌
洋行经理）

23. W. H. 塔尔伯特（W. H. Talbot, Esq. 上海美国公平人寿保险公司副经理）

24. 约翰·沃尔特（John Walter, Esq. 上海汇丰银行监察员）

25. 布　瓦（J. C. Bois, Esq. 上海太古洋行经理）

26. 韦德·加德纳（Wade Gar'dner, Esq. 新加坡汇丰银行执行经理）

27. 赫　恩（H. R. Hearn, Esq. 上海自来水公司董事）

28. 希　孟（John Seaman, Esq. 上海同孚洋行董事）

29. 赫伯特·史密斯（Herbert Smith, Esq. 上海渣颠洋行经理）

30. 施高塔（J. L. Scott, Esq. 上海鸿源纺织有限公司董事会主席）

31. C. F. 罗班德（C. F. Rowband, Esq. 上海有利银行经理）

32. G. B. 多德韦尔（G. B. Dodwell, Esq. 汉口天祥洋行驻香港经理）

33. 詹姆斯·布坎南（James Buchanan, Esq. 上海摩根大通公司地产代理）

34. A. P. 麦克艾恩（A. P. Macewen, Esq. 上海渣顿洋行经理）

35. 朴　脱（W. H. Poate, Esq. 上海隆茂洋行总经理）

36. 阿尔福（E. F. Alford, Esq. 上海渣颠洋行经理）

37. 阿绮波德·立德（Archibald Little, Esq. 重庆立德洋行董事长）

38. 亨利·格里布尔（Henry Gribble, Esq. 上海美孚洋行代理人）

39. 伊文·卡梅隆（Ewen Cameron, Esq. 上海汇丰银行

经理）

40. 迈尔斯·考黎尔（Miers Coryell, Esq. 上海租界工部局董事）

41. 埃德蒙·克森士（Edmund Cousins, Esq., Tientsin 天津洋商总会主席）

42. 威厚阔（C. J. Dudgeon, Esq. 上海老公茂洋行经理）

43. F. E. 霍其思（F. E. Hodges, Esq. 上海太古洋行董事）

44. 约翰·斯腾豪斯（John Stenhouse, Esq. 上海茂隆洋行董事）

45. J. R. 特温逊曼（J. R. Twentyman, Esq. 上海耶松船坞公司董事）

46. 爱德华·惠恩（Edward Wheen, Esq. 上海荣泰商行董事）

47. H. 莱曼（H. Lehmann 上海礼和洋行董事）

48. C. 奥斯瓦尔德·利德尔（C. Oswald Liddell 上海平和洋行董事）

49. M. E. F. 马奇（M. E. F. March 香港礼和洋行董事）

50. 奥斯本·米德尔顿（Osborne Middleton 上海顺泰码头公司宁波老码头经理）

51. E. A. 普罗布斯特（E. A. Probst 上海公平洋行董事）

52. E. 斯塔克（E. Starkey 上海裕康洋行代理人）

53. 查斯·斯图尔特（Chas. Stewart 香港万国实通银行助理会计员）

54. 瓦那肯（Ed. Warneken 上海禅臣洋行董事）

55. R. B. 艾伦（R. B. Allen 上海正广和洋行董事）

56. H. M. 贝维斯（H. M. Bevis 上海汇丰银行副经理）

57. 亨利·德·格雷（Harry de Gray 上海中日贸易公司经理）

58. 查尔斯·德贞（Sir Charles Dudgeon 上海良济药房副主席）

59. E. J. 以斯拉（E. J. Ezra 香港爹核洋行经理）

60. W. J. 格雷森（W. J. Gresson 上海怡和洋行经理）

61. F. C. 赫弗（F. C. Heffer 上海谋得利洋行主席）

62. 霍爱德（E. Jenner Hogg 上海兆丰洋行董事长）

63. H. 杜弗洛恩·哈奇森（H. du Flon Hutchison. 上海《字林沪报》经理）

64. J. D. 朗迈尔（J. D. Longmire 上海良济药房执行经理）

65. E. 阿拉巴斯特（E. Alabaster 苏州新阘洋行董事）

66. E. F. 麦凯（E. F. Mackay 上海太古洋行董事）

67. J. 斯特恩（J. Stern，Reiss&Co. 上海泰和洋行经理）

68. S. J. C. 托德（S. J. C. Todd 火奴鲁鲁毕晓普银行助理）

69. J. D. 索伯恩（J. D. Thorburn，Major Bro. 上海美查洋行董事）

70. F. 安德森（F. Anderson 上海互通电话公司董事）

71. 贺拉斯·汉壁礼（Hanbury，Horace 上海公半洋行董事）

72. R. 尤尔胡梅尔（R. Ure Hummel 上海股票交易委员会秘书）

73. A. C. 亨特（A. C. Hunter 上海巴勒保险公司经理）

74. H. E. R. 亨特（H. E. R. Hunter, Esq. 上海汇丰银行经理）

75. D. 兰代尔（D. Landale 上海怡和洋行经理）

76. J. A. 沃蒂（J. A. Wattie 上海永年人寿保险公司经理）

77. H. M. 舒尔茨（H. M. Schultz, Esq. 上海机器冰厂总经理）

78. G. W. 希普韦（G. W. Shipway 重庆茂隆洋行代理人）

79. E. S. 利特尔（E. S. Little, Esq. 上海卜内门公司经理）

三 政界人士

1. 贾礼士（W. R. Carles, Esq. 英国驻朝鲜总领事）

2. 哈 南（N. J. Hannen, Esq. 上海英国总领事衙门总领事）

3. 霍必澜（Sir Pelham L. Warren 上海英国总领事衙门总领事）

4. 哲美森（George Jamieson, Esq. 上海英国总领事衙门总领事）

5. 白利南（Byron Brenan, Esq., C. M. G. 上海英国总领事衙门总领事）

6. 德为门（B. Twyman, Esq. 上海英国总领事衙门副领事）

7. 柯 尔（W. P. Ker, H. M. 北京英国钦差公署助理）

8. 詹姆斯·斯科特（James Scott, Esq. 广州英国总领事署副领事）

9. 白挨底（G. M. H. Playfair, Esq. 宁波英国领事衙门领事）

10. S. F. 梅耶斯（S. F. Mayers, Esq. 上海英国总领事衙门助理）

11. 哈维兰·德·索马里兹爵士（Sir Havilland de Sausmarez, H. B. M's Superme Judge 上海大英刑钱使司衙门法官）

12. 海勒姆·S. 威尔肯逊爵士（Sir Hiram S. Wilkinson, Chief Justice 上海大英刑钱使司衙门首席法官）

13. 班得瑞（F. S. A. Bourne, Esq. 上海大英刑钱使司衙门代理法官）

14. 肯尼迪（General Kennedy, Esq. 上海美国总领事衙门总

领事）

　　15. 卢幼德（J. A. Leonard, Esq. 上海美国总领事衙门总领事）

　　16. 古　那（John Goodnow, Esq. 上海美国总领事衙门总领事）

　　17. A. P. 怀尔德博士（Dr. A. P. Wilder 上海美国总领事衙门总领事）

　　18. W. D. 亨特（W. D. Hunter, Esq. 上海美国总领事衙门副领事）

　　19. F. E. 欣克利（Dr. F. E Hinckley 美国驻华法院地方检察官）

　　20. 施妥博（Dr. O. Stuebel 上海德国总领事衙门总领事）

　　21. 克纳普（Dr. W. Knappe 上海德国总领事衙门领事）

　　22. R. 埃斯瓦尔特（R. Eiswaldt, Esq. 天津德国领事官署领事）

　　23. 费果荪（Hon. J. Helenus Ferguson 荷兰首任驻华公使）

　　24. F. 哈格贝里（F. Hagberg 上海瑞典挪威国公馆总领事）

　　25. 小田切（M. Odagiri 上海日本总领事衙门总领事）

　　26. 赫　德（Sir Robert Hart 清海关总税务司）

　　27. 裴式楷（R. E. Bredon, Esq. 清海关副总税务司）

　　28. 德璀琳（G. Detring, Esq. 清海关税务司）

　　29. 杜德维（E. B. Drew, Esq. 清海关税务司）

　　30. 吉　德（E. Mckean, Esq. 清海关税务司）

　　31. 马　士（H. B. Morse, Esq. 清海关税务司）

　　32. 杜德维（E. B. Drew, Esq. 清海关税务司）

　　33. 好博逊（H. E. Hobson, Esq. 清海关税务司）

　　34. 贺壁理（A. E. Hippisley, Esq. 清海关税务司）

　　35. 义理迩（H. M. Hillier, Esq. 清海关税务司）

36. 摩　根（F. A. Morgan, Esq. 清海关税务司专员）

37. 戴乐尔（F. E. Taylor, Esq. 清海关税务司专员）

38. 客纳格（C. C. Clarke 清海关税务司专员）

39. H. W. 布雷热（H. W. Brazier, Shanghai 清海关税务司代理专员）

40. 夏立士（A. H. Harris, Esq. 清海关二等助理）

41. J. O. P. 濮兰德（J. O. P. Bland 清海关四等助理）

42. C. S. 泰勒（C. S. Taylor, Esq. 清海关书记）

43. 多诺芬（J. P. Donovan, Esq. 山东邮政局邮政司）

44. 李蔚良（W. G. Lay 上海邮政总局邮政司）

45. 柏卓安（J. Mcleavy Brown, Esq. 朝鲜海关总税务司）

46. 尹致昊（Hon. T. H. Yun 朝鲜政治家）

47. 毕德格（W. N. Pethick, Esq. 前美国外交官，李鸿章私人秘书）

四　华人

1. 龚心铭（Dr. S. M. Kung 晚清进士，清政府官员）

2. 凤　仪（Fung Yee 清政府官员）

3. 沈敦和（H. E. Shen Tun-ho 山西大学堂督办）

4. 蔡尔康（Tsai Erh Kang, Esq. 广学会华人助手）

5. 任保罗（Rev. Paul Young 华人牧师）

6. 孙多森（Sun Ying Ting 字荫庭，天津启新洋灰有限公司协理）

7. 杨周庆（音）（Yang Chow King 职业不详）

8. 王平荣（音）（Wang Ping Yung 职业不详）

五　其他人员

1. 丹　文（W. V. Drummond, Esq. 上海担文律师行出庭律师）

2. 古　柏（A. S. P. White-Cooper, Esq., M. A. 上海担文律师行法务官）

3. 邓肯·麦克尼尔（Duncan McNeill, Shanghai 上海易高律师行高级律师）

4. E. 亨德森（Dr. E. Henderson 上海同仁医馆外科医生）

5. J. C. 弗格森（J. C. Ferguson, Esq., Ph. D., Shanghai 上海博物院主席）

6. W. W. 里奇（W. W. Rich, Esq. 中国铁路总公司工程师）

7. A. W. 丹福士（A. W. Danforth, Esq. 上海机器织布总局首席工程师）

8. 摩利臣（G. J. Morrison 英国铁路工程师）

9. 莫理循（G. E. Morrison, Esq., *Times*' Correspondent 英国《泰晤士报》驻北京记者，后担任袁世凯顾问）

10. 穆麟德（P. G. Von Mollendorff 德国语言学家，朝鲜政府顾问）

11. 克鲁瓦（F. A. de St. Croix 上海大礼拜堂财务主管）

12. 波乃耶（J. Dyer Ball, Esq. 港英政府官员，汉学家）

13. R. 道伊（R. Dowie 上海育才书社负责人）

14. 薛来西（Professor C. Lacey Sites, Ph. D. 上海南洋公学教习）

15. C. S. 莱文沃思（C. S. Leavenworth, M. A. 上海南洋公

学教习）

 16. 立德夫人（Mrs. Archibald Little 天足会创始人）

 17. 恩迪科特夫人（Mrs. Endicott）

 18. 米德尔顿夫人（Mrs. Osborne Middleton）

 19. 李提摩太夫人（Mrs. Richard）

 20. 古那夫人（Mrs. John Goodnow）

 21. 戈登夫人（Mrs. Gordon）

 22. 詹森夫人（Mrs. Jansen）

 23. 罗伯特·索西（Major Robert Southey 英国驻印度陆军少校）

 24. 倪维思夫人（Mrs. John L. Nevius，Chefoo 美国传教士倪维思的夫人）

 25. E·贝休恩（E. Bethune，Hamilton，Canada 加拿大汉密尔顿市捐助者）

 26. 克罗夫人（Mrs. Crowe，Winnipeg 加拿大温尼伯市捐助者）

 27. 弗雷泽夫人（Mrs. Fraser，Winnipeg 加拿大温尼伯市捐助者）

 28. 艾尔·温夏勒小姐（Miss Elwyn Sharr，London. 英国伦敦市捐助者）

 29. C. E. 奥泽恩（C. E. Ozanne 职业、国籍不详）

 30. C. 索德布姆（C. Soderboum，Chihli 职业、国籍不详）

 31. M. 弗雷斯特（O. St. M. Forester 职业、国籍不详）

 32. A. S. 格东（A. S. Gedon 职业、国籍不详）

 33. T. F. 美瑞尔（T. F. Merrill 职业、国籍不详）

附录2：清末广学会中文出版物名录

类别	序号	书刊名称	作者/编辑	备注
一、世俗报刊	1	《万国公报》	林乐知、季理斐	
	2	《大同报》	高葆真、莫安仁	
二、基督教报刊	1	《中西教会报》	林乐知、卫理、卫罗氏、高葆真、莫安仁、季理斐、华立熙	
	2	《成童画报》	不详	
	3	《训蒙画报》	不详	
	4	《孩提画报》	D. S. 默雷	
三、世俗书籍	1	《时事新论》	李提摩太	原著
	2	《石印时事新论》	李提摩太	原著
	3	《醒华博议》	李提摩太	原著
	4	《救华危言》	李提摩太	原著
	5	《七国新学备要》	李提摩太	原著
	6	《救世有道》	李提摩太	原著
	7	《养民有法》	李提摩太	原著
	8	《新政策》	李提摩太	原著
	9	《兴华万年策》	李提摩太	原著
	10	《泰西新史揽要》	李提摩太	译著

类别	序号	书刊名称	作者/编辑	备注
	11	《石印泰西新史》	李提摩太	译著
	12	《列国变通兴盛记》	李提摩太	原著
	13	《古史探源》	李提摩太	原著
	14	《欧洲八大帝王传》	李提摩太	原著
	15	《地球一百名人传》	李提摩太	原著
	16	《三十一国志要》	李提摩太	原著
	17	《大国次第》	李提摩太	原著
	18	《五洲史略》	李提摩太	译著
	19	《人种交涉论衡》	李提摩太	译著
	20	《印度史揽要》	李提摩太	译著
三、世俗书籍	21	《大英国治理印度新政考》	李提摩太	译著
	22	《八星之一总论》	李提摩太	原著
	23	《电学纪要》	李提摩太	原著
	24	《生利分利之别论》	李提摩太	原著
	25	《百年一觉》	李提摩太	译著
	26	《英国实业史》	李提摩太	译著
	27	《预筹中国十二年新政策》	李提摩太	原著
	28	《新世政策图说》	李提摩太	原著
	29	《大同学》	李提摩太	原著
	30	《英国议事章程》	李提摩太	原著
	31	《西铎》	李提摩太	原著
	32	《广学类编》	李提摩太	原著
	33	《印度史》	李提摩太	原著

续表

类别	序号	书刊名称	作者/编辑	备注
三、世俗书籍	34	《造物尽善》	李提摩太	译著
	35	《推广实学》	李提摩太	原著
	36	《辩忠篇》	林乐知	原著
	37	《兴华新议》	林乐知	原著
	38	《广学兴国策》	林乐知	原著
	39	《保华全书跋》	林乐知	原著
	40	《中西五论》	林乐知	原著
	41	《九九新论》	林乐知	原著
	42	《印度隶英十二益说》	林乐知	原著
	43	《俄国历皇纪略》	林乐知	原著
	44	《英兴记》	林乐知	原著
	45	《中东战纪本末》	林乐知	原著
	46	《东征电报》	林乐知	原著
	47	《文学兴国策》	林乐知	原著
	48	《中东战纪本末初编》	林乐知	原著
	49	《中东战纪本末续编》	林乐知	原著
	50	《中东战纪本末三编》	林乐知	原著
	51	《保华全书》	林乐知	原著
	52	《李傅相历聘欧美记》	林乐知	原著
	53	《德国最进步史》	林乐知	原著
	54	《俄国政俗通考》	林乐知	原著
	55	《万国公法要略》	林乐知	译著
	56	《美国治法要略》	林乐知	原著

类别	序号	书刊名称	作者/编辑	备注
三、世俗书籍	57	《争战将来如何》	林乐知	译著
	58	《柏尔德密协定》	林乐知	译著
	59	《治国要务》	韦廉臣	原著
	60	《人非教不成》	韦廉臣	不详
	61	《性海渊源》	花之安	原著
	62	《泰西十八周史揽要》	季理斐	译著
	63	《振新金鉴》	季理斐	译著
	64	《观物博异》	季理斐	译著
	65	《日月蚀节要》	季理斐	原著
	66	《格致问答提要》	季理斐	原著
	67	《实学衍义补》	季理斐	译著
	68	《泰西名人事略》	季理斐	译著
	69	《大英十九周新史》	季理斐、华立熙	译著
	70	《近代艺学界》	季理斐	译著
	71	《英皇肥拖唎阿盛德记》	华立熙	原著
	72	《古世文明》	华立熙	原著
	73	《近世史略》	华立熙	译著
	74	《三光浅说》	华立熙	译著
	75	《天地奇异志》	华立熙	原著
	76	《格致举隅》	莫安仁	译著
	77	《濮而班克种植学》	莫安仁	译著
	78	《英国宪政辑要》	莫安仁	原著
	79	《最近美国学务大全》	莫安仁	原著

类别	序号	书刊名称	作者/编辑	备注
三、世俗书籍	80	《物理表准》	莫安仁	原著
	81	《生计学》	高葆真	原著
	82	《欧化篇》	高葆真	译著
	83	《种茶良法》	高葆真	译著
	84	《泰西奇效医术谭》	高葆真	原著
	85	《邦交提要》	丁韪良	原著
	86	《性学举隅》	丁韪良	原著
	87	《公法新编》	丁韪良	译著
	88	《格致新机》	慕维廉	译著
	89	《地理全志》	慕维廉	译著
	90	《中国乐音》	李提摩太夫人	英文原著
	91	《小诗谱》	李提摩太夫人	原著
	92	《教化阶梯衍义》	李思	原著
	93	《万国通史前编十卷》	李思	原著
	94	《新学汇编》	林乐知、李提摩太、李佳白、仲均安、安保罗、艾约瑟、秀耀春等人	原著
	95	《奉士大夫书》	穆雅德	原著
	96	《狱中花》	亮乐月	译著
	97	《贫子奇缘》	亮乐月	译著
	98	《小英雄》	亮乐月	译著
	99	《蒙学浅说》	卫罗氏	原著

类别	序号	书刊名称	作者/编辑	备注
三、世俗书籍	100	《动物浅说卷一》	卫罗氏	原著
	101	《动物浅说卷二》	卫罗氏	原著
	102	《日月星问答》	富翟氏	原著
	103	《双字合编》	富翟氏	原著
	104	《破船救人记》	慕维廉夫人	译著
	105	《电学总览》	博恒理	原著
	106	《中国变新策》	甘淋	原著
	107	《英国齐家》	代尔	原著
	108	《名公三序》	李鸿章、曾纪泽	原著
	109	《威廉振兴荷兰记略》	马林	原著
	110	《未克列夫记略》	马林	原著
	111	《格致进化》	马林	译著
	112	《足民策》	马林	译著
	113	《富民策》	马林	译著
	114	《政史撮要》	詹克斯	原著
	115	《质学新编》	潘慎文	译著
	116	《进化论》	任保罗	译著
	117	《埃及变政史略》	任保罗、李提摩太	译著
	118	《大英治理印度》	任保罗	原著
	119	《奥后特勒萨实录》	任保罗	原著
	120	《英国名君言行录》	贝牧师	原著
	121	《美国名君言行录》	贝牧师	原著
	122	《国家专设农务部议》	贝牧师	原著

续表

类别	序号	书刊名称	作者/编辑	备注
三、世俗书籍	123	《农学新法》	贝牧师	原著
	124	《山东贫穷考》	仲均安	原著
	125	《字学新法》	仲均安	原著
	126	《速兴新学条例》	英国圣公会委员会	原著
	127	《列国地说卷一》	卫罗氏	原著
	128	《列国地说卷二》	卫罗氏	原著
	129	《理财节略》	戴乐尔	原著
	130	《税敛要例》	卜舫济	原著
	131	《论机器之益》	艾约瑟	原著
	132	《中国度支考》	哲美森	原著
	133	《英国颁行公司定例》	哲美森	原著
	134	《华英谳案定章考》	哲美森	原著
	135	《增税裁厘议》	哲美森	原著
	136	《修水口以利通商》	戈贝尔	原著
	137	《验矿砂要法》	斯图尔曼	原著
	138	《富国真理》	山雅谷	译著
	139	《新华议》	郭斐尉	原著
	140	《印度刑律序》	山雅谷	原著
	141	《中西骨格辨正》	刘廷桢	原著
	142	《八线拾级》	刘光照	原著
	143	《候医浅说》	马丽·斯通	原著
	144	《医方汇编》	梅因	原著
	145	《体育图说》	姚受庠	译著

续表

类别	序号	书刊名称	作者/编辑	备注
三、世俗书籍	146	《幼学操身》	庆丕	原著
	147	《女学体操》	埃塞尔·M. 斯夸尔	译著
	148	《日本教育之新调查》	不详	原著
	149	《伊藤总监治韩政》	不详	原著
	150	《四书解义适今》	林亨理	原著
	151	《和平原论》	米德夫人	原著
	152	《启蒙读本》	朱女士	原著
	153	《路矿工程》	尤因·马得胜	原著
	154	《中国铁路历史》	肯特	原著
	155	《英王亚非勒传》	C. H. Chung	译著
	156	《泰西是非学拾级》	库寿龄夫人	原著
	157	《国之三宝》	不详	不详
	158	《致治之本》	不详	不详
	159	《煤炭矿利》	不详	不详
	160	《林木之益》	不详	不详
	161	《修路之益》	不详	不详
	162	《天下五洲各大国志要》	不详	不详
	163	《重兴中国法言》	不详	不详
	164	《中国政俗考略》	不详	不详
四、宗教书籍	1	《五洲教务》	李提摩太	原著
	2	《回教求真记》	李提摩太	原著
	3	《救世教益》	李提摩太	原著
	4	《中西四大政》	李提摩太	原著

类别	序号	书刊名称	作者/编辑	备注
四、宗教书籍	5	《论教会之意》	李提摩太	原著
	6	《近代教士列传》	李提摩太	原著
	7	《喻道要旨》	李提摩太	译著
	8	《天道功课》	李提摩太	译著
	9	《保家经》	李提摩太	原著
	10	《五洲万年毕业经》	李提摩太	译著
	11	《二约选读》	李提摩太	原著
	12	《基督教大旨》	李提摩太	原著
	13	《天伦诗》	李提摩太	译著
	14	《三教还原》	李提摩太	原著
	15	《五洲教案》	李提摩太	原著
	16	《政教善章合选》	李提摩太	原著
	17	《勉善会揭要》	李提摩太	原著
	18	《四教考略》	季理斐	原著
	19	《回教考略》	季理斐	原著
	20	《基督圣德论》	季理斐	译著
	21	《天国释义》	季理斐	原著
	22	《真道结果实证》	季理斐	原著
	23	《慕翟先生行述》	季理斐	原著
	24	《晦极明生世记》	季理斐	原著
	25	《古圣徒殉难记》	季理斐	原著
	26	《庚子教会殉难纪略》	季理斐	原著
	27	《和声鸣盛》	李理斐	原著

续表

类别	序号	书刊名称	作者/编辑	备注
四、宗教书籍	28	《真道喻言》	季理斐	原著
	29	《基督之圣神》	季理斐	译著
	30	《拔剑逐魔》	季理斐	译著
	31	《活水永流》	季理斐	译著
	32	《保罗悟道传》	季理斐	译著
	33	《住在基督》	季理斐	译著
	34	《争战非道论》	季理斐	原著
	35	《圣经书目》	季理斐	原著
	36	《基督传》	季理斐	原著
	37	《慕牧师木铎记》	季理斐	原著
	38	《基督模范》	季理斐	译著
	39	《基督教纲领》	季理斐	译著
	40	《训十二徒真诠》	季理斐	译著
	41	《斐尼奋兴史》	季理斐	原著
	42	《欲我何为》	季理斐	原著
	43	《天国振兴图考》	季理斐	译著
	44	《圣保罗宝训》	季理斐	译著
	45	《察经要术》	季理斐	原著
	46	《宗教天演合论》	季理斐	原著
	47	《求则得之》	季理斐	原著
	48	《高丽信道纪略》	季理斐	原著
	49	《晦极明生纪》	季理斐	原著
	50	《古教汇参》	韦廉臣	原著

类别	序号	书刊名称	作者/编辑	备注
四、宗教书籍	51	《二约释义全书》	韦廉臣	原著
	52	《基督实录》	韦廉臣	原著
	53	《耶稣纪要》	韦廉臣	原著
	54	《女儿经》	韦廉臣	原著
	55	《圣教功效论略》	韦廉臣	原著
	56	《格物探源》	韦廉臣	原著
	57	《崇一论》	林乐知	原著
	58	《人学》	林乐知	译著
	59	《五大洲女俗通考》	林乐知	原著
	60	《中西教化论衡》	林乐知	原著
	61	《自历明证》卷一《柏得门奇》	林乐知	原著
	62	《自历明证》卷二《奥古斯丁》	林乐知	原著
	63	《自历明证》卷三《依美德定》	林乐知	原著
	64	《自历明证》卷四《洛士伐里》	林乐知	原著
	65	《自历明证》卷五《瑟的那但》	林乐知	原著
	66	《自历明证》卷六《新岛约瑟》	林乐知	原著
	67	《自历明证》卷七《但以利》	林乐知	原著
	68	《自历明证》卷八《古欧洲人信道纪略》	林乐知	原著

类别	序号	书刊名称	作者/编辑	备注
四、宗教书籍	69	《自历明证》卷九《印度女氏信道纪》	林乐知	原著
	70	《自历明证》卷十《巴西等人信道纪》	林乐知	原著
	71	《自历明证》卷十一《英国得基督教缘始》	林乐知	原著
	72	《自历明证》卷十二《基扫斯登》	林乐知	原著
	73	《自历明证》卷十三《沈觉齐》	林乐知	原著
	74	《安仁车》	林乐知	原著
	75	《家用祷告文》	林乐知	译著
	76	《麻迪论道探源》	林乐知	原著
	77	《宗教原理》	莫安仁	原著
	78	《世界教化进行论》	莫安仁	原著
	79	《沙斐伯雷传》	莫安仁	原著
	80	《罗彻斯德正心谭》	莫安仁	原著
	81	《进化真诠》	莫安仁	原著
	82	《宇宙进化论》	莫安仁	原著
	83	《救赎精义》	莫安仁	译著
	84	《圣经溯源》	华立熙	译著
	85	《西方归道·色勃特族》	华立熙	译著
	86	《西方归道·英格兰族》	华立熙	译著
	87	《西方归道·日耳曼族》	华立熙	译著

类别	序号	书刊名称	作者/编辑	备注
四、宗教书籍	88	《盛勇嘎拉哈奇遇传》	华立熙	译著
	89	《古世七会论衡音》	华立熙	原著
	90	《古史文明》	华立熙	原著
	91	《圣经要道》	安保罗	原著
	92	《救世教成全儒教》	安保罗	原著
	93	《经学不厌精》	花之安	原著
	94	《自西徂东》	花之安	原著
	95	《缺一不可》	高葆真	原著
	96	《新世考》	高葆真	原著
	97	《康偲但带小传》	高葆真	原著
	98	《天国初入英国说》	高葆真	原著
	99	《舌如火焰》	高葆真	译著
	100	《祈祷不息》	高葆真	原著
	101	《述古导今录》	高葆真	原著
	102	《欧洲近世智力进步录》	高葆真	原著
	103	《饥渴有福》	季理斐夫人	原著
	104	《幼女诞礼遗范传》	季理斐夫人	原著
	105	《幼女遇难得救记》	季理斐夫人	译著
	106	《耶稣圣教复初》	昊格矩小姐	原著
	107	《圣书纲目》	慕维廉	原著
	108	《人心交与上帝》	慕维廉	原著
	109	《道原晰义》	仲均安	原著
	110	《道统年表》	仲均安	原著

类别	序号	书刊名称	作者/编辑	备注
四、宗教书籍	111	《证真秘诀》	仲均安	译著
	112	《祈先探原》	仲均安	原著
	113	《道玄指实》	仲均安、李提摩太	原著
	114	《犹太人救世志》	李提摩太夫人	原著
	115	《耶稣基督宝训》	李提摩太夫人	原著
	116	《旧约记略》	李提摩太夫人	原著
	117	《新约纪略》	李提摩太夫人	原著
	118	《感颂篇》	李提摩太夫人	原著
	119	《弥赛亚》	李提摩太夫人	原著
	120	《教士列传》	李提摩太夫人	原著
	121	《李张相论》	李提摩太夫人	原著
	122	《大道预备考》	戈登夫人	原著
	123	《信魁济梵传》	鲍康宁	原著
	124	《救世经事实记要》	包克私	原著
	125	《小先知释义》	尼维斯夫人	原著
	126	《基督本记》	卜舫济	原著
	127	《耶稣终身大略》	斐有文	原著
	128	《使徒纪略》	刘乐义	原著
	129	《主仆谈道》	刘乐义	原著
	130	《孩训喻说》	刘乐义	原著
	131	《女训喻说》	刘乐义	原著
	132	《教子准绳》	刘乐义	原著
	133	《养正新编》	刘乐义	原著

续表

类别	序号	书刊名称	作者/编辑	备注
四、宗教书籍	134	《为道受难记》	富翟氏	原著
	135	《太平洋岛受难记》	富翟氏	原著
	136	《圣经释义》	富翟氏	原著
	137	《湛约各传》	富翟氏	原著
	138	《马太福音阐义》	富翟氏	原著
	139	《探道本源》	秀耀春	原著
	140	《轮月祷文》	穆雅德	原著
	141	《躬自虔诚》	穆雅德	原著
	142	《主耶稣及复生》	穆雅德	译著
	143	《所望伊何》	穆雅德	原著
	144	《慕会理总奉士大夫书》	穆雅德	原著
	145	《正道启蒙》	宾惠廉	原著
	146	《圣人说》	山雅谷	原著
	147	《自历明证十三》	上海牧师孙夫人	原著
	148	《太平洋传道录》	狄乐播	原著
	149	《瑙革司保教计略》	亨特	原著
	150	《修命说》	贝牧师	原著
	151	《圣道代兴记》	贝牧师	原著
	152	《新旧约接续史》	库寿龄	原著
	153	《圣教真诠》	库寿龄夫人	原著
	154	《梁马丽亚传》	爱默生小姐	原著
	155	《天道兴国浅说》	Liu Wan-Tien	原著
	156	《普济众生》	英雅各	原著

类别	序号	书刊名称	作者/编辑	备注
四、宗教书籍	157	《教堂买产公牍》	不详	译著
	158	《醒华生传》	李提摩太秘书	原著
	159	《耶稣圣教入华》	传教士大会委员会	原著
	160	《教会史略》	喜克斯	原著
	161	《惜畜新编》	不详	译著
	162	《耶儒月旦》	王炳坤	原著
	163	《圣神三法》	爱丽丝·M.霍恩	原著
	164	《传教谕旨》	清政府	翻印
	165	《永息教案》	清政府	翻印
	166	《花甲记忆》	潘慎文	原著
	167	《李文司登播道斐洲游记》	任保罗	原著
	168	《天国战士进步》	方维廉	原著
	169	《圣保罗雅典垂训》	叶道胜	原著
	170	《古圣明心》	胡贻谷	原著
	171	《观帝说》	胡贻谷	译著
	172	《天知镜》	胡贻谷	译著
	173	《人生之表晷》	胡贻谷	原著
	174	《天人感应》	胡贻谷	原著
	175	《说教雪》	王熠初	原著
	176	《怎样祷告》	Chen Chun-Kuei	译著
	177	《圣经诗》	不详	译著
	178	《圣安五传》	Liu YungTsun	原著
	179	《守望责言》	怀卡文	原著

续表

类别	序号	书刊名称	作者/编辑	备注
四、宗教书籍	180	《牧师良规》	赫士	原著
	181	《非忠恕不可》	不详	
	182	《耶稣教入华》	不详	
	183	《耶稣言行要录》	不详	
	184	《基督约言》	不详	
	185	《则为思孝》	不详	
	186	《喻言义谈》	不详	
	187	《古巴天主教樊离罗信道》	不详	
五、挂图、图册	1	《救主圣迹五彩图》	花之安	
	2	《约瑟圣迹五彩图》	花之安	
	3	《摩西圣迹五彩图》	花之安	
	4	《大辟王圣迹五彩图》	花之安	
	5	《所罗门王圣迹五彩图》	花之安	
	6	《以斯帖圣迹五彩图》	花之安	
	7	《但以理圣迹五彩图》	花之安	
	8	《路德氏圣迹五彩图》	花之安	
	9	《五彩天乐图》	不详	
	10	《圣经比方图》	不详	
	11	《圣经鸟兽图》	不详	
	12	《问天图》	不详	
	13	《五洲各国统属图》	李提摩太	
	14	《中西各教人数图》	李提摩太	
	15	《大五洲属图》	不详	

类别	序号	书刊名称	作者/编辑	备注
五、挂图、图册	16	《大教统属图》	不详	
	17	《五彩中西年表图》	不详	
	18	《历代地球图》	不详	
	19	《花图篇》	不详	
	20	《福民图说》	不详	
	21	《福民图》	不详	
	22	《救星图》	不详	
	23	《字母国人书》	不详	
	24	《字母兽书》	不详	
	25	《字母鸟书》	不详	
	26	《字母圣经故迹》	不详	
	27	《泰西圣迹图》	不详	
	28	《泰西圣迹图单张》	不详	
	29	《犹太地图》	不详	
	30	《泰西画谱》	不详	
	31	《红十字图》	不详	
	32	《大清铁路图》	不详	
	33	《福命图》	不详	
	34	《明心图》	不详	
	35	《历代地球图挂屏》	不详	
	36	《泰西画谱锦匣》	不详	
	37	《大清国全图》	不详	
	38	《天文扇》	不详	

续表

类别	序号	书刊名称	作者/编辑	备注
五、挂图、图册	39	《地理扇》	不详	
	40	《孔圣小像》	不详	
六、小册子	1	《师范说》	林乐知	原著
	2	《哈雷彗星》	不详	不详
	3	《科学与酒精》	不详	不详
	4	《改革》	不详	不详

　　资料来源：依据1888—1911年广学会英文年报和《万国公报》《中西教会报》《大同报》《未克列夫记略》《文学兴国策》《李傅相历聘欧美记》《美国名君言行录》《德国最进步史》等书刊所附的广学会书目信息整理而成。

附录3：光绪帝采购广学会出版物名录

序号	书籍名称	作者
1	《自西徂东》五卷	花之安
2	《性海渊源》	花之安
3	《救主圣迹五彩图》	花之安
4	《大辟王圣迹五彩图》	花之安
5	《所罗门王圣迹五彩图》	花之安
6	《以斯帖圣迹五彩图》	花之安
7	《但以理圣迹五彩图》	花之安
8	《路德氏圣迹五彩图》	花之安
9	《五彩天乐图》	花之安
10	《格物探源》	韦廉臣
11	《基督实录》	韦廉臣
12	《女儿经》	韦廉臣
13	《耶稣纪要》	韦廉臣
14	《治国要务》	韦廉臣
15	《格致新机》	慕维廉
16	《圣经纲目》	慕维廉
17	《人心交与上帝》	慕维廉
18	《破船救人记》	慕维廉夫人

续表

序号	书籍名称	作者
19	《安仁车》	林乐知
20	《中西互论》	林乐知
21	《论机器之益》	艾约瑟
22	《正道启蒙》	宾惠廉
23	《为道受难记》	富翟氏
24	《圣经释义》	富翟氏
25	《太平洋岛受难记》	富翟氏
26	《救世教益》	李提摩太
27	《中西四大政》	李提摩太
28	《七国新学备要》	李提摩太
29	《喻道要旨》	李提摩太
30	《百年一觉》	李提摩太
31	《三十一国志要》	李提摩太
32	《八星之一总论》	李提摩太
33	《大国次第》	李提摩太
34	《养民有法》	李提摩太
35	《五洲各国统属图》	李提摩太
36	《中西各教人数图》	李提摩太
37	《勉善会揭要》	李提摩太
38	《名公三序》	李鸿章、曾纪泽
39	《农学新法》	贝牧师
40	《修命说》	贝牧师
41	《近代教士列传》	李提摩太

续表

序号	书籍名称	作者
42	《泰西新史揽要》八卷	李提摩太
43	《山东贫穷考》	仲均安
44	《税敛要例》	卜舫济
45	《时事新论》	李提摩太
46	《救世有道》	李提摩太
47	《柏得门奇》	林乐知
48	《奥古斯丁》	林乐知
49	《依美德定》	林乐知
50	《保家经》	李提摩太
51	《洛士伐里》	林乐知
52	《瑟的那但》	林乐知
53	《新岛约瑟》	林乐知
54	《但以利》	林乐知
55	《辩忠篇》	林乐知
56	《柏尔德密协定》官方文件	林乐知
57	《麻迪论道探源》	林乐知
58	《中东战纪本末》	林乐知
59	《新学汇编》	林乐知
60	《新学汇编》	卫 理
61	《新学汇编》	李修善
62	《新学汇编》	李 思
63	《新学汇编》	李提摩太
64	《新学汇编》	甘 淋

续表

序号	书籍名称	作者
65	《新学汇编》	福开森
66	《新学汇编》	李佳白
67	《基督本记》	卜舫济
68	《教化阶梯衍义》	李　思
69	《二约释义全书》	韦廉臣
70	《崇一论》	林乐知
71	《印度隶英十二益说》	林乐知
72	《家用祷告文》	林乐知
73	《圣人说》	山雅谷
74	《人非教不成》	韦廉臣
75	《中西教化论衡》	林乐知
76	《中国度支考》	哲美森
77	《耶稣圣教入华》	传教士大会委员会
78	《福民图说》	中国本土作家
79	《传教谕旨》	清政府
80	《华英谳案定章考》	哲美森
81	《修水口以利通商》	戈贝尔
82	《生利分利之别》	李提摩太
83	《列国变通兴盛记》	李提摩太
84	《欧洲八大帝王传》	李提摩太
85	《古欧洲人信道纪略》	林乐知
86	《印度女氏信道纪》	林乐知
87	《巴西等人信道纪》	林乐知

续表

序号	书籍名称	作者
88	《英国得基督教缘始》	林乐知
89	《新学汇编》	谢卫楼

资料来源：S. D. K.. *Eleventh Annual Report of S. D. K.* ［R］. Shanghai: The "North-China Herald" Office，1898：32.

参考文献

一、中文参考文献

（一）著作类

［1］〔法〕雷吉斯·德布雷. 普通媒介学教程［M］. 陈卫星，王杨，译. 北京：清华大学出版社，2020.

［2］〔加〕哈罗德·伊尼斯. 帝国与传播［M］. 何道宽，译. 北京：中国人民大学出版社，2004.

［3］〔美〕贝奈特. 传教士新闻工作者在中国：林乐知和他的杂志（1860—1883）［M］. 金莹，译. 桂林：广西师范大学出版社，2014.

［4］〔美〕费正清，刘广京. 剑桥晚清中国史［M］. 北京：中国社会科学出版社，2018.

［5］〔美〕何凯立. 基督教在华出版事业（1912—1949）［M］. 陈建明，王再兴，译. 成都：四川大学出版社，2004.

［6］〔美〕胡斯托·L. 冈萨雷斯. 基督教史［M］. 赵城艺，译. 上海三联书店，2019.

［7］〔美〕金多士. 在华传教士出版简史［M］. 王海，译. 北京：中央编译出版社，2017.

［8］赖德烈．基督教在华传教史［M］．香港：道风书社，2004.

［9］〔美〕威尔伯·施拉姆，威廉·波特．传播学概论［M］．何道宽，译．北京：中国人民大学出版社，2010.

［10］〔美〕李提摩太．亲历晚清四十五年：李提摩太在华回忆录［M］．李宪堂，侯林莉，译．天津：天津人民出版社，2005.

［11］〔英〕伟烈亚力．1867年以前来华基督教传教士列传及著作目录［M］．倪文君，译．桂林：广西师范大学出版社，2011.

［12］〔英〕苏慧廉．李提摩太在中国［M］．关志远，关志英，何玉，译．桂林：广西师范大学出版社，2007.

［13］邓联健．委曲求传：早期来华新教传教士汉英翻译史论（1807—1850）［M］．北京：清华大学出版社，2015.

［14］顾长声．传教士与近代中国［M］．上海：上海人民出版社，1981.

［15］顾长声．从马礼逊到司徒雷登：来华新教传教士评传［M］．上海：上海人民出版社，1985.

［16］何兆武．中西文化交流史论［M］．武汉：湖北人民出版社，2007.

［17］黄光域．基督教传行中国纪年（1807—1949）［M］．桂林：广西师范大学出版社，2017.

［18］梁启超．西学书目表［M］．北京：朝华出版社，2018.

［19］麦仲华．皇朝经世文新编［M］．上海：大同译书局，1898.

［20］上海书店出版社编．万国公报 总目·索引［M］．上海：上海书店出版社，2015.

［21］沈福伟．中西文化交流史［M］．上海：上海人民出版

社，2017.

［22］谭树林．传教士与中西文化交流［M］．北京：生活·读书·新知三联书店，2013.

［23］王立新．美国传教士与晚清中国现代化：修订本［M］．天津：天津人民出版社，2008.

［24］王树槐．外人与戊戌变法［M］．上海：上海书店出版社，1998.

［25］王韬等．近代译书目［M］．北京：北京图书馆出版社，2003.

［26］王铁崖编．中外旧约章汇编（第1册）［M］．北京：生活·读书·新知三联书店，1959.

［27］熊月之．西学东渐与晚清社会［M］．上海：上海人民出版社，1994.

［28］张志伟．基督教化与世俗化的挣扎：上海基督教青年会研究（1900—1922）［M］，台北：台湾大学出版社，2010.

［29］赵晓兰，吴潮．传教士中文报刊史［M］．上海：复旦大学出版社，2011.

（二）论文类

［1］白鸽．西方来华传教士对中国语言文字变革运动影响研究［D］．陕西师范大学，2013.

［2］曹坚．新教传教士与19世纪汉语圣经诠释的开端［J］．中山大学学报（社会科学版），2017（02）.

［3］陈建明、苏德华．关于同文书会研究的几个问题辨析［J］．出版科学，2018（02）.

［4］陈建明．清末基督新教在华出版机构同文书会研究［J］．宗教学研究，2015（03）.

［5］陈庆升．广学会的性质及其与维新运动的关系［J］．史

学月刊，1958（10）.

[6] 陈振江. 传教士与晚清教育改革刍议 [J]. 南开学报，1999（05）.

[7] 狄霞晨. 作为"新文学"试水者的近代来华新教传教士 [J]. 国际汉学，2019（03）.

[8] 杜恺健，王润泽. 进入"旧世界"的通道：近代宗教报纸《中国教会新报》发行网络研究 [J]. 国际新闻界，2020（10）.

[9] 方汉奇. 广学会与万国公报 [J]. 新闻业务，1957（09）.

[10] 冯天瑜. 晚清入华新教传教士译业述评 [J]. 史学月刊，2004（08）.

[11] 凤媛. 19世纪最后20年新教传教士关于汉译《圣经》"浅文理"体的讨论与实践再探 [J]. 史林，2020（04）.

[12] 郭大松，曹立前. 传教士与近代中国启暗教育 [J]. 近代史研究，1994（06）.

[13] 郭登杰. 共有历史：马六甲英华书院的音乐教育 [J]. 音乐艺术（上海音乐学院学报），2019（04）.

[14] 郭磊. 新教传教士柯大卫英译《四书》之研究 [D]. 北京：北京外国语大学，2014.

[15] 郭伟杰. 谱写一首和谐的乐章：外国传教士和"中国风格"的建筑，1911—1949年 [J]. 中国学术，2003（1）.

[16] 韩琦. 传教士伟烈亚力在华的科学活动 [J]. 自然辩证法通讯，1998（02）.

[17] 何绍斌. 越界与想象：晚清新教传教士译介活动研究 [D]. 上海：复旦大学，2006.

[18] 何小莲，张晔. 藉医传教与文化适应：兼论医学传教士之文化地位 [J]. 西北大学学报（哲学社会科学版），2008

（05）.

［19］何兆武．广学会的西学与维新派［J］．历史研究，1961
（04）.

［20］贺小华．传教士在晚清英语教育中的历史贡献问题探
析［J］．兰台世界，2014（25）.

［21］胡成．何以心系中国：基督教医疗传教士与地方社会
（1835—1911）［J］．近代史研究，2010（04）.

［22］胡国祥．近代传教士出版研究（1807—1911）［D］．武
汉：华中师范大学，2008.

［23］胡凯，张翰轶．试析郭士立在华传教活动中的身份建
构与身份冲突［J］．德国研究，2017（02）.

［24］胡素萍．李佳白与清末民初的中国社会［D］．广州：中
山大学，2006.

［25］胡卫清．传教士教育家潘慎文的思想与活动［J］．近代
史研究，1996（02）.

［26］胡卫清．近代来华传教士与中国教育改革［J］．江苏社
会科学，2000（04）.

［27］胡燕．近代广学会译传出版及其诉求（1887—1919年）
［J］．现代传记研究，2017（02）.

［28］黄河清．从冲突到交融：重评近代传教士办学在中西
文化交流中的作用［J］．教育发展研究，2005（18）.

［29］江文汉．广学会是怎样一个机构［J］．文史资料选辑，
1980（43）.

［30］蒋建国．甲午之前传教士中文报刊的传播、阅读及其
影响［J］．新闻与传播研究，2019（08）.

［31］李传斌．基督教在华医疗事业与近代中国社会
（1835—1937）［D］．苏州：苏州大学，2001.

［32］李传斌．医学传教士与近代中国禁烟［J］．中国社会经

济史研究，2010（02）.

[33] 李丹，刘明玉. 晚清西方经济学说在华的早期传播：以外国来华传教士著述活动为中心 [J]. 天津师范大学学报（社会科学版），2016（02）.

[34] 李联社. 广学会的版权活动述略 [J]. 韶关学院学报，2012（07）.

[35] 李明山. 广学会编辑策略略论 [J]. 南都学坛，1992（04）.

[36] 李明山. 广学会传教士的报刊编辑观 [J]. 河南大学学报（社会科学版），1991（04）.

[37] 李尹蒂. 传教士与近代中国农学的兴起 [J]. 华南农业大学学报（社会科学版），2018（01）.

[38] 李玉宝. 论传教士对我国近代图书馆制度体系构建的影响 [J]. 图书馆工作与研究，2012（06）.

[39] 林立强. 西方传教士与十九世纪福州的茶叶贸易 [J]. 世界宗教研究，2005（04）.

[40] 刘立壹. 麦都思的翻译、学术与宣教研究 [D]. 济南：山东大学，2013.

[41] 刘远明. 从博医会到中华医学会：西医社团本土化探微 [J]. 中国科技史杂志，2013（03）.

[42] 陆德阳. 传教士与近代中国残疾人教育事业 [J]. 世界宗教研究，2013（05）.

[43] 马福华. 西学东渐：书刊编译技巧与策略演进：以广学会为中心的考察 [J]. 出版发行研究，2014（07）.

[44] 马光霞. 监理会在华事业研究（1848—1939）[D]. 济南：山东大学，2012.

[45] 聂资鲁. 百余年来美国的基督教在华传教史研究 [J]. 近代史研究，2000（3）.

［46］饶玲一. 尚贤堂研究（1894—1927）［D］. 上海：复旦大学，2013.

［47］石建国. 卜舫济研究［D］. 上海：上海师范大学，2008.

［48］孙邦华. 论清末来华传教士的学制改革思想［J］. 天津师范大学学报（社会科学版），2010（05）.

［49］孙长来. 基督教传教士与近代中国妇女的自觉［J］. 广西社会科学，2008（11）.

［50］孙希磊. 基督教与中国近代医学教育［J］. 首都师范大学学报（社会科学版），2008（S2）.

［51］田力. 美国长老会宁波差会在浙东地区早期活动研究（1844—1868）［D］. 杭州：浙江大学，2012.

［52］万发达，李卫国. 传教士与清末民初西方体育文化传播［J］. 体育学刊，2009（06）.

［53］汪晓勤. 艾约瑟：致力于中西科技交流的传教士和学者［J］. 自然辩证法通讯，2001（05）.

［54］王炳庆，陈名实. 广学会的出版事业及对近代文化教育的影响［J］. 教育评论，2007（06）.

［55］王海，王筱桐. 基督教在华传教士报刊的世俗化之争［J］. 国际新闻界，2012（04）.

［56］王红霞. 傅兰雅的西书中译事业［D］. 上海：复旦大学，2006.

［57］王李金，段彪瑞. 试论西方传教士在中国近代大学创立中的作用［J］. 高等教育研究，2011（12）.

［58］王立新. 美国传教士对中国文化态度的演变（1830—1932）［J］. 历史研究，2012（02）.

［59］王树槐. 清季的广学会［J］. 中央研究院近代史研究所集刊，1973（04）.

[60] 吴雪玲. 新教传教士与中国教育的早期近代化 [J]. 东岳论丛, 2013 (08).

[61] 肖朗. 从传教士看西方高等教育的导入 [J]. 高等教育研究, 2000 (05).

[62] 许俊琳. 当传教士成为被告：清末乌石山教案的法律史分析 [J]. 福建师范大学学报（哲学社会科学版）, 2019 (02).

[63] 颜小华. 美北长老会在华南的活动研究（1837—1899）[D]. 广州：暨南大学, 2006.

[64] 杨华波. 清末广学会译印的自然科学著作 [J]. 中国科技翻译, 2019 (01).

[65] 杨齐福. 西方来华传教士与近代中国科举制度改革 [J]. 史学集刊, 2006 (02).

[66] 张德明. 福音东传：英国浸礼会在华布道事业论略 [J]. 宗教学研究, 2013 (01).

[67] 张建华. 传教士谢卫楼的教育活动 [J]. 近代史研究, 1993 (04).

[68] 张涌, 梅晓娟. 晚清传教士的中西文化比较与会通 [J]. 学术交流, 2016 (05).

[69] 赵广军. 西教知识的传播与晚清士流 [D]. 武汉：华中师范大学, 2007.

[70] 赵少峰. 广学会与晚清西史东渐 [J]. 史学史研究, 2014 (02).

[71] 赵晓阳. 基督教新教传教士文字事业在中国的最后命运 [J]. 宗教学研究, 2009 (03).

[72] 甄橙. 美国传教士与中国早期的西医护理学（1880—1930年）[J]. 自然科学史研究, 2006 (04).

[73] 周德波. 晚清传教士报刊"科技辅教"现象的文化价值重估 [J]. 国际新闻界, 2019 (02).

［74］邹朝春.《中国丛报》的创刊及其动机初探［J］. 宗教学研究，2014（04）.

（三）报纸类

［1］《广学会廉价批售丛书》［N］. 大同报，1911-1-7（2）.
［2］《本志简要告白》［N］. 浙江潮，1903-03-20（03）.

二、英文参考文献

［1］ W. N. Lacy. *A Hundred Years of China Methodism* ［M］. New York：Abingdon-Cokesbury Press，1948.

［2］ B. Reeve. *Timothy Richard，D. D. China Missionary Statesman and Reformer* ［M］. London：S. W. Partridge & CO. LTD.，1911.

［3］ E. W. Price Evans. *Timothy Richard：A Narrative of Christian Enterprise and Statesmanship in China* ［M］. London：Garey Press，1945.

［4］ Eunice V. Johnson. *Timothy Richard's Vision Education and Reform in China，1880—1910* ［M］. Toronto：PICKWICK Publications，2014.

［5］ Kenneth Scott Latourette. *A History of Christian Missions in China* ［M］. New York：The Macmillan Company，1929.

［6］ Stevens. George Barker，W. Fisher Markwick. *The Life，Letters and Journals of the Rev. and Hon. Peter Parker，M. D. Missionary，Physician，and Diplomatist：The Father of Medical Missions and Founder of the Ophthalmic Hospital in Canton* ［M］. Boston：Congregational Sunday-School and Pub. Society，1896.

［7］ Suzanne W. *Barnett. Practical Evangelism*： *Protestant Missions and the Introduction of Western Civilization into China*, *1820—1850* ［D］. Boston： Harvard University, 1973.

［8］ Allen T. Price. *America Missions and America Diplomacy in China*, *1830—1900* ［D］. Boston： Harvard University, 1932.

［9］ Janet E. *Heininger. The American Board in China*： *The Missionaries Experiences and Attitudes*, *1911—1952* ［D］. Madison： University of Wisconsin, 1981.

［10］ Douglas Brent Whitefield. *The Christian Literature Society for China*： *The Role of Its Publications*, *Personalities and Theology in Late-Qing Reform Movements* ［D］. Cambridge： University of Cambridge, 2011.

［11］ The Christian Literature Society for China. *A Century of Protestant Missions in China*（*1807—1907*）［R］. Shanghai： American Presbyterian Mission Press, 1907.

［12］ *Records of the General Conference of the Protestant Missionaries of China* ［R］. Shanghai： American Presbyterian Mission Press, 1890.

［13］ *Records of the General Conference of the Protestant Missionaries of China* ［R］. Shanghai： Presbyterian Mission Press, 1877.

［14］ *Catalogue of the Chinese Imperial Maritime Customs Collection* ［R］. Statistical Department of the Inspectorate General of Customs, 1876.

［15］ John Murdoch. *Report on Christian Literature in China* ［R］. Shanghai： "HOI-LEE" Press, 1882.

［16］ Henry Morris. *The Life of John Murdoch, LL. D., the*

Literary Evangelist of India [M]. India: The Christian Literature Society for India, 1906.

[17] Pastor P. Kranz. *The Works of Rev. Ernst Faber, Dr. Theol* [M]. Shanghai: American Presbyterian Mission Press, 1904.

[18] Dimitri D. Lazo. *The Making of a Multicultural Man: The Missionary Experiences of E. T. Williams* [M]. Washington: American Historical Association, 1982.

[19] R. G. Tiedemann. *Reference Guide to Christian Missionary Societies in China: from Sixteenth to Twentieth Century* [M]. New York: Routledge Taylor & Francis Group, 2015.

[20] John Fryer. *The Educational Directory for China* [M]. Shanghai: American Presbyterian Mission Press, 1895.

[21] D. MacGillivray. *Descriptive and Classified Missionary Centenary Catalogue of Current Christian Literature* [R]. Shanghai: The Christian Literature Society, 1907.

[22] Margaret H. Brown. *MacGillivray of Shanghai: The Life of Donald MacGillivray* [M]. Canadian: Ryerson Press, 1968.

[23] *The Church Missionary Intelligencer* [R]. London: Church Missionary Society, Salisbury Square, 1899.

[24] *The Missionary Herald of the Baptist Missionary Society* [R]. London: Alexander & Shepheard Limited, 1900.

[25] Christian Literature Society for China. *Christian Literature and the Reform Movement in China: A Brief Resume of the Story of the Christian Literature Society for China* [R]. American: Forgotten Books, 2018.

[26] *BMS China-Japan Sub-Committee Minutes* [Z]. 14

June, 1883, BMS.

［27］ *BMS China-Japan Sub-Committee Minutes* ［Z］. 19 November, 1888, BMSA.

［28］ The Society for the Diffusion of Christian & General knowledge among the Chinese. *Constitution, List of Office-bearers, Prospectus, and Treasurer's Report of the Society for the Diffusion of Christian & General knowledge among the Chinese* ［R］. Shanghai: 墨海书局, 1888.

［29］ Presbyterian Board of Publication and Sabbath-School Work. *The Church at Home and Abroad, Philadelphia, Presbyterian Board of Publication and Sabbath-School Work* ［R］. 1892.

［30］ Wang Hui. *Translating Chinese Classics in a Colonial Context* ［M］. Bern: Peter Lang AG, 2008.

［31］ Timothy Richard. *Conversion by the Million in China* ［C］. Shanghai: The Christian Literature Society, 1907.

［32］ Alexander Williamson. *The Literati of China and How to Meet Them* ［Z］. Glasgow: Aird & Coghill, 1885.

［33］ *World Missionary Conference Report of Commission* Ⅲ ［R］. Edinburgh: Oliphant, Anderson & Ferrier and the Fleming H. Revell Company, 1910.

［34］ The Society for the Diffusion of Christian & General Knowledge among the Chinese. *Catalogue of S. D. K. Publications* ［R］. Shanghai: The "North-China Herald" Office, 1898.

［35］ David J. Bosch. *Transforming Mission: Paradigm Shifts in Theology of Mission（American Society of Missiology）* ［M］. Maryknoll: Orbis, 1991.

［36］ *Report on the Working of the Imperial Post office* ［R］. Shanghai: Postal Supply Department of the Directorate General of Posts，（1901—1911）.

[37] The Society for the Diffusion of Christian & General Knowledge among the Chinese. *Annual Report of the Society for the Diffusion of Christian & General knowledge among the Chinese* [R]. Shanghai: The Noronha & Sons, 1888.

[38] The Society for the Diffusion of Christian & General knowledge among the Chinese. *Second Annual Report of the Society for the Diffusion of Christian & General Knowledge among the Chinese* [R]. Shanghai: The Noronha & Sons, 1889.

[39] The Society for the Diffusion of Christian & General knowledge among the Chinese. *Third Annual Report of the Society for the Diffusion of Christian & General Knowledge among the Chinese* [R]. Shanghai: The Noronha & Sons, 1890.

[40] The Society for the Diffusion of Christian & General Knowledge among the Chinese. *Fourth Annual Report of the Society for the Diffusion of Christian & General Knowledge among the Chinese* [R]. Shanghai: The Noronha & Sons, 1891.

[41] The Society for the Diffusion of Christian & General Knowledge among the Chinese. *Fifth Annual Report of the Society for the Diffusion of Christian & General Knowledge among the Chinese* [R]. Shanghai: The Noronha & Sons, 1892.

[42] The Society for the Diffusion of Christian & General Knowledge among the Chinese. *Sixth Annual Report of the Society for the Diffusion of Christian & General Knowledge among the Chinese* [R]. Shanghai: The Noronha & Sons, 1893.

[43] The Society for the Diffusion of Christian & General Knowledge among the Chinese. *Seventh Annual Report of the Society for the Diffusion of Christian & General Knowledge among*

the Chinese [R]. Shanghai: The Noronha & Sons, 1894.

[44] The Society for the Diffusion of Christian & General Knowledge among the Chinese. *Eighth Annual Report of the Society for the Diffusion of Christian & General Knowledge among the Chinese* [R]. Shanghai: Shanghai Mercury, 1895.

[45] The Society for the Diffusion of Christian & General Knowledge among the Chinese. *Ninth Annual Report of the Society for the Diffusion of Christian & General Knowledge among the Chinese* [R]. Shanghai: Shanghai Mercury, 1896.

[46] The Society for the Diffusion of Christian & General Knowledge among the Chinese. *Tenth Annual Report of the Society for the Diffusion of Christian & General Knowledge among the Chinese* [R]. Shanghai: Shanghai Mercury, 1897.

[47] The Society for the Diffusion of Christian & General Knowledge among the Chinese. *Eleventh Annual Report of the Society for the Diffusion of Christian & General Knowledge among the Chinese* [R]. Shanghai: The "North-China Herald" Office, 1898.

[48] The Society for the Diffusion of Christian & General Knowledge among the Chinese. *Twelfth Annual Report of the Society for the Diffusion of Christian & General Knowledge among the Chinese* [R]. Shanghai: Shanghai Mercury, 1899.

[49] The Society for the Diffusion of Christian & General Knowledge among the Chinese. *Thirteenth Annual Report of the Society for the Diffusion of Christian & General Knowledge among the Chinese* [R]. Shanghai: Shanghai Mercury, 1900.

[50] The Society for the Diffusion of Christian & General Knowledge among the Chinese. *Fourteenth Annual Report of the*

Society for the Diffusion of Christian & General Knowledge among the Chinese [R]. Shanghai: Shanghai Mercury, 1901.

[51] The Society for the Diffusion of Christian & General Knowledge among the Chinese. *Fifteenth Annual Report of the Society for the Diffusion of Christian & General Knowledge among the Chinese* [R]. Shanghai: Shanghai Mercury, 1902.

[52] The Society for the Diffusion of Christian & General Knowledge among the Chinese. *Sixteenth Annual Report of the Society for the Diffusion of Christian & General Knowledge among the Chinese* [R]. Shanghai: Shanghai Mercury, 1903.

[53] The Society for the Diffusion of Christian & General Knowledge among the Chinese. *Seventh Annual Report of the Society for the Diffusion of Christian & General Knowledge among the Chinese* [R]. Shanghai: Shanghai Mercury, 1904.

[54] The Christian Literature Society for China. *Eighteenth Annual Report of the Christian Literature Society for China* [R]. Shanghai: Shanghai Mercury, Limited, 1905.

[55] The Christian Literature Society for China. *Nineteenth Annual Report of the Christian Literature Society for China* [R]. Shanghai: Shanghai Mercury, Limited, 1906.

[56] The Christian Literature Society for China. *Twenty Annual Report of the Christian Literature Society for China* [R]. Shanghai: Shanghai Mercury, Limited, 1907.

[57] The Christian Literature Society for China. *Twenty-First Annual Report of the Christian Literature Society for China* [R]. Shanghai: Shanghai Mercury, Limited, 1908.

[58] The Christian Literature Society for China. *Twenty-Second Annual Report of the Christian Literature Society for China*

[R]. Shanghai: Shanghai Mercury, Limited, 1909.

[59] The Christian Literature Society for China. *Twenty-Third Annual Report of the Christian Literature Society for China* [R]. Shanghai: Shanghai Mercury, Limited, 1910.

[60] The Christian Literature Society for China. *Twenty-Fourth Annual Report of the Christian Literature Society for China* [R]. Shanghai: Shanghai Mercury, Limited, 1911.

[61] Guangjing Liu. *Early Christian College in China* [J]. *Journal of Asia Studies*, 1960 (11).

致　谢

　　本课题研究得以顺利推进并收获成果，恩师程丽红教授多年来的无私相助与悉心引领功不可没。学生感恩之情，溢于言表，铭记于心。值此研究成果付梓之时，特向恩师致以诚挚谢忱。

　　在本课题研究进程中，天津师范大学李秀云教授，暨南大学赵建国教授，辽宁大学文然教授、胡胜教授、沈国华教授、付筱娜教授，吉林大学蒋蕾教授，南京师范大学倪延年教授，中国社会科学院大学尹韵公教授（依指导时间先后排序）皆悉心赐教，惠赐诸多宝贵建言，令学生深受启迪，收获甚丰。于此，学生向各位老师深躬致谢。

　　尤为感谢赴英深造的李方铭先生与旅居美国的孟凡玉女士，他们于本课题英文史料搜集中鼎力襄助，贡献殊巨。

　　亦向多年来全力支持本人学术研究事业的家人、师长与挚友，致以深深感激之意。

刘　洋

2023年10月